부자가
되는중
입니다

부자가
 되는 중
입니다

투동자 연구소(황준성)
지음

월급 300만 원 직장인 부자가 알려주는
평생 돈 걱정 없이 살 수 있는 재테크 시스템

 경이로움

평범한 직장인의
경제적 자유 달성기

저는 연봉 4,000만 원이 안 되는 평범한 직장인입니다. 하지만 한 달 생활비 정도는 금융소득으로 무난하게 충당할 수 있는 작은 자산가이기도 합니다. 결혼한 지 6년 만에 이룬 일이었습니다. 그렇게 얻은 금융소득은 다시 투자로 이어졌고 자산이 쌓이는 속도는 이전보다 더 빨라졌습니다. 그리고 저와 같은 평범한 직장인도 경제적 자유를 얻을 수 있음을 알리고, 그 방법을 유튜브 채널 '투동자 연구소'를 통해 나누었습니다. 유튜브 채널을 통해 많은 분들에게 도움을 드렸던 내용과, 금융 소득을 늘리는 과정에서 경험하고 얻은 다양한 지식을 한데 모아 이 책에 모두 담았습니다.

시중에는 부자가 된 사람들에 관한 정보가 많습니다. 특정 영역에서 특출난 능력을 발휘해 큰돈을 번 사람도 있고, 우연히 부동산과 주식시장의 대상승장을 만나게 되어 부를 쌓은 운 좋은 사람들도 존재합니다. 비트코인 투자와 같은 큰 리스크를 감수해서 엄청난 이익을 얻은 성공한 사람들의 무용담 역시 부자가 된 사례로 쉽게 찾아볼 수 있습니다.

일주일마다 당첨자를 꼽는 동행복권의 로또 6/45는 현재 1,147회 진행이 되었고, 누적 1등 당첨자 수는 9,172명입니다(24년 11월 기준). 계산해 보면 일주일에 7명꼴로 일확천금을 얻는 사람이 탄생하고 있다는 소리입니다. 모든 걸 운에 맡기는 복권 당첨만 해도 한 달에 25명 이상 나오는 게 현실인데, 투자와 능력으로 부자가 된 사람들이 셀 수 없이 많은 것은 어찌 보면 당연한 일입니다.

부자가 된 성공 사례를 직간접적으로 접하다 보면 한 달에 200만~300만 원대 월급을 받는 평범한 직장인들의 속은 타들어 갑니다. 혼자 뒤처져 있는 것 같고, 당장 무언가를 하지 않으면 큰일 날 것 같습니다. 하지만 무엇부터 시작해야 할지 몰라 발만 구르거나 덜컥 잘못된 투자에 손을 대기도 합니다. 혹은 "월급으로 어느 세월에 부자가 될 수 있겠어? 티끌 모아 티끌이고 푼돈 모아 푼돈이지! 이번 생에 부자 되긴 틀렸어!" 자조 섞인 푸념만 늘어놓은 채 자산 관리에 소홀하며 포기한 채 살아가기도 합니다.

하지만 이 책을 계기로 이러한 부정적인 생각들이 뒤바뀌기를 바랍니다. 기본기만 잘 갖춘다면 평범한 직장인도 충분히 경제적 자유를 이룰 수 있습니다. 경제적 자유로 가는 길 한 가운데 서 있는 사람으로서, 정보의 홍수 속에서 직접 건져 올린 올바른 길을 이야기해 보려 합니다.

제가 가장 중요하게 생각하는 건 '평범함'과 '현실성'입니다. "특출나지 않은 평범한 직장인이 운에 맡기지 않고 큰 리스크 없이 안정적으로 경제적 자유를 얻을 수 있는 현실적인 방법은 뭘까?" 이 책은 이러한 물음의 해답을 얻기 위해 다년간 연구한 결과물입니다. 이 책을 통해 말하고 싶은 제 목표는 단 세 가지입니다.

첫째, 직장인의 경제적 자유에 대해 올바르게 이해하는 것.

둘째, 평범한 직장인이 경제적 자유를 얻는 것이 가능한 일이라고 믿게 하는 것.

셋째, 경제적 자유를 인생 목표로 잡고, 작은 실천이라도 당장 첫발을 내딛게 하는 것.

이러한 목표를 이루기 위해서는 "부지런하게 움직일 거야"와 같은 모호한 계획이 아닌 "새벽 5시에 일어나야지"와 같이 구체적이고 명확한 목표와 실행이 필요합니다. 체계적인 방법과 전략을 위해 치밀하게 계산하고, 그 결괏값을 바탕으로 시스템을 만드는 일입니다. 이렇게 만든 시스템을 통해 직장인의 경제적 자유가 현실 가능한 일이라는 걸 깨닫게 될 것입니다.

어려운 결과를 만드는 일이지만, 이 책에서 소개하는 내용은 결코 어렵지 않습니다. 기본적인 사칙연산만 할 줄 알면 충분합니다. 책의 난도는 10여 년 후 중학교에 들어가는 제 딸아이가 읽어도 이해할 수 있는 수준으로 쉽게 쓰려고 노력했습니다. 또한 시스템을 만들기 위해 알아야 할 이론과 실천 방법을 설명하면서 어려운 금융 용어는 최대한 배제했습니다. 즉, 경제와 돈에 관해 공부할 시간이 부족한 바쁜 직장인들이 쉽게, 끝까지 읽을 수 있도록 썼습니다. 준비물 또한 간단합니다. 할 수 있다는 긍정적인 마음가짐과 우직하게 움직이는 실행력뿐입니다. 지금부터 평범한 직장인은 부자가 될 수 없다는 고정관념을 접어두고 열린 마음으로 시작해 보기를 추천합니다.

마지막으로 집필 기간 늘 옆에서 물심양면으로 도와준 가족들, 사랑하는 아내, 우리 부부에게 선물 같은 딸 은유에게 고맙고 사랑한다고 전하고 싶습니다. 그리고 출판의 기회를 준 출판사 관계자분들과 정은솔 에디터님, 저에게 늘 경영인의 지혜를 나눠주는 민동영 회장님, 늘 힘이 되어주는 오랜 벗 이승열에게 감사 인사를 전합니다. 이 책이 모든 평범한 직장인에게 희망이 되기를 바라봅니다.

— 새로운 보금자리에서

차례

PART 2. 슬기로운 소비자로 행동하기: 어떻게 소비할 것인가

PART 3. 냉철한 투자자로 행동하기: 어떻게 투자할 것인가

PART 4. 단호한 경영자로 행동하기: 어떻게 경영할 것인가

PART 1

경제적 자유를 향한 첫발

CHAPTER 1

넘치는 정보 속
경제적 자유 이해하기

경제적 자유에 대한 올바른 이해

평범한 직장인이 경제적 자유를 달성하기 위해서는 전략적인 사고방식을 세우고 그에 알맞은 행동들을 차근차근 익혀야 합니다. 즉, 이루고자 하는 목표인 경제적 자유의 뜻을 정확히 알아야 합니다.

경제적 자유의 진짜 정의

◆

◆　　　　　　　　　　경제적 자유란 어떤 뜻일까요? 흔히들 경제적 자유를 두고 '일하지 않고 평생 놀고먹을 정도의 자산을

쌓는 것'이라고 착각합니다. 단순히 많은 자산을 보유하는 것만으로 경제적 자유를 정의한다면, 그건 반쪽짜리 정의가 될 수밖에 없습니다. 평생 놀고먹어도 될 정도의 충분한 자산이라는 건 개인마다 상대적인 개념이기 때문입니다.

가령 10억 원은 누군가에게는 평생 쓸 정도의 큰 금액일 수 있지만, 누군가에게는 평생 쓰기에 턱없이 부족한 금액일 수도 있습니다. 또한 10억 원이 당장 있는 사람, 10억 원을 10년 뒤에 얻을 수 있는 사람, 혹은 30년 뒤에 얻을 수 있는 사람 등 각자 처한 환경과 입장역시 다릅니다. 경제적 자유를 단순히 일정 금액의 자산 크기로 구분 짓기보다 자신의 상황과 시스템의 구축 여부로 판단해야 하는 이유입니다.

그렇다면 어떻게 경제적 자유에 도달할 수 있을까요? 이토록 큰 목표 앞에 애매한 계획을 세운다면 앞으로 나아갈 수 없습니다. 우선 경제적 자유를 제대로 정의해 보겠습니다.

경제적 자유의 정의
노동 없이 소득액이 지출액을 넘어선 상태를 평생 유지하는 것

제가 생각하는 경제적 자유를 정의한 문장입니다. 이 문장은 앞으로 가야 할 우리의 목표와 같으니 잊지 않도록 몇 번씩 되뇌어 보기를 추천합니다. 짧은 문장 안에는 평범한 직장인이 경제적 자유를 얻기 위한 힌트가 담겨 있습니다. 누군가 노동 없이 매달 써야 하는 돈보다 더 많은 수입을 얻는 상태를 유지하고 있다면 경제적 자유를 얻은 상태라고 말할 수 있습니다. 물론 이러한 상태를 남은 여생 동안 유지, 보수, 관리하는 것이 그 사람의 남은 과제일 것입니다.

소득액이 지출액을 넘어선 상태를 만들려면 소득액이 크거나 지출액이 작아야 합니다. 노동 없이 이루어져야 한다면 투자를 통한 자본 수입, 저작권료 같은 자동화된 수입이 필요합니다. 자동화된 수입을 재테크 분야에서는 파이프라인Pipeline이라고 지칭합니다. 그리고 그러한 상태를 평생 유지하기 위해서는 전략적인 시스템을 구축하고 관리해야 할 것입니다.

파이어의 개념과
경제적 자유의 지향점

◆

◆
　　　　　　　　　　　　　　경제적 자유를 두고 종종 파이어FIRE와 혼용해 사용하기도 합니다. 파이어는 'Financial Independence, Retire Early'의 약자로 '재정적 자립과 조기 은퇴'를 뜻합니다. 이 중 재정적 자립이란 일하지 않아도 생활비를 충당할 수 있는 충분한 재산을 확보하는 것을 의미해 우리의 목표인 경제적 자유와 일맥상통하는 부분이 있습니다. 경제적 자유를 이루는 요소인 절약과 투자에 관한 정보는 오래전에도 존재했지만, 파이어의 개념이 사람들에게 많은 인기를 얻은 건 2010년대 중반쯤부터 책과 블로그, 여러 SNS를 통해서였습니다. 특히나 파이어 운동은 같은 시기 미국에서 크게 유행했습니다.

이 시기에 우리나라에서도 많은 사람이 경제적 자유에 관심을 갖기 시작했습니다. 경제적 자유를 얻어 조기 은퇴를 목표로 하는 사람들의 커뮤니티가 생겨났고, 이들을 지칭해 '파이어족'이라고 불렀습니다. 파이어는 경제적 자유를 통해 조기 은퇴를 목표로 하며 경제적 자유보다는 하위 개념입니다. 또한 파이어도 여러 가지 종류가 있는데 이 중 대표적인 몇 가지만 설명해 보겠습니다.

린 파이어

린 파이어Lean-FIRE는 최소한의 비용으로 가능한 한 빠르게 조기 은퇴를 달성하는 것을 목표로 합니다. 검소한 생활과 절약, 미니멀리즘을 추구한다는 특징이 있습니다. 무엇보다 속도를 중요시하기 때문에 가끔 극단적 절약을 하기도 합니다.

팻 파이어

팻 파이어Fat-FIRE는 린 파이어와 반대로 풍족한 자금으로 은퇴하는 걸 목표로 합니다. 린 파이어는 빠른 은퇴를 목표로 하다 보니 낮은 생활 수준을 유지해야 합니다. 반면 팻 파이어는 생활 수준을 높게 유지하기 위해서 최대한 많은 돈을 모은 후 은퇴를 한다는 특징이 있습니다.

바리스타 파이어

바리스타 파이어Barista-FIRE는 경제적 자유를 얻은 후에도 자신이 원하는 일을 계속하길 원하며, 린 파이어와 팻 파이어 사이의 생활 수준을 목표로 합니다. 애초에 원하는 일을 꾸준히 이어 나가는 걸 목적으로 해 완전한 재정 자립을 이루지 않고 조기 은퇴하는 경우입니다.

노동에서 완전 은퇴하고자 하는 앞선 형태와 다르기 때문에 '바리스타 파이어를 경제적 자유라고 볼 수 있을까?' 하는 의문이 들 수도 있습니다. 하지만 노동으로 얻을 수 있는 성취감과 행복을 추구하는 사람도 있기 때문에 어떤 형태로든 돈으로부터 해방감을 느낄 수 있다면 경제적 자유라고 볼 수 있습니다. 바리스타 파이어는 자신이 하고자 하는 일을 노동이라고 생각하지 않고, 삶의 의미 있는 일 중 하나라고 생각하기 때문입니다.

투동자 연구소에서 추구하는 이상적인 파이어상은 바리스타 파이어에 가깝습니다. 적당히 쌓은 금융자산으로 투자 이익을 얻으면서, 노동 강도를 서서히 낮추는 것을 추구합니다. 흔히 이야기하는 워라밸 즉, 일과 개인 생활이 균형을 이룬다면 약간의 노동은 건강한 삶을 유지하게 해줍니다. 사실 완벽하게 노동을 제거한 채 수입을 얻기는 힘듭니다. 노동의 정의를 어디까지 정할지는 개인마다 다르겠지만 건물주가 되었든, 투자자가 되었든 자산을 관리하는 노동 정도는 유지해야 모은 자산을 지킬 수 있습니다.

경제적 자유의 정의를 내릴 수 있게 되었다면 자연스럽게 몇 가지 궁금증이 생길 수 있습니다. 소득을 지금보다 많이 올리려면 어떻게 해야 할까? 지출을 지금보다 줄이려면 어떻게 해야 할까? 자동화 수입은 어떻게 만들까? 전략적인 시스템이란 무엇일까? 그 시스템은 어떻게 구축할 수 있을까? 등 이러한 기본적인 질문들의 해답을 찾고 현실에서 구현할 수만 있다면, 경제적 자유도 그리 먼 이야기만은 아닐 것입니다.

1만 명의 사람에게 각각의 1만 가지 인생사가 있듯이, 경제적 자유의 모습 역시 다양한 형태가 존재합니다. 다양한 형태를 인지하지 못하고 직장인의 월급으로는 경제적 자유를 달성할 수 없다고 단언하고 미리 포기하는 일은 없기를 바랍니다. 혹은 단기적으로 운 좋게 얻은 이익으로 경제적 자유를 얻었다고 해서 잘 다니던 직장을 그만두는 일도 있어서는 안 될 것입니다.

경제적 자유로 가는 첫걸음, 명확한 목표

경제적 자유의 의미를 이해했다면 대략적인 목표를 세울 수 있습니다. 노동 없는 자동화 수입 시스템으로 지출보다 많이 벌고 평생 유지하는 것. 이 정도로 정리할 수 있다면 큰 틀로 봤을 때 앞서 이야기한 내용을 제대로 이해한 것입니다. 세부적인 목표까지 도달하기 위해서는 문장을 더 다듬어야 하겠지만, 기본적인 틀은 맞습니다. 이처럼 차근차근 목표를 명확히 하면 다음 단계에서 우리가 무엇을 해야할지 알 수 있습니다.

누군가는 평범한 직장인의 경제적 자유를 두고 불가능하다고 말합니다. 저 또한 어릴 때는 같은 생각이었습니다. 경제적 자유 실현이 이루어질 수 없다고 여기는 이유는 목표가 날카롭지 않아서입니다.

경제적 자유를 위해 얼마가 필요하고 언제까지 일해야 하는지, 또한 스스로 얼마를 벌 수 있는지조차 제대로 파악하지 못했기 때문입니다.

"많이 벌고, 적게 쓰고, 유지하라고?" 앞의 설명만 놓고 보면 경제적 자유를 달성하는 방법이 마치 '수능 만점 받는 법'과 비슷하다고 느낄 수 있습니다. 수능에서 만점 받는 법을 모르는 사람은 없습니다. 교과서와 문제집을 통째로 다 외워버리면 됩니다. 방법은 알지만 수험생 대다수는 할 수 없는 일입니다.

제가 이 책을 통해 확실하게 말할 수 있는 건 경제적 자유를 얻는 시스템 구축의 난도는 교과서와 문제집을 통째로 외우는 것과는 비교가 안 될 만큼 낮다는 것입니다. 시도해 보지 않아서 목표가 커 보이는 것뿐이지 잘게 조각내서 한 단계씩 밟아 나간다면 충분히 달성할 수 있습니다. 불가능하다고 속단하기보다 앞만 보고 일만 하던 직장인에게 해내고 싶은 인생 목표가 생긴 것만으로 자축해야 할 일입니다.

직장인이라면
반드시 필요한 목표

◆

◆   목표 없는 직장 생활은 끝을 알 수 없는 어두운 터널을 지나는 것과 같습니다. 터널의 끝이 어디인지, 왜

이 터널을 지나야 하는지, 제대로 된 방향으로 가고 있는 것인지, 언제쯤 터널을 빠져나갈 수 있을지 알 수 없다면 괴로울 것입니다. 대부분의 직장인은 일을 해서 무엇을 이루려는 건지, 지금 제대로 일하고 있는 건지, 언제까지 멈추지 않고 일을 해야 하는지도 모른 채 살아갑니다. 의외로 목표 없이 그저 앞만 보고 달리는 경주마처럼 사는 사람들이 많습니다.

어두운 터널 안에서 방황하지 않으려면 목표가 명확해야 합니다. 궁극적으로는 경제적 자유를 인생 목표로 설정하는 것이 이상적입니다. 월급을 모아서 노트북을 사고, 자동차를 사고, 집을 사겠다는 단기적 목표가 아닌 인생 전반에 걸친 궁극적인 목표로 말입니다.

우리는 언젠가는 늙고 병들게 됩니다. 영원히 현업에 남아서 일할 수 있으면 좋겠지만 현실적으로 불가능합니다. 저는 10년 이상 병원에서 근무했습니다. 정형외과에서 일하면서 연로한 환자들의 푸념을 듣는 게 일상이었습니다. "어제까지 멀쩡했는데 다리가 왜 이러지? 내 평생 병원은 와본 적이 없는데"라는 어르신들의 말을 수도 없이 들었습니다. 하지만 연로하신 어머님, 아버님들은 그날부터 병원의 단골 환자가 됩니다.

인생에서 노쇠해 은퇴하는 시간은 반드시 옵니다. 은퇴 시기를 맞이하더라도 인생에서 의미 있는 일을 평생 하고 싶다면 경제적 자유를 얻어야만 가능합니다. 자본에 구애받지 않고 하고 싶은 일만 하면서 사는 삶은, 직장인뿐만 아니라 모든 인간의 목표가 되어야 합니다.

제가 이야기하고자 하는 건 그런 자유의 시간을 조금이라도 빨리 당기는 방법에 관한 것입니다.

명확한 목표를 세우고 그 목표를 이루기 위한 시스템을 하나씩 구축해 가다 보면, 경제적 자유를 얻을 수 있다는 희망이 생깁니다. 그리고 그 희망이라는 불빛이 터널 안을 점점 환하게 밝혀줄 것입니다. 터널에 불이 들어온다면 제대로 된 방향을 깨닫게 되고 터널의 길이 또한 짐작하게 됩니다. 자연스레 빠져나가는 데 걸리는 시간도 예상할 수 있게 됩니다. 희망은 인간이 앞으로 나아갈 수 있는 힘을 제공해 줍니다.

불확실성이 걷히면 시야는 넓어지고, 마음은 잔잔해집니다. 이전보다 여유가 생겨서 합리적인 판단을 내리는 빈도도 높아집니다. 합리적인 판단의 빈도가 높아질수록 투자 이익이 높아지고, 그 결과 경제적 자유를 얻기 위한 시간이 점점 더 단축될 것입니다. 이러한 선순환의 시작은 명확한 목표를 갖는 것에서 시작합니다.

'어떻게 많이 벌까?' vs. '얼마나 많이 벌까?

◆

◆   사람들은 큰 목표를 마주했을 때
종종 해결 방법만을 중요시하는 경향이 있습니다. 정작 중요한 건 문

제를 먼저 이해하는 것인데, 순서를 착각하는 사람이 꽤 많습니다. 경제적 자유라는 목표도 '부자가 되는 것'이라는 고정관념이 꽤 깊게 자리 잡고 있어서인지, 많은 사람이 소득을 어떻게 더 늘릴 수 있는지에만 초점을 맞춥니다.

"어떻게 하면 많은 돈을 벌 수 있을까?"라는 질문만 고민하다 결국 "현생에서는 답 없음"으로 결론짓고 포기하는 직장인이 많습니다. 질문의 방향이 잘못되었으니 제대로 된 답이 나올 리가 없습니다. 문제를 더 깊게 파헤쳐 봐야 우리가 진짜 나아가야 하는 방향을 찾을 수 있습니다.

결론부터 말하면, 소득을 늘리는 방법을 알려 하기 전에 먼저 자신에게 필요한 자산이 얼마인지 알아야 합니다. 경제적 자유를 얻지 못하는 이유는 소득이 적어서가 아니라, 경제적 자유에 필요한 충분한 자산을 모으지 못했기 때문입니다. 큰돈을 벌지 못하더라도 충분한 자산을 모으는 사람들은 분명 존재합니다.

경제적 자유를 목표로 한다는 것은 평생 쓸 만큼의 돈을 마련한다는 것을 의미합니다. 앞서 이야기했듯 경제적 자유에 필요한 자산은 상대적입니다. 큰 자산을 가지고 있지 않아도 일하지 않고 평생 쓸 수 있는 자산을 충분히 가진 사람이 존재합니다. 연 소비 금액이 적거나, 모은 자산으로 충분한 투자 수익을 낼 수 있거나, 평생 안정적인 소득을 만들어 낼 수 있는 사람일 것입니다.

자신의 상황에 맞게 목표 금액을 제대로 설정하지 못한다면, 무리하게 소비를 통제해 불행을 느끼거나, 투자 수익률을 끌어올리려 높은 리스크에 노출되거나, 더 많은 소득을 얻기 위해 자칫 건강을 해치면서 노동 시간을 늘리는 데 몰두할 수도 있습니다. 혹은 반대로 많은 돈이 필요한데 소극적으로만 행동해 경제적 자유에 도달하지 못한 채 의미 없이 시간만 축낼 수도 있습니다. '어떻게?'보다 '얼마나?'를 먼저 파악해야 하는 이유입니다.

경제적 자유를 얻기 위한 필요 자금이 적은 사람은 큰 리스크를 감수하지 않아도 되고, 필요 자금이 큰 사람은 더 큰 도전과 리스크, 희생을 감수해야 승산이 있을 것입니다. 목표를 안전하게 달성하기 위해서는 스스로 필요한 자원의 양을 먼저 파악해야 합니다. 그 자원이 돈이든 시간이든 말입니다. 간단히 정리하자면 소득을 늘리는 방법만을 우선시하는 것은 다음과 같은 부작용을 일으킬 수 있습니다.

첫째, 너무 큰 목표라고 느껴 시작하기조차 겁이나 포기할 수 있고

둘째, 필요치 않은 리스크를 감수하거나 손해 볼 수 있는 상황이 생길 수 있으며

셋째, 상황에 맞지 않는 방식이나 승산이 낮은 잘못된 선택으로 이어질 수 있습니다.

방법론적인 측면만 집중하면 일어날 수 있는 문제들입니다. 상황을 정확히 파악하지 못하면 소중한 시간을 버리게 될 것입니다. 소득

관점에서의 예시일 뿐이지만 소비, 자동화 수입(투자), 시스템 유지 및 관리와 같은 모든 측면에도 동일한 원리가 적용됩니다. 해결 방법보다는 문제를 먼저 제대로 이해하려는 노력이 있어야만 올바른 방향으로 나아갈 수 있습니다.

　문제 해결은 자신을 이해하는 과정에서 시작해야 합니다. 이러한 방식으로 목표를 세분화하면서 개인 맞춤형 전략으로 하나씩 다듬어 가는 것이 평범한 직장인이 경제적 자유를 얻을 수 있는 시스템의 기본 골격입니다. 일단은 문제를 외부에서 찾지 말고 내부에서 찾기를 바랍니다. 내부적으로 단단한 시스템을 구축한 후 더 많은 수입을 노려도 절대로 늦지 않습니다.

직장인이 골고루 갖춰야 하는 네 가지 능력

　개인 맞춤형 시스템이라는 건 매우 중요한 개념입니다. 개개인이 추구하는 라이프스타일에 어울리는 경제적 자유의 모습이 있는 것처럼, 각자의 환경과 능력의 차이 때문에라도 맞춤형 시스템이 필요합니다. 즉 시스템을 이루는 큰 틀은 비슷할지라도 세부적인 면에서는 개인별 차이가 반드시 존재합니다.

　개개인의 능력은 다릅니다. 누군가는 소비를 절제하는 능력이, 누군가는 투자에서 이익을 내는 능력이 좋을 수도 있습니다. 이 중 어떤 능력이 더 좋거나 부족하다고 해서 잘못된 것은 아닙니다. 중요한 건 스스로의 모습을 종합적으로 판단하고 바른 방향으로 나아가는 것입니다. 다시 한번 강조합니다. 경제적 자유를 달성하기 위한 시스템은

'종합적'으로 판단해야 합니다.

하지만 경제적 자유를 다루는 대부분의 책이나 정보들은 이러한 종합적인 접근을 놓치곤 합니다. 파이프라인 수익(지속적 발생 수익)이나 투자에 대해서만 지나치게 집중하는 경향이 있는가 하면, 절약만이 최선이라고 강조하기도 합니다. 많은 사람이 높은 부수입과 투자 이익을 얻는 방법을 알기 위해 혈안이 되어 있기 때문에 해당 주제의 정보들이 인기를 끄는 건 당연한 일입니다. 하지만 돈이 많아도 소비 습관이 엉망이라면 경제적 자유를 얻을 수 없습니다. 이러한 현실에도 돈을 많이 버는 비결만 알고 싶어하는 대중들의 욕망은 높아만 가고 그 결과 비범한 사람들의 책과 강연이 불티나게 팔립니다.

저는 평범한 직장인의 경제적 자유 메커니즘은 '비범한 사람들'의 것과는 확연히 다르다고 생각합니다. 평범함이란 현저하게 떨어지지 않고 중간에 위치한다는 긍정적인 의미가 있지만, 아쉽게도 특출나지 않다는 부정적인 의미도 내포하고 있습니다. 결국 평범함을 균형 있게 사용해야 한다는 것을 의미합니다. 평범한 직장인인 우리들의 무기는 바로 균형이라는 걸 깨달아야 합니다.

평범하게 투자하는 노동자(이하 투동자)는 비범한 소득이나, 아주 높은 투자 수익률을 얻기 어렵다는 걸 전제로 두어야 합니다. 높은 소득이나 높은 투자 수익률이 절대 불가능하다는 뜻은 아닙니다. 다만 비범한 사람들의 높은 소득은 소수의 특별한 사례이며, 엄청난 수익률은 평범한 직장인뿐만 아니라 투자 분야에서 주업으로 활동하는 사람들에게도 매우 어려운 성과입니다. 평범한 직장인의 주업은 '회사 업무'입니다. 다른 활동을 위한 시간과 에너지를 비롯해 정보조차 제한적입니다.

지금 누군가의 도전 의지를 꺾으려고 하는 소리가 아니라 현실을 말하고 있는 것입니다. "당신은 무엇이든 해낼 수 있습니다!" 같은 뜬구름 잡는 소리보다, 현실을 먼저 냉정하게 바라봐야 한다는 걸 말해주고 싶습니다. 높은 수입과 투자 수익을 아예 포기하고 등지자는 것 또한 아닙니다. 험난한 그 길을 뚫으려고 무작정 모든 에너지를 쏟는 것보다, 먼저 자신의 시스템을 만들어 놓고 에너지를 분배하는 게 훨씬 효율적일 수 있다는 것을 강조하고 싶습니다.

그 시스템이라는 건 앞서 이야기한 소득, 소비, 투자, 시스템 경영과 연결된 이야기입니다. 어느 한 가지 영역에서 상위 1%가 되는 것은 잠시 뒤로 하고, 경제적 자유에 필요한 요소들의 레벨을 골고루 올려놓을 필요가 있습니다. 평범함의 수준에서 끌어올릴 수 있는 것들을 선택해 보완하고 전체적인 평균을 높이는 전략을 취하는 것을 추천합니다.

소득, 소비, 투자, 시스템 경영. 이 네 가지 영역이 각각 5등급이고, 100이라는 에너지가 있다고 가정해 봅시다. 특정 영역의 등급을 1등급(백분율 4% 이내)으로 만들기 위해서는 100이라는 에너지를 다 써도 될까 말까 합니다. 그만큼 상위 1등급은 어렵습니다. 하지만 5등급(백분율 41~60%)이 3등급(백분율 12~23%)이 되기 위해선 25 정도의 에너지면 충분합니다.

앞서 이야기했듯이 경제적 자유라는 목표 달성을 위해서는 네 가지 영역에 골고루 에너지를 분산해 모든 영역을 일정 수준 이상 끌어올리는 게 관건입니다. 한 가지 영역에 모든 에너지를 써서 1등급으로 만들어도 네 가지 영역에서 평균 5등급을 벗어나지 못한다면 의미가 없습니다. 그러나 25의 에너지를 모든 영역에 골고루 분배한다면 평균 3등급으로 만들 수 있습니다. 적당한 에너지만으로 중간 이상의 위치가 될 수 있다는 건 어느 분야에서든 통용되는 사실입니다.

결과적으로 특정 분야에서 1등을 하기 위한 노력을 분산해 다양한 분야에서 상위권을 만들고, 전체 평균을 올리는 게 효과적입니다. 균형적인 상황을 먼저 만든 다음 현실을 진단해 보고, 그나마 가능성이 높은 특정 분야의 등급을 올리기 위해 노력하는 게 훨씬 효율적입니다.

이러한 절차가 평범한 직장인이 경제적 자유로 갈 수 있는 진짜 지름길입니다. 시스템이 정확히 무엇인지에 대해서는 차차 알아볼 것입니다. 지금은 전체적인 평균을 올리는 중요성만 인지하기를 바랍니다. 앞으로 소득, 소비, 투자, 시스템 경영이라는 네 가지 영역의 능력을 끌어올리는 방법을 살펴보겠습니다.

경제적 자유 준비하기

반드시 기억해야 할 네 가지 요소

저는 황준성이라는 하나의 이름을 갖고 있지만, 누군가의 아들이자 남편, 아버지이기도 합니다. 또한 누군가의 직원이며, 누군가의 대표입니다. 사람들은 모두 저마다 여러 가지 호칭으로 불리며 그에 걸맞은 역할을 하기 위해서 최선을 다합니다. 효자, 듬직한 남편, 자상한 아버지, 유능한 직원, 책임감 있는 대표 등 말입니다.

부모님께 효자는 훌륭하지만, 회사에서 효자 직원은 딱히 필요가 없습니다. 아버지로서 자상함은 필수 덕목이지만, 자상한 대표가 꼭 좋은 것만은 아닙니다. 또한 직장에서 유능한 직원이지만, 남편으로서는 낙제점이라면 훌륭한 인생을 살았다고 말할 수 없을 것입니다. 이처럼 역할에 걸맞은 책임감 있는 자세가 요구됩니다. 즉, 개별 역할의 종합적인 평가 역시 신경 써야 한다는 뜻입니다.

경제적 자유를 위한
비밀 레시피

◆

◆   돈을 다룰 때도 마찬가지입니다.
돈을 벌기 위해서는 근로자로서, 돈을 쓸 때는 소비자로서, 돈을 굴릴 때는 투자자로서, 보유 자산의 전체적인 흐름을 관리할 때는 경영자로서 각각 알맞은 역할을 수행해야 합니다. 모든 역할을 제대로 소화했을 때 성공적인 자산 관리가 가능하며, 자산 관리를 잘해야 경제적 자유를 얻을 수 있는 자격을 갖추게 됩니다. 투자는 잘하는데 과소비를 한다든가, 절약 정신은 투철한데 잉여현금을 남길 수 있을 정도로 충분한 소득을 얻지 못한다면 경제적 자유를 이루기는 힘들 것입니다.

  경제적 자유를 얻기 위한 비밀 레시피 또한 네 가지를 이해하면 됩니다. '안정적 소득', '합리적 소비', '현명한 투자', '전략적 경영'. 이 네 가지의 관점을 이해하고 구조화해서 돈의 흐름을 장악하는 것입니다. 안정적인 소득을 바탕으로 합리적인 소비를 하고, 잉여현금을 창출한 다음 그 잉여현금을 현명하게 투자에 활용해 노동 없이 자본소득을 얻어야 합니다. 그리고 이러한 시스템을 유지, 보수, 개선, 발전시키기 위한 전략적인 경영을 한다면 평범한 직장인도 경제적 자유를 얻을 수 있습니다. 구체적인 방법을 알아보기에 앞서 경제적 자유를 얻기 위한 근로자, 소비자, 투자자, 경영자의 올바른 모습에 대해 간단하게 살펴보겠습니다.

안정적 소득

근로자로서 안정적인 수입을 유지해야 합니다. 직장인들도 성과급, 휴가비, 명절 떡값 같은 비고정적 수입이 있어서, 수입이 들쭉날쭉한 경우가 의외로 많습니다. 이럴 땐 작년 수입을 기준으로 수입을 평탄화해야 합니다. 수입의 평탄화란 작년의 총수익을 12등분해 한 달 월급으로 책정하고 월수입이 그 금액보다 높다면 차익분을 빼놓는 식입니다. 이렇게 빼놓은 돈으로 평균 수입에 못 미치는 달의 모자란 부분을 채운다면 월수입의 평탄화가 가능합니다.

수입의 평탄화를 하는 이유는 한 달 사용할 소비 금액의 예산을 세우고, 소비의 변동성을 줄이기 위해서입니다. 그러니까 실제로는 월수입이 평탄하지 않더라도 예산을 세우기 위해 월수입 기준을 마련해야 합니다. 경제적 자유를 목표로 하는 사람이라면 소득이 지출보다 많아야 하므로 한 달 예산을 집행하는 것은 필수입니다. 안정적이고 평탄한 소득을 만드는 것이 근로자의 목표가 되어야 합니다.

합리적 소비

여러분은 합리적인 소비자가 되기 위해 노력해야 합니다. 합리적이라는 건 이치와 논리에 합당하다는 뜻입니다. 자신이 정한 이치와 논리에 합당하려면 기준이 있어야 하고, 그 기준에 맞춰 균형 있는 소비를 해야 합니다.

돈은 가치를 저장하는 수단이며 우리는 가치에 대한 값을 치르기 위해 돈을 사용합니다. 생을 마감할 때까지 소비는 계속될 수밖에 없고 우리의 삶에서 소비는 떼어놓을 수 없습니다. 행복을 무시하는 무조건적인 절약도, 현재의 행복만을 위한 충동적 소비도 옳지 않습니다. 균형을 이루려는 자세가 필요합니다. 어느 한쪽으로 치우친다면 그건 합리적인 소비가 아닙니다.

만약 절약만을 강조한다면 심리적으로 불행한 삶을 살게 될 것이며, 삶이 불행하다면 경제적 자유로 가는 장기 시스템을 유지할 수 없습니다. 반대로 지금의 행복을 위해 과도하게 소비한다면, 경제적 자유를 얻기 위한 충분한 자산을 마련하지 못할 것입니다. 삶의 가치와 효율성 모두 챙기는 균형감을 유지하는 것이 합리적인 소비자가 추구해야 하는 모습입니다.

현명한 투자

투자자로서는 위험과 수익의 균형을 잘 맞추는 현명한 태도가 필요합니다. 투자와 투기를 헷갈리지 않으면서, 자신이 감내할 수 있는 위험과 목표로 하는 수익률을 명확히 정하는 것입니다. 그에 알맞게 투자 포트폴리오를 구축하고 포트폴리오 변동성에 대응해야 합니다. 인간의 편향적인 부분을 최대한 배제하는 것 또한 중요합니다. 감으로 하는 투자가 아닌, 데이터를 기반으로 하는 투자를 통해 수익의 승산을 높여야 합니다.

투자는 기본적으로 리스크를 동반합니다. 최대한 리스크를 줄이고 수익률을 올리는 것이 현명한 투자자의 모습입니다. '하이 리스크 하이 리턴high risk high return'이라는 말이 많이 알려져, 보통 고위험엔 고수익이 따른다고 기대하지만 잘못된 생각입니다. 높은 수익률을 얻기 위해 높은 리스크를 짊어져야 하는 것은 맞지만, 꼭 수익이 리스크만큼 높을 수는 없습니다. 수익률이 큰 투자는 한 번쯤 의심해 볼 필요가 있습니다. 투자 선정에 있어 상식적이어야 한다는 말입니다.

반대의 경우도 있습니다. 자칫 리스크가 두려워서 은행 예금과 적금 같은 안전한 투자만 고집하는 사람들이 있는데, 이 역시 경제적 자유 목표에 있어 현명하지 않은 행동입니다. 평범한 직장인이 경제적 자유를 얻을 정도로 넉넉한 자본을 모으려면 기본적으로 시간이 부족합니다. 대략 자산을 모으기 시작하는 시기가 빠르면 30대 초반인데, 대부분의 직장인은 일해서 돈을 벌 수 있는 시간이 40년이 채 되지 않기 때문입니다.

더군다나 제가 이 책에서 다루고 있는 '투동자 전략'은 자신의 소득, 소비, 투자, 경영 능력을 기반으로 10년 안에 경제적 자유를 얻을 수 있는 자산을 확보하는 것을 목적으로 한 시스템입니다. 이 목표를 달성하기 위해서는 어느 정도 리스크를 동반한 투자를 감행해야 가능합니다. 낮은 수익률의 안전한 투자만 고집한다면, 결과적으로는 나이가 들었을 때 경제적인 위험에 노출될 수 있는 리스크를 키우는 셈입니다. 따라서 투자자는 자신이 감내할 수 있는 리스크와 목표 수익률 사이에서 균형을 잘 맞춰야 합니다.

전략적 경영

여러분은 앞서 언급한 근로자, 소비자, 투자자의 결과물을 수시로 판단하고, 개선해 나가는 전략적인 경영인 자세를 취해야 합니다. 경제적 자유를 얻기 위해서는 자신을 하나의 기업이라고 여기고 경영해야 한다는 뜻입니다. 미혼이라면 1인 기업이라고 생각하고, 기혼이라면 가정을 배우자와 나 사이의 합병회사로 생각하며 경영해야 합니다. 그러기 위해서는 세부적인 목표를 설정하고 한 단계씩 달성해 가는 것이 매우 중요합니다.

얼마 안 되는 월급으로 행복의 경계선에 맞춰서 소비하고, 잉여현금을 투자해서 생활비를 충당할 만큼의 자본 소득을 얻는다는 건 말처럼 간단한 일이 아닙니다. 투자를 잘해서 자본 소득을 얻는 것은 고사하고 충분한 자본 소득을 얻기 위한 자산을 먼저 쌓아야 하는데, 이러한 일은 경영자의 관점으로 전략을 세워 접근하지 않으면 쉽게 달성하기 힘듭니다. 그래서 반드시 경영자처럼 가계부, 손익계산서, 재무상태표와 같은 도구를 사용하는 것을 추천합니다.

일례로 저는 6년 전부터 구글 스프레드시트를 이용해 '투동자 가계부'를 만들어서 작성하고 있습니다. 그 안에 기업의 재무제표와 같이 손익계산서, 재무상태표, 현금흐름표 기능을 하는 시트를 만들고 기록하며 자산을 관리하고 있습니다. 더 나아가 본인, 배우자, 가정 이렇게 세 가지로 계정을 구분해 월별, 분기별, 반기별, 연별 소비를 통계적으로 분석하고, 투자 포트폴리오를 관리하며 경영 도구로 활용하고 있습니다. 이렇게 기업의 경영을 벤치마킹해 가정의 자금을 전략적으로 경영하는 것이 올바른 경영자의 관점이라고 볼 수 있습니다.

근로자, 소비자, 투자자, 경영자의 올바른 모습을 간단하게 설명해봤습니다. 네 가지의 관점이 조금 생소하다고 생각할 수 있습니다. 보통 경제적 자유를 이야기하는 사람들은 돈을 많이 버는 방법에 대해서만 이야기하니 말입니다. 하지만 평범한 직장인은 경제적 자유를 위한 전략을 세우기 위해 네 가지 관점을 먼저 인식하고, 자산의 흐름을 장악하는 것이 선행되어야 합니다.

이러한 관점을 인식한 뒤에 각 역할을 잘 수행할 수 있도록 세부적인 목표를 세워야 합니다. 경제적 자유는 매우 커다란 목표이기 때문에 잘게 쪼개야 실현 가능성이 높아질 것입니다. 물론 모두가 다 완벽한 근로자, 소비자, 투자자, 경영자가 될 수는 없을 것입니다. 자신의 역량에 맞춰서 특출나게 잘 수행하는 영역이 있는 반면, 부족한 부분도 나오기 마련입니다. 그러니 "내가 잘할 수 있을까?" 하며 미리 겁먹지 않아도 됩니다.

일단은 전체적인 흐름에 알맞은 실행법을 섭렵한 후에 부족한 부분은 차근차근 채워 나가면 됩니다. 중요한 건 평범한 직장인이 경제적 자유를 얻기 위해서는 네 가지의 관점을 꼭 두루두루 섭렵해야 한다는 걸 잊지 않는 것입니다.

평범함이 모이면
비범함이 된다

이쯤 되면 저만의 소득, 소비, 투자, 경영에 특별한 비법이 있으리라 생각할 수 있습니다. 네 가지만 제대로 실행해도 경제적 자유를 얻을 수 있다고 말하고 있으니, 남들이 모르는 특별한 투자 방법이나 소비를 줄일 수 있는 획기적인 방법이 있다고 기대할 것입니다. 이 책의 다음 파트부터는 제가 어떻게 소비하고, 투자하고, 경영을 하는지 상세하게 다루었습니다. 하지만 다 읽고 난 뒤에 엄청난 비법과는 거리가 멀다는 것을 알게 될 것입니다.

오랜 시간 동안 평범한 직장인의 경제적 자유를 연구하면서 스스로 걸어온 그 길을 되돌아보니, 비범한 기술이 없었음에도 불구하고 지금과 같은 자산을 쌓을 수 있게 된 이유를 알게 되었습니다. 그 비밀은 평범한 기술들을 특별하게 조합한 점입니다.

만약 여러분이 혼기가 찬 나이고 배우자를 구한다고 가정해 봅시다. 누군가 소개팅을 주선해 줄 테니 조건을 말해보라고 한다면, 여러분은 평범한 조건들을 이야기할 것입니다. 평범한 사람들은 대부분 크게 욕심이 없습니다. 그저 평범한 수준의 키와 외모, 학력과 직업, 부수적으로 성격이 다정했으면 좋겠고, 비흡연자이며 음주는 적당히 하고, 이왕이면 종교가 같으면 좋겠다는 등의 사소한 조건들을 나열할 것입니다. 보통 현실적인 배우자로 미스코리아를 만나길 기대한다든가, 재벌 집 아들을 원하는 건 아닐 테니 말입니다.

각각의 조건들을 단일 조건으로 생각하면 평범한 배우자를 찾는 것은 맞습니다. 하지만 이러한 조건들이 'OR'이 아니라 'AND'가 되는 순간 우리가 원하는 배우자는 비범한 사람이 됩니다. 평범한 수준의 키와 외모를 갖고 있고 학력과 직업이 평범한 수준이며, 다정한 성격에 적당하게 음주를 즐기지만 비흡연자이며, 나와 종교가 같은 사람은 대한민국에 그리 많지 않습니다. 모든 조건이 50% 확률로 존재한다고 관대하게 가정해도 여덟 가지 조건을 동시에 만족하는 사람의 확률은 0.39%밖에 되지 않습니다.

안정적 소득, 합리적 소비, 현명한 투자, 전략적 경영 이 네 가지의 시스템 역시 각각의 요소로 본다면 특별한 것 없는 평범한 기술일 수 있지만, 모두 'AND'로 묶는 순간 비범한 시스템이 됩니다. 한때 저도 부자가 되는 정말 특별한 비법이 있을 거라고 생각해 찾아 헤맸던 적이 있습니다. 특히 투자의 영역에서 절대 깨지지 않는 투자 전략을 찾기 위해 고군분투했던 경험이 있습니다. 하지만 정작 중요한 건 비범한 재료가 아니라 비범한 조합에 있다는 걸 마침내 깨닫게 되었습니다.

사람들의 발길이 끊이지 않는 맛집에서 쓰는 소스도 단일 재료만으로 보면 그저 평범한 것들입니다. 고추장, 깨, 마늘, 간장, 설탕, 꿀, 다시다 등 보통의 가정에도 다 있는 재료일 뿐입니다. 하지만 재료를 어떻게 조합했는지만으로 '대박집'과 '쪽박집'이 갈리는 것처럼 경제적 자유로 가는 전략 역시 단일 시스템을 어떻게 조합했는지에 따라서 비범하면서 성공적인 전략이 될 수 있습니다. 이제 그 레시피를 하나하나 알아볼 차례입니다.

자본의 명확한 계산을 위해 꼭 알아야 할 용어

경제적 자유를 목표로 살아가려면 여러 가지 알아두어야 할 것들이 있습니다. 결국 우리가 원하는 건 영원히 사용할 수 있을 만큼의 자본을 얻는 것인데, 이때 자본의 액수가 어느 정도 되는지 계산할 수 있어야 목표를 세울 수 있습니다. 그러려면 이것을 계산하는 방법에 대해서 알아야 할 것입니다. 계산법을 알아야 정확한 금액을 알 수 있고 그에 알맞은 목표를 세울 수 있으니까요. 그래서 여기에서는 경제적 자유를 위한 자본 계산을 위해 꼭 알고 있어야 할 몇 가지 용어를 정리해 보고자 합니다.

세전 수익률과
세후 수익률

◆

◆   수익률을 계산할 때 세금을 제외
하기 전인지, 세금을 제외한 후인지를 정확하게 해야 합니다. 보통 경
제 서적은 세금을 정확하게 고려하지 않고 계산하는 경우가 많습니
다. 개인마다 납부해야 하는 세금과 세율이 달라 계산하기 까다롭기
때문입니다. 하지만 경제적 자유에 관해 계산할 때는 투자 수익률이
세전인지, 세후인지 정도는 명확히 구분해야 합니다.

보통 은행에 예금을 맡길 때 예금 금리 연 ○%를 제공한다는 문구
를 많이 봤을 것입니다. 근데 그 숫자 옆 글자를 자세히 보면 '세전'이
라고 작게 쓰여 있는 경우가 많습니다. 만약 1,000만 원을 연 4% 이
자를 주는 예금 상품에 가입한다고 가정했을 때, 1년 뒤 받는 이자는
40만 원이라고 계산합니다. 하지만 세전이라는 글씨가 있는 상품이
었다면 받게 되는 이자는 33만 8,400원뿐입니다. 그 이유는 세전 4%
일 경우 이자소득세 15.4%(소득세 14% + 지방소득세 1.4%)인 61,600원은
세금으로 떼고 받기 때문입니다.

세전 4%의 수익률을 이자소득세를 고려해 세후 수익률로 계산하
면 3.384%입니다. 세전 4% 수익률과 이자소득세 후의 수익률 차이는
0.616%(4 - 3.384)나 됩니다. 이러한 세전, 세후 수익률 차이는 세전 수
익률이 높아질수록 더욱 커지게 됩니다. 세전 9% 수익률과 일반과세

후 수익률과의 차이는 무려 1.386%(9 - 7.614)입니다. 앞으로도 세전, 세후에 대한 이야기가 많이 나오니, 이 개념을 정확히 알고 이해하기를 바랍니다.

인플레이션
이해하기

◆

◆   인플레이션Inflation은 물가가 상승하는 상태를 의미합니다. 정부는 매년 허용할 물가상승률 목표치를 설정하고 통화정책수단을 통해 달성하는 물가안정목표제를 운영하고 있습니다. 우리나라를 포함한 대부분의 선진국은 물가상승률 연 2%를 목표로 하고 있고, 신흥국들은 이보다 조금 높은 연 3~4%를 목표로 합니다.

정부는 통제할 수 있는 범위 내에서 매년 물가가 오르기를 원합니다. 통계를 토대로 물가를 지속적으로 체크하고, 물가상승률이 너무 높으면 기준 금리를 올리고, 물가상승률이 너무 낮으면 기준 금리를 낮추는 통화정책을 실시하는 게 보통입니다. 물가가 오르는 이유는 다양하겠지만, 기본적으로 두 가지 상황으로 설명이 됩니다.

첫째, 물건에 비해 시장에 돈이 많아지는 경우(수요 견인 인플레이션)

PART 1 경제적 자유를 향한 첫발

둘째, 시장의 돈에 비해 물건이 적어지는 경우(비용 인상 인플레이션)

우리가 중학교 때 배웠던 수요와 공급의 법칙처럼 기준 금리를 올리면 대출 금리가 올라가고 시장에 돈이 줄어듭니다. 이것을 '통화량이 줄어들었다'라고 이야기합니다. 공급가가 너무 비쌀 때 기준 금리를 올리면 시장의 통화량이 줄어들고, 수요가 감소하면서 공급의 가격은 안정을 찾습니다. 혹은 공급이 적어졌을 때, 기준 금리를 내리면 통화량이 늘어나서 공급이 활황을 띠는 형태입니다. 물론 공급 요인으로 원자재 공급 부족이나 생산 능력 한계로 발생한 인플레이션은 기준 금리 인하로 무조건 해결되지 않습니다만, 정부는 일반적으로 기준 금리를 조정해 물가를 조절하려고 합니다.

물가는 시장에 따라서 올라갈 때도 있고 내려갈 때도 있습니다. 다만 자본주의 시장의 기본 원리는 경제의 발전에 초점을 맞추고 있기 때문에 경제가 침체하는 상황보다는 계속 활황 국면이기를 바랍니다. 그래서 각국의 목표는 아예 물가 상승이 일어나지 않는 것이 아니라, 통제할 수 있는 범위 내에서 인플레이션이 일어나기를 바라는 것입니다. 이러한 이유로 미래에도 물가가 꾸준히 상승할 것이라는 예측이 가능합니다. 과거를 돌아보더라도 물가가 정체되는 구간은 있더라도, 전체 기간으로 봤을 때 물가 상승은 꾸준히 이어져 왔다는 게 그 증거입니다.

대체로 경제적 자유에 필요한 금융자산을 계산할 때, 고려해야 하

소비자물가상승률

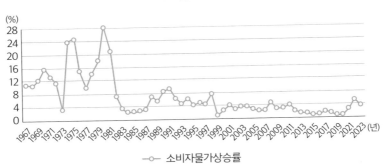

자료: 통계청

는 물가상승률은 연 3% 정도로 잡고 있습니다. 지난 30년간(1994년 1월~2024년 1월) 대한민국의 물가상승률을 계산하면 연평균 복합 성장률(CAGR, Compound Annual Growth Rate)은 연 2.875% 정도입니다. CAGR이란 일정 기간의 평균적인 연간 성장률을 의미합니다.

CAGR 2.875%의 의미는 앞의 그래프와 같이 어떤 해는 물가가 폭등하기도(1980년 28.7%), 정체되기도(2019년 0.4%) 하지만 기간 내의 상승률을 기하평균으로 계산하면 매년 2.875%씩 상승했다고 볼 수 있다는 뜻입니다. CAGR에 관한 이야기는 뒤에서 좀 더 자세히 다루겠습니다.

미래의 물가상승률을 연 3%로 조금 높게 잡는 이유는, 어느 정도 안전 마진을 두고 보수적으로 접근하기 위해서입니다. 미래 추정치를 보수적으로 잡아야 대응하기 수월합니다. 기대치를 낮게 잡는다면 전략의 성공률을 높일 수 있을 것입니다.

명목수익률과 실질수익률

◆

◆   수익률이 세금을 떼기 전인지 후인지를 구분하는 것처럼 수익률이 인플레이션을 고려했는지 하지 않았는지에 따라 용어가 다릅니다. 인플레이션율을 고려하지 않은 수익률을 명목수익률이라 칭하고, 인플레이션율을 고려한다면 실질수익률이라고 합니다.

실질수익률 계산하기
명목수익률 – 인플레이션율

어떤 사람이 투자로 연 4%의 수익률을 달성했고 그 시기 인플레이션율은 3%였다고 가정해 봅시다. 결과적으로 명목수익률은 4%, 실질수익률은 1%를 달성했다고 이야기할 수 있습니다. 명목수익률에서 인플레이션율을 빼면 실질수익률이 되기 때문입니다.

화폐 가치와
구매력

◆

◆   인플레이션이 매년 일어난다는 건 우리의 소비 금액이 매년 늘어난다는 것을 뜻합니다. 이것은 불가항력에 가깝습니다. "물가가 오르면 소비를 안 하면 되지!"라는 게 통하지 않는다는 말입니다. 우리는 어제와 같은 오늘을 살기 위해서 소비를 하는데, 소비 품목 금액 자체가 오르면 소비 금액은 늘어날 수밖에

화폐 가치 계산기

화폐가치의 변화를 소비자물가지수(2020=100)에 의해 계산해 보겠습니다.

기준시점	○ 년 2024 ▼	◉ 월 1994 ▼	01 ▼	
비교시점	○ 년 2024 ▼	◉ 월 2024 ▼	01 ▼	실행
물가상승배수	2.341 배			

물가상승 배수를 이용하여 기준시점 화폐금액을 비교시점의 화폐가치로 환산해 보겠습니다.

기준시점(1994년 01월) 금액	10000 원	실행
비교시점(2024년 01월) 환산 금액	23,410 원	

자료: 소비자물가지수

없습니다.

앞의 그림은 통계청에서 운영하는 소비자물가지수 홈페이지의 '화폐 가치 계산기'입니다. 1994년 1월부터 2024년 1월까지 약 30년간의 물가상승률을 계산해 봤습니다. 결과에 따르면 기준 시점인 1994년 1월부터 2024년 1월까지 물가 상승 배수는 총 2.341배로 늘어났고, 1994년 1월 1만 원의 가치는 2024년 1월의 2만 3,410원과 같습니다. 쉽게 생각해서 1994년 1월에 1만 원에 살 수 있었던 물건을 2024년 1월에 사려면 23,410원을 지불해야 한다는 뜻입니다.

이런 상황을 두고 '물가 상승 때문에 화폐 가치가 매년 떨어진다'라고 이야기합니다. 화폐의 가치는 매년 떨어지는 것이 일반적이고 이는 '화폐의 구매력이 떨어졌다'고 표현하기도 합니다. 여기에서 구매력이란 '화폐가 지닌 가치를 이용해 구매하는 능력'을 의미합니다.

물가 상승과 화폐의 구매력을 한두 가지의 제품만으로 측정하는 것은 아닙니다. 소비자물가상승률은 458개의 상품과 서비스를 기준으로 가중치를 부여해서 계산하므로, 모든 품목에 균일하게 물가상승률을 대입할 수는 없습니다. 예를 들어 1994년 1월에 1인분에 1,000원이었던 떡볶이를 2024년 1월에 2,341원으로 사 먹을 수 있다는 보장이 없다는 뜻입니다. 실제로 요즘 떡볶이 1인분 가격은 최하 3,000원 이상입니다. 품목별 가중치의 평균으로 나온 값이니 단순하게 구매력과 물가 상승을 이해하기 위한 예시라고 생각하면 됩니다.

우리가 인플레이션을 신경 써야 하는 진짜 이유는 화폐 가치의 하락에 있습니다. 왕성한 노동 활동으로 돈을 버는 것도 중요하지만, 동시에 벌어둔 돈의 가치가 떨어지지 않도록 방어하는 것도 매우 중요합니다. 연 3,000만 원 수입이 있고 10억 원을 갖고 있는 사람이 10억 원을 인플레이션에서 지키지 못한다면, 노동 수익 3,000만 원은 의미가 없습니다. 왜냐하면 10억 원의 화폐 가치가 인플레이션율 적용으로 다음 해 3%(3,000만 원) 하락한다면, 일해서 3,000만 원을 버는 것보다 10억 원을 지키는 데 시간을 쓰는 게 더 효율적이기 때문입니다. 물론 극단적인 비유입니다만, 어떻게 자산을 인플레이션에서 지켜낼 것인지 고민하는 시간은 그만큼 가치가 있다는 말입니다.

인플레이션으로 화폐 가치 하락을 방어할 수 있는 가장 효과적인 방법은 당장 쓸 돈을 제외하고 모든 돈을 물가상승률 이상의 수익률이 나오는 자산에 투자하는 것입니다. 우리가 투자를 해야 하는 근본적인 이유이기도 합니다.

다행히도 아직까지는 은행에만 돈을 넣어 두어도 인플레이션을 쉽게 방어할 수 있습니다. 은행의 예금 금리는 한국은행이 공표하는 기준 금리와 은행과 금융시장의 상황 등을 고려해 결정됩니다. 한국은행 금융·경제 스냅숏 홈페이지(snapshot.bok.or.kr)에서 예금은행 수신금리와 소비자물가상승률을 확인하고 데이터를 비교해 볼 수 있습니다. 이를 통해 지금까지 은행의 신규 취급액 가중평균 기준의 수신금리가 소비자물가지수보다 대체로 약간 더 높은 금리를 유지해 온 것

수신금리와 소비자물가지수 비교 그래프

(%)

- 수신금리
- 소비자물가지수

자료: 한국은행(당해 1월 기준)

을 알 수 있습니다(1996년 1월~2024년 9월).

  2024년 5월 한국은행의 보도자료 〈금융기관 가중평균금리〉를 보면 예금은행이란 1금융권 은행들을 의미하고, 상호저축은행, 신용협동조합, 상호금융, 새마을금고 등은 비은행금융기관으로 분류하고 있습니다. 비은행금융기관의 수신금리는 보통의 예금은행보다 약간 높은 금리를 유지하므로, 지금까지는 예금을 이용해 인플레이션을 방어할 수는 있었던 것입니다.

  하지만 안도해서는 안 됩니다. 2000년대 이전에는 은행 금리가 소

CHAPTER 2 경제적 자유 준비하기

55

비자물가지수보다 훨씬 높았지만, 현재는 비슷한 수준을 유지하며 엎치락뒤치락하고 있습니다. 그로 인해 은행의 이자는 화폐 가치를 지키는 수준이지, 만족할 만한 자본 소득을 얻을 수 있는 투자 대상은 아닙니다. 그리고 만약 연봉이 높은 상태로 이자 소득이 연 2,000만 원을 초과한다면, 금융소득종합과세 대상자가 되어서 자칫 실질수익률은 마이너스에 머무를 수 있으니 주의해야 합니다.

CAGR의 개념

◆

◆　　　　　　　　　　　　　앞서 연평균 복합 성장률로 소개했고 연 복리 수익률, 복합 연간 증가율 등으로 불리는 CAGR은 수익률 계산에서 빼놓을 수 없는 개념입니다. 책에서 등장하는 계산에서도 자주 등장할 용어인 CAGR은 특정 기간의 성장률을 기하평균으로 나타낸 값입니다. 기하평균이라고 이야기하니까 벌써 머리가 아파질 텐데, 쉽게 생각해서 첫 값과 끝 값을 보고 평균적으로 매년 몇 %씩 성장했는지를 계산한 것입니다.

앞서 계산했던 화폐 가치 계산기의 결과로 CAGR을 계산해 봅시다. 1만 원이 2만 3,410원이 된 30년간 매년 평균 몇 %씩 증가했는지를 계산하는 것입니다.

CAGR 계산 공식

$$CAGR = \left\{\left(\frac{\text{종료 값}}{\text{시작 값}}\right)^{\left(\frac{1}{n}\right)}\right\} - 1$$

$$\text{즉, } \left\{\left(\frac{23,410}{10,000}\right)^{\left(\frac{1}{30}\right)}\right\} - 1 = 0.02875836714$$

$$CAGR = 2.875\%$$

* n = 기간(연수)

1만 원이 30년 동안 2만 3,410원이 되려면 매년 약 2.875%씩 증가해야 합니다. 이를 CAGR 2.875%라고 표현하고, CAGR에는 복리의 개념도 내포되어 있다는 걸 알 수 있습니다. 자산의 성장이나, 수익률의 증가를 CAGR로 계산하는 이유는 장기적인 평균 성장률을 산술 평균(매년 수익률을 더해서 연수로 나누는 방식)보다 정확하게 계산할 수 있기 때문입니다.

우리가 투자할 때는 연 복리 계산을 고려해야 합니다. 1,000만 원 투자로 1년간 100만 원을 벌었다면, 다음 해 투자할 때 수익 100만 원을 장롱 속에 보관하고 1,000만 원을 투자하는 것이 아닙니다. 1년 간의 수익 100만 원을 원금에 붙여서 1,100만 원을 투자해야 복리의 마법을 누릴 수 있습니다. 일반적으로 주식투자는 장기투자를 지향해야 하고, 적립식으로 끝까지 가지고 갈 수 있는 자산 위주로 투자하는 것이 합리적이기 때문에 연 복리 개념으로 계산하는 것이 합리적입니다.

복리의
마법

◆

◆ 복리의 개념은 이자에 이자가 붙는 것을 의미합니다. 복리의 반대말은 단리입니다. 복리의 개념을 이해하기 위해 이자율을 단리와 복리로 계산하는 예를 들어 보겠습니다.

은행에 100만 원을 예치하고 연 10%의 세후 이자를 받기로 한 A와 B가 있다고 가정해 봅시다. 둘 다 예치 기간은 2년입니다. A는 단리로 이자를 받기로 했고, B는 복리로 이자를 받기로 했습니다. 각각 얻게 되는 이자액이 얼마인지 계산해 보겠습니다.

> 단리 A: 2년간 받을 이자는 20만 원입니다. 첫해 이자는 원금 100만 원의 10%인 10만 원, 그다음 해 이자 역시 원금 100만 원의 10%인 10만 원으로 합이 20만 원입니다.
>
> 복리 B: 복리로 계산하기 때문에 A보다 더 많은 이자를 받습니다. 첫해 이자는 원금 100만 원의 10%인 10만 원, 그다음 해 이자는 원금 100만 원과 첫해 이자 10만 원을 더한 110만 원의 10%인 11만 원을 받게 됩니다. 단리로 계산했을 때보다 1만 원 많은 21만 원을 이자로 받습니다.

단리와 복리는 시간이 짧을 때는 큰 차이가 없어 보이지만 장기로 갈수록 엄청난 차이를 불러옵니다. 만약 위와 같은 상황에서 예치 기간을 30년이라고 가정해서 계산해 본다면, 단리 이자를 받는 A는 30년간 매년 10만 원씩 이자를 받아서 이자 총합은 300만 원입니다. 반면 복리로 계산한 B는 이자에 이자가 매년 붙으면서 30년간 받는 이자의 총합은 1,644만 9,402원이 됩니다. A에 비해 약 5.48배의 이자를 받게 됩니다. 이자에 이자가 붙어서 눈덩이처럼 돈이 불어나는 것입니다.

화폐의
시간 가치

◆

◆   인플레이션의 설명에서 알 수 있듯이 돈은 시간의 가치를 내포하고 있습니다. 내일의 1만 원보다 오늘의 1만 원이 더 가치가 높습니다. 오늘의 1만 원은 은행에 넣어두면 이자라도 받을 수 있으니 말입니다. 그래서 미래에 가지게 될 자산이 얼마가 되든지 간에 그 액수 자체가 중요한 것이 아니라, 현재의 가치로 환산했을 때의 가치를 계산해 보는 것이 중요합니다.

경제적 자유를 꿈꾸면서 10억 원을 모으려는 사람이 있다고 가정해 보겠습니다. 이때 10억 원이라는 숫자에 집중할 것이 아니라, 10억 원을 모으기까지 달성되는 시간에 초점을 맞춰야 합니다. 지금의 10억 원과 n년 후의 10억 원의 화폐 가치는 다르기 때문입니다.

화폐의 시간 가치를 계산하는 공식은 다음과 같습니다

화폐의 시간 가치

$$FV = PV \times (1+R)^n$$

* FV=미래 가치, PV=현재 가치, R=할인율, n=기간

매년 인플레이션율이 3%라고 가정했을 때, 10년 후의 10억 원은 지금의 가치로 얼마일까요? 앞의 공식을 정리하면 $FV/(1+R)^n = PV$ 라는 공식이 성립됩니다. 10억 원/$(1+0.03)^{10}$ = PV이니까 10년 후의 10억 원은 현재 가치로 약 7억 4,409만 원 정도입니다. 매년 3%씩 물가가 상승한다는 조건을 넣었기 때문에, 현재 가치로 봤을 때는 화폐의 가치가 약 25.59% 하락한 것입니다.

이 말을 거꾸로 뒤집어서 생각해 보겠습니다. 현재 10억 원을 가지고 있는 사람이 10년 후 13억 4,391만 6,379원을 만들 수 없다면 인플레이션에서 자산을 보호하지 못한 셈이 됩니다. 그렇다면 10억 원으로 10년간 3억 4,591만 원의 자본 소득을 얻는 방법을 알고 있나요? 너무 어렵게 생각하지 않아도 됩니다. 앞서 은행을 이용한다면 인플레이션을 간신히 방어할 수 있다고 이야기했습니다. 그저 화폐의 시간 가치를 이해하고 있다면, 인플레이션을 간신히 방어하는 것을 넘어 경제적 자유를 달성하기 위한 전략을 잘 세워볼 수 있을 것입니다.

직장인의 경제적 자유가 가능한 이유

많은 사람이 평범한 직장인의 경제적 자유가 가능한지 의문을 가질 수 있습니다. 종종 제 개인 이메일로도 가능한 일이냐고 물어오는 사람도 있습니다. 제가 평범한 직장인의 경제적 자유를 확신하는 건 직접 경험했다는 이유도 있겠지만, 무엇보다 수치로 계산할 수 있기 때문입니다.

저는 '숫자는 거짓말을 안 한다'라고 믿고 있습니다. 미래는 변수가 난무하지만 어느 정도는 수학적으로 계산이 가능합니다. 그래서 평범한 직장인도 경제적 자유를 얻을 수 있다고 확신합니다. 경제적 자유를 계산하기 위해 우리가 알아야 하는 건 얼마가 필요한지, 필요한 금액을 어떻게 얻을지, 얻게 된 돈을 어떻게 활용할지 등의 다양한 요소를 고려하는 것입니다. 앞에서 소개한 기초 개념을 토대로 지금부터 직장인의 경제적 자유가 가능한 이유를 설명하겠습니다.

경제적 자유에는
얼마가 필요할까?

◆

◆   경제적 자유에 필요한 금액을 알기 위한 가장 간단한 방법이 있습니다. 현재 받는 월급이 평생, 매달 자동으로 돈이 들어온다면 어떨지 생각해 보는 것입니다. 월급을 받는 직장인으로서 매월 빚이 늘어나는 상황이 아니라면, 월급만큼의 돈이 매달 생긴다면 충분히 살아갈 수 있다고 추측할 수 있습니다. 물론 시간이 지나면서 인플레이션이 발생하고 그로 인해 더 많은 생활비가 필요하겠지만, 계산의 편의와 개념 이해만을 위해 일단은 당장 내년만 생각해 보도록 하겠습니다.

일차원적으로 월 300만 원을 실수령금으로 받는 직장인이라고 가정했을 때, 1년에 3,600만 원을 노동 없이 만들어 낼 수 있다면 그다음 해까지는 경제적 자유를 얻었다고 여길 수 있습니다. 그렇다면 어떠한 방법으로 이 돈을 만들어 낼 수 있을까요? 정답은 자본주의 사회에 태어난 걸 감사하며, 자본 소득을 통해 만들면 됩니다. 자본 소득이란 쉽게 말해 돈을 이용해 돈을 버는 소득을 의미합니다. 개인이 직접 하는 노동을 돈이 대신해서 일하게 하는 소득 말입니다. 자산 투자를 통해 소비해야 하는 돈을 상쇄할 만한 소득을 얻을 수 있다면 간단해집니다. 이렇게 투자할 수 있는 돈을 '금융자산'이라 칭하겠습니다.

그렇다면 얼마를 가지고 있어야 월 300만 원, 1년에 3,600만 원을 만들어 낼 수 있을까요? 이 부분을 계산하려면 자신이 달성할 수 있는 투자 수익률을 알아야 합니다. 일단 투자 수익률을 세후 연 4%로 가정하고 계산해 보겠습니다. 1년간 필요한 소비 금액을 스스로 달성할 수 있는 투자 수익률로 나눈다면 현재 필요한 자본을 계산할 수 있습니다.

필요 금융자산 계산 예시

$$\frac{\text{연 소비 금액(3,600만 원)}}{\text{투자 수익(4\%)}} = 9\text{억 원}$$

만약 1년에 3,600만 원이 필요하고, 세후 연 4%의 수익률을 얻을 수 있다면 9억 원 정도가 필요하다는 계산이 나옵니다. 물론 평생에 걸친 경제적 자유를 계산하기 위해서는, 여러 가지 변수가 존재하기 때문에 이렇게 간단한 계산은 정확할 수 없습니다. 하지만 차차 계산식에 세밀한 변수를 채워나가기로 하고, 지금은 경제적 자유에 필요한 자산을 계산할 수 있다는 점에 초점을 맞춰 생각하기를 바랍니다.

9억 원이라는 계산에서 변수 하나만 맛보기로 추가해 보겠습니다. 9억 원으로 3,600만 원의 금융소득을 얻어서 내년에 쓰겠다고 가정한다면 돈이 조금 모자라게 될 것입니다. 그 이유는 내년에 인플레이션이 발생할 수 있기 때문입니다. 올해 3,600만 원의 소비 금액이 필요한 사람이라면, 내년에 발생할 인플레이션을 반영해서 그 상승분만큼의 소비 금액을 계산해야 합니다. 지난 30년간 인플레이션율 평균은 2.875%였기 때문에, 안전 마진을 고려하고 조금 보수적으로 접근하기 위해서 인플레이션율을 연 3%라고 가정하고 계산하겠습니다.

매년 발생하는 인플레이션율을 3%라고 가정한다면, 내년에 사용할 소비 금액은 '올해 소비 금액×1.03'이고, 경제적 자유에 필요한 자산은 다음과 같은 공식으로 계산할 수 있습니다.

내년을 위해 필요한 금융자산

$$\frac{\text{올해 실수령 월급(3,600만 원)} \times 1.03(\text{인플레이션율})}{\text{연 투자 수익률(4\%)}} = 9\text{억 }2,700\text{만 원}$$

만약 연 4% 수익률을 달성할 수 있고 월급 300만 원을 받는 직장인이 내년 소비 금액을 위해 1년 전인 지금 필요한 금융자산을 계산하면 약 9억 2,700만 원 정도입니다. 물론 월급을 전부 다 사용하고 내년은 금융소득만으로 산다는 가정입니다. 이러한 계산에 여러 가지 변수들을 더 넣으면, 소득액이 지출액을 넘어선 상태를 평생 유지할 수 있는 금액까지 계산이 가능합니다.

다시 경제적 자유에 대한 정의를 떠올려 봅시다.

노동 없이 소득액이 지출액을 넘어서는 상태 유지

월급을 받으면서 매달 빚이 늘어나지 않는 상태라면 월급만큼의 소득으로 생활이 가능하다는 것을 뜻합니다. 매년 인플레이션율을 계산해서 그 상승분만큼만 필요한 소비 금액이 늘어난다 하더라도 그 상승분만큼 자본 소득이 늘어난다면, 경제적 자유의 정의에 부합하는 상황을 만들 수 있습니다.

경제적 자유 달성까지
얼마나 걸릴까?

◆

◆   그렇다면 남은 건 앞선 예시 기준이 된 '9억 원이라는 돈을 어떻게 만들어 낼 것인가'입니다. 이 부분 역시 계산이 가능합니다. 먼저 자신의 소득에서 한 달 소비 금액을 제외한 잉여현금을 계산합니다. 그리고 그 잉여현금을 투자했을 때 9억 원을 모을 때까지 걸리는 시간을 계산하면 됩니다.

예를 들어 월급 300만 원 중 100만 원을 투자할 수 있다고 가정해 봅시다. 실수령액의 약 34%를 미래를 위해 투자하는 것입니다. 매월 100만 원을 연 4%의 수익률로 투자했을 때, 9억 원을 모으려면 몇 년이 걸릴까요?

'1년에 1,200만 원을 모을 수 있고 이자까지 생각하면 대략 70년 정도 걸리겠네?'라고 생각하면 잘못 추측하고 있는 것입니다. 적립식 투자를 장기간 이어 나간다면 복리의 방식으로 수익금이 불어나기 때문에 생각보다 짧은 기간이 소요됩니다. 이와 같은 조건을 정확하게 계산하기 위해서는 앞서 이야기한 복리의 개념을 이해하고, 적립식 투자 시 복리 수익을 계산할 수 있는 공식을 알면 됩니다.

적립식 투자 복리 원리 합계 공식

$$\text{월 적립액} \times (1 + \text{월 이자율}) \times \frac{\{(1 + \text{월 이자율})^{(\text{적립 월수})} - 1\}}{\text{월 이자율}}$$

9억 원을 모으기 위한 기간 계산

$$100\text{만 원} \times \{1 + (1.04^{(\frac{1}{12})} - 1)\} \times \frac{[\{1 + (1.04^{(\frac{1}{12})} - 1)^x - 1\}]}{(1.04^{(\frac{1}{12})} - 1)} = 9\text{억 원}$$

$* x$ = 약 419.275개월(34.93년)

CAGR과는 다른 개념이라 공식이 약간 복잡합니다. 간단히 설명하면 월초에 투자한다는 가정하에 월 100만 원씩 투자해서 연 4%의 수익률을 달성한다면, 9억 원을 모으기 위해 420개월 즉, 35년 정도의 시간이 필요합니다.

단순하게 9억 원을 연 1,200만 원으로 나누면 75년입니다. 보통 사람들은 돈을 모을 때 은행 이자를 떠올리니 대충 70년 정도 걸릴 것이라 예상합니다. 그런데 연 수익률을 고려해서, 적립식 투자 성과를 계산해 보면 그 절반인 35년 정도가 걸리는 것을 확인했습니다. 이 정도면 꽤 고무적인 결과입니다. 매월 100만 원씩 연 4%의 수익률이 나오는 자산에 투자한다면, 30세에 시작해도 은퇴 시점인 65세 정도에 9억 원 정도의 금융자산을 가질 수 있으니 말입니다.

하지만 경제적 자유를 노린다면 한 가지 더 고려해야 합니다. 앞서 설명한 화폐의 시간 가치입니다. 매년 인플레이션율 3%를 가정했을 때, 35년 뒤 9억 원의 현재 가치는 3억 1,984만 원밖에 되지 않습니다. 지금 예로 들고 있는 상황은 현재 가치로 9억 원이 필요한 상황이니, 35년 뒤에는 더 많은 돈이 필요합니다.

그렇다고 현재 가치로 9억 원을 못 모을까 봐 미리 걱정하지는 마세요. 35년이 흐르는 동안 월급 상승으로 매월 투자할 수 있는 잉여 현금도 늘어나고, 그 성과에 따라 경제적 자유를 달성할 수 있을 것입니다. 이에 대한 상세한 투자 방법도 책에서 설명할 예정입니다.

여기에서 주목할 점은 대충 계산했을 때와는 다르게 복리로 투자한다면 9억 원을 모으는 데 70년씩이나 걸리지 않는다는 점. 그리고 경제적 자유에 필요한 금융자산을 예측하기 위해 기간, 수익률, 잉여현금, 인플레이션율을 고려한 화폐의 현재 가치 등을 고려해야 한다는 점입니다.

경제적 자유를 위한
목표 투자 수익률

◆

◆   인플레이션은 우리가 경제적 자유를 얻는 데 상당한 걸림돌이 됩니다. 그렇기 때문에 예금이나 적금과 같은 은행 상품을 매년 발생하는 인플레이션율을 반영한 실질수익률로 따졌을 때는 거의 제로에 가깝습니다. 낮은 수익률만 평생 고집한다면 경제적 자유를 얻기 힘듭니다. (노파심에 이야기하지만, 예금과 적금이 전혀 쓸모없는 상품이라는 말은 아닙니다. 상황에 따라 다 쓰임이 있습니다.)

투동자 연구소에서 제시하는 목표 투자 수익률은 명목수익률로는 세전 8%, 세후 6.77%의 수익률을 추구하며 투자할 것을 추천하고 있습니다. 이 정도 수익률이 투동자로서 큰 위험을 감수하지 않으면서도, 경제적 자유를 얻기에 충분한 수익률이기 때문입니다.

만약 앞서 계산한 조건으로 세후 명목수익률이 4%가 아니라 6.77%를 얻을 수 있다면, 35년 뒤 갖게 되는 자산은 17억 원 정도입니다. 이 금액을 현재 가치로 환산하면 다음과 같습니다.

17억 원의 현재 가치 계산

$$\frac{17억\ 원}{(1+0.03)^{35}} = 6억\ 415만\ 원$$

연수익률을 2.77% 높였을 뿐인데, 얻게 되는 미래의 화폐 가치는 2배 가까이 상승한 것을 볼 수 있습니다. 우리가 엄청나게 높은 수익률을 무리하게 추구하지 않아도 되는 이유입니다.

현재 가치로 6억 원 정도를 금융자산으로 가지고 있다면, 사실상 경제적 자유에 매우 근접한 사람입니다. 지금까지 현재 가치로 9억 원이 필요하다고 했는데 갑자기 6억 원 정도면 충분하다고 이야기하는 이유는, 잉여현금을 만들 수 있는 사람의 소비 금액은 소득에서 잉여현금을 뺀 만큼만 필요하기 때문입니다.

앞에서 예시로 든 사람은 월급 300만 원에서 100만 원의 잉여현금을 만들어 낼 수 있는 사람 즉, 200만 원으로 한 달을 살 수 있는 사람이고, 자본을 이용해서 세후 명목수익률 6.77%를 얻을 수 있는 사람이기 때문에 다음 해 연 소비 금액인 2,472만 원(2,400만 원×1.03)을 얻기 위한 금융자산은 약 3억 6,514만 원 정도입니다.

6억 원으로 1년간 얻을 수 있는 금융 수익은 약 4,062만 원이기 때문에 2,472만 원을 제외하고도 1,590만 원이 남습니다. 이렇게 남은 금융 수익은 그다음 해를 위해서 재투자합니다. 이러한 방식으로 계산하면 인플레이션율 3%를 고려해도 대략 71년 후에나 자산이 바닥나기 때문에 30~40대라면 기대여명 동안 사용하기에 충분한 자산이 될 것입니다.

경제적 자유는 충분히 계산 가능합니다. 그리고 직장인도 잉여현금으로 현명하게 투자해 충분한 자산을 쌓는다면, 경제적 자유를 노려볼 만합니다. 물론 인생에는 변수가 많습니다. 본인에게 알맞는 각종 변수를 계산에 넣는 노력을 하다 보면, 조금 더 정확하게 경제적 자유를 위한 자산을 계산할 수 있을 것입니다.

보통 사람들은 이 정도로 계산하면서 살지 않습니다. 하지만 직장인의 경제적 자유가 가능한 이유를 두루뭉술하게 이야기하기보다, 실제로 가능하다는 것을 설명하기 위해 복잡함을 무릅쓰고 계산 과정을 서술해 보았습니다.

남은 과제는 이론을 넘어, 실생활에 접목하는 방법을 익히는 것입니다. 그리고 35년은 너무 긴 시간이기 때문에 경제적 자유 달성 기간을 10여 년으로 확 줄일 방법을 앞으로 이야기해 보려 합니다. 더불어 변수들을 더 많이 고려해 목표 달성 확률을 높이는 방법도 함께 설명하겠습니다.

CHAPTER 3

직장인의
경제적 자유를 향한 로드맵

의미 있는 종잣돈 1억 원

1억 원이라는 액수는 재테크 분야에서 상징적인 금액입니다. 목돈 1억 원은 거치식 투자에 있어서 유의미한 종잣돈이기 때문입니다. 재테크 초보자들은 첫 번째 고지인 현금 1억 원을 모으기 위해 고군분투합니다. 그러나 이들 중에 본인의 수입으로 1억 원을 모으기 위해 시간이 얼마나 걸리는지 대충이라도 파악하고 있는 사람은 드뭅니다.

1억 원을 모아보고 싶다는 욕구는 있지만 모으는 데 자원(시간)이 얼마나 들어가는지는 계산하려 하지 않는다는 게 참 아이러니합니다. 그렇다면 이 기회에 1억 원을 모으는 데 걸리는 시간을 계산해 보면서 목표를 구체화해 보도록 합시다.

월급 실수령액 300만 원, 한 달에 150만 원을 지출하고 50% 저축률을 유지하는 직장인을 가정해 보겠습니다. 경제적 자유를 얻기 위한 시작 단계라고 생각해서 투자는 아예 못 한다고 가정하고, 예금과 적금만을 이용할 것입니다. 1억 원을 모으는 데 걸리는 시간은 얼마나 될까요? 물론 적금과 예금의 이율에 따라서 다르겠지만, 이 책에서는 세전 기준으로 적금 연 3.5%, 예금 연 3%라고 가정하겠습니다. 다음 표를 보면 대략 4년 7개월(55개월) 정도의 시간이 걸립니다. 5년이 채 안 되는 시간 안에 1억 원을 모을 수 있는 것입니다.

매월 150만 원씩 적금을 납입하고 다음 해 적금 만기가 되면 예금에 가입하는 방식입니다. 150만 원씩 55개월 예적금한 원금과 이자는 약 8,750만 원 정도밖에 안 되지만, 1억 원을 모으는 데 5년이 채 걸리지 않는 결과가 나온 이유는 1년에 한 번씩 정산되는 퇴직금을 더해서입니다. DC형 퇴직연금을 예금의 이율로 함께 굴린다는 전제로 기간을 산출했습니다. 예금과 적금의 이율은 기준 금리에 따라 변동

1억 원 모으는 데 걸리는 시간

연봉	41,000,000			원금	적금 이자	예금 이자	퇴직금	운용 수익	자산 총액	자산 기여
실수령	3,000,000	시작	1,500,000							
퇴직금수령여부	☑	1년 후	18,000,000	288,698		3,417,000		21,705,698	1.330%
납입 퍼센트	50.00%	2년 후	36,288,698	288,698	464,167	3,417,000	102,510	43,978,072	2.601%
적금이율	3.50%	3년 후	55,041,562	288,698	940,115	3,417,000	208,095	66,831,988	3.862%
적금세율	15.40%	4년 후	74,270,374	288,698	1,428,142	3,417,000	316,848	90,282,668	5.111%
예금이율	3.00%	5년 후	93,987,214	288,698	1,928,555	3,417,000	428,864	114,345,784	6.350%
예금세율	15.40%	6년 후	114,204,467	288,698	2,441,669	3,417,000	544,240	139,037,391	7.577%
세후적금환산수익률	2.96%	7년 후	134,934,834	288,698	2,967,806	3,417,000	663,077	164,373,971	8.794%
세후예금환산수익률	2.54%	8년 후	156,191,338	288,698	3,507,296	3,417,000	785,479	190,372,443	10.000%
		9년 후	177,987,331	288,698	4,060,478	3,417,000	911,553	217,050,173	11.194%
		10년 후	200,336,507	288,698	4,627,701	3,417,000	1,041,410	244,424,981	12.378%

되기 때문에 5년간 같은 이율을 유지한다는 보장은 없습니다. 하지만 앞서 예시로 든 예적금 금리 이율에 변동이 없다는 가정으로 보면 4년 7개월이라는 결과가 나옵니다.

이렇게 구체적으로 계산하다 보면 다양한 감정을 느낄 것입니다. '적금과 예금만 이용했는데 1억을 4년 7개월 만에 모을 수 있다니 해볼 만하다', '매월 월급의 50% 저축은 불가능하다', '이렇게 10년을 모아봐야 서울에 아파트 한 채도 못 사니 절망적이다' 등 사람마다 다양한 생각이 교차할 것입니다. 하지만 제가 표에서 강조하고 싶은 것은 투자 수익이 자산 형성에 기여한 비율에 관한 것입니다.

대부분 재테크에 입문하려는 사람들은 투자 성공만이 진리라고 오해하는 경향이 있습니다. 표를 보면 알겠지만 적금과 예금만을 이용해서 월급만으로 1억 원을 모으기까지, 원금을 제외하고 예금과 적금 이자가 자산 형성에 기여한 비율은 6% 남짓입니다. 그렇다면 만약 적금과 예금의 이율을 2배로 높인다면 어떻게 될까요?

예적금 이율을 2배로 올려 세전 기준으로 적금 연 7%, 예금 연 6%로 가정했을 때 1억 원을 모으기까지 걸리는 기간은 4년 4개월입니다. 앞서 계산한 기간보다 3개월을 단축할 수 있습니다. 하지만 1억 원이라는 돈을 모으기까지 투자 수익이 자산 형성에 기여한 비율은 12%가 채 되지 않습니다. 그리고 5년을 꽉 채운 시점에 자산 총액은 이자율이 절반이었던 앞선 표와 비교해 약 800만 원 많습니다. 전체 금액의 6.5% 수준밖에 안 됩니다.

연봉	41,000,000		원금	적금 이자	예금 이자	퇴직금	운용 수익	자산 총액	자산 기여
실수령	3,000,000	시작	1,500,000						
퇴직금수령여부	✓	1년 후	18,000,000	577,395		3,417,000		21,994,395	2.625%
납입 퍼센트	50.00%	2년 후	36,577,395	577,395	942,989	3,417,000	205,020	45,136,799	5.102%
적금이율	7.00%	3년 후	56,097,779	577,395	1,933,843	3,417,000	422,341	69,487,378	7.536%
적금세율	15.40%	4년 후	76,609,017	577,395	2,974,994	3,417,000	652,702	95,109,468	9.927%
예금이율	6.00%	5년 후	98,161,406	577,395	4,068,993	3,417,000	896,884	122,069,740	12.276%
예금세율	15.40%	6년 후	120,807,793	577,395	5,218,524	3,417,000	1,155,717	150,438,375	14.582%
세후적금환산수익률	5.92%	7년 후	144,603,712	577,395	6,426,404	3,417,000	1,430,080	180,289,255	16.845%
세후예금환산수익률	5.08%	8년 후	169,607,511	577,395	7,695,597	3,417,000	1,720,905	211,700,152	19.067%
		9년 후	195,880,504	577,395	9,029,214	3,417,000	2,029,179	244,752,940	21.246%
		10년 후	223,487,113	577,395	10,430,526	3,417,000	2,355,950	279,533,810	23.383%

연 6% 이상의 수익률은 주식, 채권 등 투자 포트폴리오를 유지해야 얻을 수 있는 수익률입니다. 하지만 1억 원을 모으는 과정에서 투자 수익은 자산 형성에 기여하는 비율이 현저히 낮습니다. 여기서 얻을 수 있는 힌트는 투자 원금 자체가 적으면 높은 수익률을 올려도 자산이 불어나는 속도가 더디다는 것입니다. 즉, 초반에 자산을 모으는 단계에서는 투자 수익률을 높이려는 노력보다, 투자 금액 비율 자체를 높이는 게 효율적이라는 걸 알 수 있습니다.

이제 막 경제적 자유라는 목표를 향해 걸음마 단계에 놓인 사람이라면 놓치지 말아야 할 중요한 대목입니다. 투자 수익률을 높이려 열을 올리는 것보다 투자 납입금 자체를 높이기 위해서 소득에서 소비를 제외한 후 남게 되는 잉여현금을 남기는 데 가장 많은 힘을 쏟는 게 현명합니다.

경제적 자유에 필요한 금액은 사람마다 다릅니다. 그래서 본격적인 투자를 통해 금액을 불리는 시기를 정확히 단정할 순 없습니다. 저는 대략 순자산 1억 원까지는 투자에 열을 올릴 필요가 없다고 생각합니다. 저 역시 이 기간에는 투자보다는 소비 절약과 자산 관리를 통해서 투자 원금을 불리는 데 집중했습니다.

물론 투자를 등한시하자는 의미는 아닙니다. 경제적 자유를 목표로 한다는 건 평생 투자를 하면서 살아야 하는 장기 계획이라는 걸 잊지 말아야 합니다. 소득과 소비의 균형을 먼저 제대로 맞추려 노력하고, 조급하게 투자하기보다는 그 균형을 맞추는 기간 동안 기본부터 공부하자는 뜻입니다.

1억 원을 적금과 예금으로만 모은다면 시간이 얼마나 걸릴지 확인했습니다. 그렇다면 이제 자신의 삶에서 경제적 자유를 얻기 위해 필요한 금액이 얼마인지를 계산해 봅시다.

경제적 자유 달성에 필요한 자산과 기간 계산하기

4% 룰의 함정

◆

◆   파이어 운동에는 '4% 룰'이라는 이론이 많이 알려져 있습니다. 미국의 재무 관리사인 윌리엄 벤겐^{William P. Bengen}이 1994년 논문으로 발표해서 유명해진 이론입니다(William P. Bengen, 「Determining withdrawal rates using historical data. Journal of Financial Planning」, 1994). 이 이론은 1년 동안 소비하는 돈의 25배를 모으고, 그 돈을 주식과 채권에 50:50 비율로 투자했다면, 그간의 주식과 채권의 수익률로 계산했을 때 매년 원금의 4%에 해당하는 자금을 인출할 수

있다는 이론입니다. '가장 최적의 인출 비율'이라는 이름으로도 알려진 4% 룰은 인플레이션을 고려하더라도 30여 년간 포트폴리오를 유지할 수 있어, 60세에 은퇴를 한다면 죽을 때까지 사용하기에 충분한 돈이 된다는 이론입니다.

4% 룰도 경제적 자유에 필요한 금액을 대략 계산하기에는 나쁘지 않은 방법입니다. 하지만 은퇴 시점을 60세 기준으로 한 계산이라는 점이 아쉽습니다. 60세 은퇴자를 대상으로, 30년간 포트폴리오를 운영한다고 가정했을 때 가지고 있어야 하는 적당한 금융자산을 계산하는 공식이기 때문입니다. 더 젊은 나이에 조기 은퇴를 노리는 사람들에게 필요한 금융자산은 계산하기 어렵습니다.

더 빨리 경제적 자유를 달성하기 위한 계산법

◆

◆   여러 가지 이론을 공부하면서 아쉬운 점이 생길 때마다 저는 계산기 시트를 만들었습니다. 경제적 자유를 얻기 위한 필요 자산은 개인차가 있지만, 소비하는 금액을 토대로 여러 가지 변수 요인을 고려해 계산하면 나이를 불문하고 경제적 자유에 필요한 금융자산 계산이 가능합니다. 지금부터 계산법을 배우기에는 너무 복잡하니, 네이버 카페 '투동자 연구소'(cafe.naver.com/

twodongja)에 올려둔 구글 스프레드시트 파일을 내려받아 계산해 보기를 추천합니다.

앞서 단순히 경제적 자유에 필요한 금액을 한 달 월급으로 생각했지만, 이번에는 좀 더 자세하게 알아보기 위해 여러 가지 변수 요인을 넣어서 계산해 볼 것입니다. 경제적 자유에 필요한 금액을 계산하기 위한 변수 요인은 기준 일자, 1년 소비 금액, 물가상승률, 투자 수익률, 기대여명입니다.

시트 사용 방식은 간단합니다. 시트에서 항목에 해당하는 부분에 숫자를 넣으면 됩니다. 보통 제가 만든 모든 시트는 녹색 배경의 셀에만 값을 넣고, 다른 셀에는 함수가 들어 있다는 점만 기억하면 됩니다. 숫자를 넣어야 하는 항목별로 간단히 설명하겠습니다.

경제적 자유에 필요한 금융자산 찾기

1년 기준일자	2025-03-01		소비금액	금융자산	이자	남은 금융자산
1년 소비 금액	18,000,000	1년 후	18,540,000	100,000,000	2,538,000	83,998,000
인플레이션	3.000%	2년 후	19,096,200	83,998,000	2,131,869	67,033,669
수익률(세후)	2.538%	3년 후	19,669,086	67,033,669	1,701,315	49,065,898
기대여명	60년후	4년 후	20,259,159	49,065,898	1,245,292	30,052,032
보유금융자산	100,000,000	5년 후	20,866,933	30,052,032	762,721	9,947,819
필요 금융자산 찾기(클릭)		6년 후	21,492,941	9,947,819	252,476	-11,292,647
		7년 후	22,137,730	-11,292,647	-286,607	-33,716,984
		8년 후	22,801,861	-33,716,984	-855,737	-57,374,582
		9년 후	23,485,917	-57,374,582	-1,456,167	-82,316,666
		10년 후	24,190,495	-82,316,666	-2,089,197	-108,596,358

1년 기준 일자

더블 클릭해 현재 날짜를 지정하세요. 그러면 오른쪽에 1년 단위로 날짜가 자동으로 정렬될 것이고, 남은 금융자산이 마이너스 되는 날짜를 확인할 수 있습니다.

1년 소비 금액

계산은 실수령 월급 300만 원을 받는 직장인이면서 월급의 50%인 150만 원을 매달 소비하는 사람이라고 가정합니다. 작년에 소비한 자료가 있다면 올해에는 3% 정도 물가 상승을 고려해 '작년 1년간 소비한 금액 × 1.03'으로 계산해 넣으면 됩니다.

인플레이션

지난 30년간 대한민국의 물가상승률은 2.875% 수준이었기 때문에 안전 마진을 고려해 물가상승률은 보수적으로 3%로 계산합니다.

수익률(세후)

경제적 자유를 얻은 후 자본 소득으로 생활할 것이니 투자 수익률을 특정할 수 있어야 합니다. 하지만 지금 단계에서 수익률까지 예상하는 건 무리입니다. 그러니 일단 개인의 역량이 필요 없는 예금이율이나 적금이율을 넣어보도록 하겠습니다. 지금 3%의 예금을 이용한다고 가정했을 때, 세후 수익률은 일반과세 15.4%를 제외한 {3%×

(1-15.4%)} = 연 2.538%입니다.

기대여명

통계청 생명표의 기대여명을 활용해 고려했을 때 20~50대 남녀 평균 기대수명은 85세 정도입니다. 기대 수명도 안전 마진을 염두에 두고 5년을 더해 90세로 예상하겠습니다. 그러면 기대여명은 '90세 - 현재 자신의 나이'로 넣으면 적당할 것입니다.

보유 금융자산

마지막으로 본인이 보유하고 있는 금융자산을 넣어주면 이 금액이 소진되기까지의 기간을 계산할 수 있습니다. 여기서 주의해야 할 점은 나의 '총자산'이 아니라 '금융자산'이라는 점입니다. 금융자산은 예금, 주식, 채권 등의 투자에 활용할 수 있는 자산을 뜻합니다.

만약 본인이 시가 10억 원 상당의 아파트에 살고 있다 하더라도, 현금이나 예금, 주식, 채권에 투자한 돈이 한 푼도 없다면 그 사람의 금융자산은 0원인 셈입니다. 보유 아파트를 통해 월세를 받는다면 이야기가 다르겠지만, 깔고 앉아 있는 부동산은 금융자산이 아닙니다.

앞의 표는 1억 원 정도의 금융자산이 있다고 가정하고, 여러 가지 변수들을 넣어서 계산한 결과입니다. 수익률이 낮아서인지 6년 만에 자산이 바닥나는 것을 확인할 수 있습니다.

필요 금융자산 찾기

이제 자신에게 필요한 금융자산이 얼마인지 계산해야 합니다. 역산하는 과정이 좀 복잡해서 시트에 자동 계산 코드를 넣어두었습니다. '필요 금융자산 찾기(클릭)'라는 박스를 클릭하면 자동으로 필요한 금액을 찾아줍니다(그 전에 자동 계산 코드 활성화 작업이 필요한데, 이 부분은 파일 다운로드 게시판의 설명을 참고하기를 바랍니다).

분명 대다수는 자신의 기대여명 동안 사용할 돈이 모자라다는 결과가 나올 것입니다. 당연한 결과니까 실망하지 않아도 됩니다. 이 현실을 개선하기 위해 책을 보고 있는 것이니까요. 일단 분석해 보면 50% 저축을 할 수 있을 정도로 성실한 편이지만 수익률이 너무 낮습니다. 그리고 소비 금액에 비해서 보유한 금융자산이 너무 적은 것도 문제입니다. 경제적 자유에 필요한 금융자산을 갖기 위해서는 여러

경제적 자유에 필요한 금융자산 찾기

1년 기준일자	2025-03-01		소비금액	금융자산	이자	남은 금융자산
1년 소비 금액	18,000,000	1년 후	18,540,000	100,000,000	2,538,000	83,998,000
인플레이션	3.000%	2년 후	19,096,200	83,998,000	2,131,869	67,033,669
수익률(세후)	2.538%	3년 후	19,669,086	67,033,669	1,701,315	49,065,898
기대여명	60년후	4년 후	20,259,159	49,065,898	1,245,292	30,052,032
보유금융자산	100,000,000	5년 후	20,866,933	30,052,032	762,721	9,947,819
필요 금융자산 찾기(클릭)		6년 후	21,492,941	9,947,819	252,476	-11,292,647
		7년 후	22,137,730	-11,292,647	-286,607	-33,716,984
		8년 후	22,801,861	-33,716,984	-855,737	-57,374,582
		9년 후	23,485,917	-57,374,582	-1,456,167	-82,316,666
		10년 후	24,190,495	-82,316,666	-2,089,197	-108,596,358

변수가 서로에게 영향을 끼치기 때문에 적당한 비율이 유지되어야 합니다.

　계산에 따르면 2024년 1월을 기준으로, 연 3% 물가상승률을 보이는 나라에 살고, 연 1,800만 원을 소비하며, 세후 연 2.538%의 수익률을 얻을 수 있는, 수명이 60년 정도 남은 30세의 직장인이라면 대략 금융자산으로 약 12억 4,247만 원이 있으면 경제적 자유에 필요한 금융자산을 얻었다고 말할 수 있습니다. 물론 세부적으로 금융소득종합과세와 같은 세금, 금융소득이 일정 금액을 넘으면 부과되는 건강보험료에 개인차가 있어 완벽히 계산하기는 힘드니, 그 부분을 배제하고 나온 계산 결과입니다.

　하지만 계산 시작 단계에서 인플레이션과 기대여명에 안전 마진을 두었고, 해가 갈수록 투자할 수 있는 잉여현금이 늘어나며, 한 번 계

필요 금융자산 찾기 자동 계산

1년 기준일자	2025-03-01		소비금액	금융자산	이자	남은 금융자산
1년 소비 금액	18,000,000	1년 후	18,540,000	1,242,472,555	31,533,953	1,255,466,508
인플레이션	3.000%	2년 후	19,096,200	1,255,466,508	31,863,740	1,268,234,048
수익률(세후)	2.538%	3년 후	19,669,086	1,268,234,048	32,187,780	1,280,752,742
기대여명	60년후	4년 후	20,259,159	1,280,752,742	32,505,505	1,292,999,088
보유금융자산	1,242,472,555	5년 후	20,866,933	1,292,999,088	32,816,317	1,304,948,472
필요 금융자산 찾기(클릭)		6년 후	21,492,941	1,304,948,472	33,119,592	1,316,575,123
		7년 후	22,137,730	1,316,575,123	33,414,677	1,327,852,070
		8년 후	22,801,861	1,327,852,070	33,700,886	1,338,751,094
		9년 후	23,485,917	1,338,751,094	33,977,503	1,349,242,679
		10년 후	24,190,495	1,349,242,679	34,243,779	1,359,295,964

산하고 끝내는 것이 아니라 끊임없이 자산 흐름을 추적하고 관찰하면서 자산 관리를 해야 한다는 조건이 있기 때문에 과세는 충분히 대응할 수 있으리라 예상합니다.

다만 이 계산 결과에서 한 가지 간과하면 안 되는 부분은 기준 시점입니다. 시트의 계산 기준 시점은 2025년 3월입니다. 만약 2025년에 계산된 금융자산을 2026년에서야 모을 수 있다면, 그 시점으로 기대여명 동안 사용할 금액으로는 조금 모자랄 수 있습니다. 기대여명은 1년 줄지만 연 소비 금액은 3% 늘어나야 하고, 전체 금융자산의 수익률만큼 발생하는 이자가 1년 늦게 나오기 때문입니다. 그래서 기준 시점을 잘 설정해 계산해야 합니다.

이처럼 목표(경제적 자유에 필요한 금융자산)와 현재 자신의 상황은 긴밀하게 연결되어 있습니다. 앞서 이야기한 소비, 소득, 투자, 경영 네 가지 분야의 능력치를 평균으로 끌어올려야 하는 이유가 이 때문입니다. 돈이 넉넉하다 해도 수익률이 엉망이면 더 많은 돈이 필요합니다. 반대로 경제적 자유에 필요한 금융자산이 조금 적더라도 연 소비 금액이 매우 낮다면 해볼 만한 목표가 될 수 있습니다.

기준 시점이 중요하다면 10년 동안 열심히 돈을 모으겠다는 목표를 세워봅시다. 그러면 10년 후 자신에게 필요한 금융자산 역시 계산할 수 있습니다. 더 복잡하게 계산하면 월급뿐만 아니라 중간에 직업을 변경하고, 변동되는 월급까지 변수로 넣어서 경제적 자유에 필요한 금융자산을 계산해 낼 수 있을 것입니다. 저 역시 다양한 변수를 넣은 계산 시트를 만들어 경제적 자유로 가는 로드맵처럼 사용하고 있습니다.

우리가 가야 할 방향을 계산해 봤으니 더 정밀한 계산은 잠시 뒤로 미뤄두고 어떻게 목표 금액에 가깝게 다가갈 수 있는지 차근차근 전략을 세워보도록 합시다.

실행 전
투동자 전략 세우기

투동자 연구소를 처음 개설했을 때, 저는 누구나 경제적 자유를 얻을 수 있다고 주장했습니다. 직장인의 경제적 자유는 여러 가지 변수를 고려한다면 계산이 가능하기 때문입니다. 더 나아가 그 변수들을 제어할 수 있다면 실현도 가능하다고 믿고 있습니다. 많은 직장인이 자신의 월급으로 경제적 자유를 노리는 것이 헛된 노력이 아님을 깨닫고 가능성에 집중해 난제를 현실에서 해결할 수 있는 구체적인 방법을 고민하기를 바랍니다. 또한 연구한 방법들을 실천해 나갔으면 좋겠습니다. 가능성을 발견한 사람이라면, 고민하기도 전에 불가능하다고 지레 판단하고 포기하는 사람에 비해 큰 성과를 얻을 가능성이 높아질 것입니다.

투동자 전략은
어떻게 세울까?

◆

◆   이제 다음 파트부터 소비자로서,
투자자로서, 경영자로서 어떻게 행동해야 하는지 기술할 것입니다.
그에 앞서 전략의 틀이 필요합니다. 네 가지 관점의 세밀한 행동을 본
격적으로 설명하기 전에 자연스럽게 경제적 자유에 필요한 자산이
쌓이는 '투동자 전략'에 대해 알아보겠습니다.

높은 곳에서 낮은 곳으로 물이 흐르듯이, 돈도 자연스럽게 소득에
서 잉여현금으로 흐릅니다. 평범한 직장인은 소득을 얻은 후 중간에
소비를 거친 다음에 잉여현금을 만들어 낼 수 있습니다. 경제적 자유
를 원하는 노동자라면 잉여현금을 활용해 투자를 하고 미래에 사용
할 재원을 꾸준히 만들어야 합니다.

그렇다면 여기서 가장 중요한 요소는 무엇일까요? 소득? 소비? 아
니면 투자일까요? 지금까지의 설명으로 미루어 봤을 때 어떤 것이 가
장 중요하다고 생각하나요? 정답은 전부 다입니다. 애초에 어느 것이
더 중요하다는 고정관념을 버려야 합니다. 앞서 계산해 봤듯이 여러
가지 변수가 결국 서로의 결과에 영향을 미치기 때문에 요소 모두 중
요합니다. 톱니바퀴처럼 서로 맞물려 있어 어느 변수 하나 중요하지
않은 것이 없습니다.

하지만 어느 순간 특정 요소가 중요하다고 판단되는 순간이 옵니

PART 1 경제적 자유를 향한 첫발

다. 다만 이 또한 다른 요소들을 모두 파악하고 통제하고 있을 때 판단할 수 있습니다. 자신의 현재 상황을 파악하고, 여러 가지 요소들의 성과를 끌어올리려 노력해 보고, 성과가 부진한 요소를 집중해서 다른 요소들과 어깨를 나란히 맞추는 과정이 필요합니다. 이러한 과정은 말로 설명하면 어렵지만 숫자로 설명하면 꽤 명쾌해집니다.

직장인은 회사와 계약한 연봉에서 세금을 제한 후 월급을 받습니다. 2024년 기준 연봉 4,100만 원을 받는 직장인은 대략 월 300만 원 정도의 실수령금을 받을 것입니다. 연봉 계산기로 계산해 보면 20만 원 비

자료: 사람인(2024년 12월 기준)

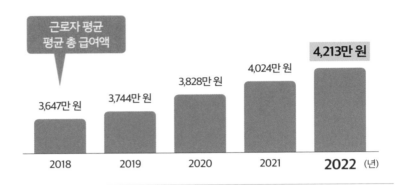

근로자 평균
평균 총 급여액

3,647만 원

3,744만 원

3,828만 원

4,024만 원

4,213만 원

2018 2019 2020 2021 **2022** (년)

자료: 동아일보

과세를 적용하고 부양가족 수가 본인 혼자라면 실수령 약 301만 원 정도를 받지만, 사람마다 특수한 상황들이 다 있으니 기준을 월 300 만 원 실수령자 A로 잡겠습니다. 연봉 4,100만 원은 전체 근로자의 평균 연봉이기도 합니다.

　나의 소득을 예측하는 건 다른 요소들을 내다보는 것보다 어렵지 않습니다. 여러 번 강조했지만 사람들은 이 대목에서 더 많은 소득을 얻으려고 조급해하는데, 일단 그런 생각을 버려야 합니다. 지금 당장 고쳐야 하는 요소가 소득인지, 소비인지조차 잘 모르니 먼저 자신을 파악하는 데 집중해야 한다는 뜻입니다.

　우선 소비에 대해 알아보겠습니다. 투동자 전략에서 소비는 '노동 원가'와 '노동 비용' 이렇게 두 가지로 분류해 관리합니다. 원가와 비용은 비슷해 보일 수 있지만, 둘은 다른 특성이 있습니다.

노동 원가와
노동 비용의 차이
◆

◆ '원가'와 '비용'은 회계학과 경영학에서 자주 사용되는 용어로 서로 다른 의미가 있습니다. 원가는 제품과 서비스를 생산하는 데 사용한 자원을 의미하며, 비용은 제품과 서비스를 제공하는 데 사용한 자원을 의미합니다. 쉽게 말해 원가는 생산 활동, 비용은 운영 활동에 든 금액입니다. 어떤 물건을 만들거나 판매하는 데 비용이 들어갔다면, 이 둘의 비용을 나눠 생각할 필요가 있습니다.

지금부터 직장인의 월급을 남의 일을 대신해 주고 받는 돈이라고 생각하지 말고, 개인의 노동력을 생산 후 판매해서 얻은 서비스 사업 매출이라고 생각해 보기를 바랍니다. 이렇게 개념을 잡으면 월급을 얻기 위한 원가와 비용이 쉽게 나뉩니다.

일단 노동력 생산을 위해 집에서 잘 먹고 자고, 휴식을 취하고, 때로는 교육도 받아야 합니다. 이렇게 노동력 생산을 위해 들어가는 비용이 노동 원가입니다. 반면 나의 노동력을 팔기 위해서는 매일 출근해야 합니다. 그때 사용하는 교통비와 점심을 먹기 위한 밥값, 업무 진행을 위한 통신비 등 일하는 데 필요한 비용을 노동 비용으로 분류합니다.

소비 금액을 둘로 나누면 돈의 흐름에 문제가 생겼을 때 과도하게 문제가 되는 부분이 노동 원가인지, 노동 비용인지 파악할 수 있습니다. 월급 대비 비용이 많이 들어가는 직종이라면, 무언가 문제가 있음을 감지하고 해결해야 합니다. 이 구분은 결혼 후 맞벌이하게 되었을 때, 수입 대비 서로의 비용과 공동 원가가 적절한지 파악할 수도 있습니다.

만약 경제적 자유를 얻게 된다면 노동 비용 중 일부는 노동 원가로 흡수됩니다. 이때 사라지는 비용을 파악하기 위해서라도 구분이 필요합니다. 원가와 비용을 통제할 수 있다면 미래에 사용한 소비 금액을 더 세밀하게 계산할 수 있을 것입니다. 이러한 노동 원가와 노동 비용 두 가지 목록은 다음과 같이 각각 일곱 가지 세부 항목으로 나눌 수 있습니다.

노동 원가(생산) 일곱 가지

주거: 월세, 주택담보대출 및 전세자금대출 등의 이자 비용을 포함

생활: 가정에서 사용하는 식료품, 간식, 생활용품, 주유 비용 등을 포함

통신: 가정에서 사용하는 인터넷, 티브이 시청료, 각종 OTT 비용 등을 포함

관리: 전기세, 수도세, 가스비, 건물 관리비 등 공과금을 포함

경조: 부모님과 지인들의 생일, 결혼 등 행사 비용에 해당

납세: 재산세, 주민세 등의 비용

기타: 가정에서 생활하는 데 필요한 그 외 비용

노동 비용(판매) 일곱 가지

교통: 회사에 출퇴근할 때 사용하는 비용

점심: 회사에서 먹는 점심 비용

통신: 휴대전화 구입, 요금 관련 비용

꾸밈: 출근시 필요한 의복 구매 비용

친목: 직장 동료들과 어울리는 데 필요한 비용

보험: 실손보험, 암보험 등 보험 계약 유지 비용

용돈: 근로 관련해 쓰는 그 외 기타 비용

노동 원가, 노동 비용 항목

대표적으로 총 14개로 분리해서 소비 금액을 나누었습니다. 각각의 소비 금액을 파악하면 문제가 있는 항목을 쉽게 찾고 개선할 수 있습니다. 또한 목록을 파악하고 있으면 경제적 자유를 얻었을 때 사용 비용 계산의 정확도를 높일 수 있습니다.

예를 들어보겠습니다. 만약 10년 후 경제적 자유를 얻는다면 더 이상 출근하지 않아도 되고 강제적으로 해야 하는 외부 활동이 줄어들게 될 것이니 노동 비용은 감소할 것입니다. 물론 경제적 자유를 얻은 후로도 노동 비용에 해당하는 항목을 소비할 수 있습니다. 친목이나 통신, 용돈과 같은 것들입니다. 하지만 이러한 비용은 노동 원가로 일부 귀속되고 우리는 생활비를 계속 통제하면서 사용할 것이니 사실상 없어져도 무방한 항목들입니다. 경제적 자유를 목표로 하는 지금은 이 소비 내역들을 기초로 충분한 잉여현금이 발생하는 시스템을 만들어야 합니다.

888 시스템 구축하기

888 시스템의 정의

◆

◆   앞에서 정의한 소비 생활을 바탕으로 소득 대비 소비 금액의 비율, 투자 금액의 비율, 투자 수익률을 정한다면 반드시 경제적 자유로 통하는 시스템을 구축할 수 있습니다. 저는 이를 '888 시스템'이라고 이름 붙였습니다. 888 시스템은 몇 가지의 단계를 거칩니다.

1단계: 자신이 얻은 실수령 금액에서 노동 생산 원가를 사용하고 80%를

보존

2단계: 1단계를 거치고 남은 돈을 노동 비용으로 사용한 후 또 80%를 보존

3단계: 1, 2단계를 거치고 남은 잉여현금을 투자해서 세전 CAGR 8%를 달성

원가 80% 보존, 비용 80% 보존, 8% 투자 수익률 달성의 앞 글자를 따서 888 시스템이라고 지칭합니다. 3단계를 실행할 수 있는 사람은 산술적으로는 10년 만에 경제적 자유를 달성할 수 있습니다. 10년 후 매년 발생하는 금융소득으로 3% 인플레이션을 반영한 소비 금액을 커버할 수 있는 것입니다.

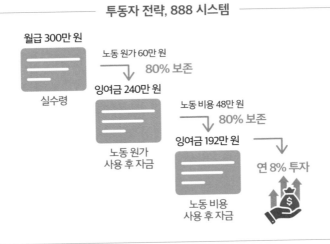

투동자 전략, 888 시스템

구체적인 예를 들자면 다음과 같습니다. 300만 원 월급자라면 20%에 해당하는 60만 원을 노동 원가로 사용하고, 남은 금액의 20%인 48만 원을 노동 비용으로 사용하면 됩니다. 그렇게 해서 남은 잉여현금 192만 원을 연 8% 투자 수익률이 나오는 곳에 적립식으로 투자하면 되는 간단한 방법입니다.

어떻게 이런 결과가 나올 수 있을까요? 앞서 여러 가지를 계산하며 살펴봤듯이, 10년 후에 필요한 소비 금액과 그때 얻을 수 있는 금융 소득을 계산하면 됩니다. 위와 같은 소득과 소비를 유지하면 10년 후 필요한 노동 원가는 (인플레이션 3% 가정 시) 약 80만 6,349원으로, 1년에 967만 6,197원의 소비 금액이 필요한 것입니다. 이때 은퇴를 할 예정이므로 노동 비용은 사라진다고 가정합니다(실제로는 일부 항목이 노동 원가로 귀속되지만, 개인차가 있으니 사라진다고 가정합니다).

월급 300만 원 기준 10년 후 노동 원가

$$60만\ 원 \times (1 + 0.03)^{10} = 80만\ 6{,}349원 \times 12개월$$

$$= 1년\ 소비\ 금액\ 967만\ 6{,}197원$$

또한, 매월 192만 원을 연 8% 수익률이 나오는 자산에 10년 동안 적립식 투자를 한다면, 10년 뒤 갖고 있을 자산은 약 3억 2,629만 원 정도가 됩니다(세전 8%의 수익률에 일반과세 15.4%를 적용해 세후 수익률 6.768%라고 가정했습니다).

월급 300만 원 기준 10년 후 자산

$$192\text{만 원} \times \{1 + (1.06768^{(\frac{1}{12})} - 1)\} \times \frac{[\{1 + (1.06768^{(\frac{1}{12})} - 1)^{120} - 1\}]}{\{1.06768^{(\frac{1}{12})} - 1\}}$$

$$= \text{약 3억 2,629만 원}$$

경제적 자유
달성 기준

◆

◆ 　　　　　　그렇다면 10년 후 가지고 있을 금융자산이라고 계산한 3억 2,629만 원이 경제적 자유를 얻기에 충분한 금액인지 어떻게 알 수 있을까요? 연초에 일일이 목돈에서 1년 소비 금액을 제외하고 남은 돈으로 투자 이익을 얻는 방식으로 계산할 수도 있지만 너무 복잡합니다. 간단하게 알아보기 위해서는 이 금융자산으로 얻을 수 있는 연 금융소득이 소비 금액과 몇 배의 차이가 나는지를 계산하면 됩니다.

CAGR 세후 연 6.768%의 수익률을 얻을 수 있는 투자라고 가정했을 때, 10년 뒤 가지고 있는 금융자산으로 1년간 얻을 수 있는 금융소득은 약 2,208만 원입니다. 이를 연 소비 금액으로 나눠서 몇 배인지 확인하는 것입니다.

금융소득과 소비금으로 계산한 경제적 자유 공식

$$\frac{\text{연 금융소득}}{\text{연 소비금}} > \text{수익률 배수}$$

$$\frac{(3억\ 2,629만\ 원 \times 6.768\%)}{967만\ 원} = 약\ 2.28배$$

연 금융소득을 연 소비금으로 나누었을 때 2배 이상 나온다면 사실상 남은 기대여명과 관계없이 경제적 자유를 얻었다고 볼 수 있습니다. 평범한 직장인 중에 남은 기대여명이 70년 이상 남은 사람은 거의 없기 때문입니다.

수익률에 따라 그리고 기대여명에 따라 경제적 자유를 판별하는 비율이 달라집니다. 정확하게는 앞서 언급했던 '경제적 자유를 위해 필요한 금융자산 찾기' 시트의 계산기를 이용해 보면 알겠지만, 간편하게 알고 싶을 때는 다음 표를 참고해 금융소득과 연간 소비간 비율을 확인하면 됩니다.

대략 CAGR 6% 정도의 수익률을 달성할 수 있다고 가정했을 때, 남은 기대여명과 소비 금액의 크기와는 상관없이 연 금융소득이 연 소비 금액의 1.784배 이상이 된다면 경제적 자유를 얻기에 충분한 자산을 갖고 있다고 판단할 수 있습니다. 이러한 계산이 가능한 이유는 기대여명과 투자 수익률, 소비 금액이 모두 서로에게 영향을 주기 때문입니다.

경제적 자유를 위한 연 소비 금액 대비 금융소득 배수

CAGR 기대 여명	4.00%	5.00%	6.00%	7.00%	8.00%	9.00%	10.00%
20년	0.724배	0.822배	0.900배	0.961배	1.009배	1.047배	1.076배
30년	1.037배	1.129배	1.189배	1.228배	1.250배	1.262배	1.267배
40년	1.321배	1.382배	1.407배	1.410배	1.401배	1.385배	1.365배
50년	1.578배	1.591배	1.570배	1.534배	1.494배	1.454배	1.416배
60년	1.813배	1.763배	1.692배	1.619배	1.552배	1.493배	1.443배
70년	2.025배	1.905배	1.784배	1.677배	1.588배	1.516배	1.457배

표를 해석하면, 수익률 CAGR 6%인 사람의 금융소득이 연간 소비 대비 1.784배라면, 70년 동안 투자 원금까지 탈탈 털어서 사용할 수 있다는 의미입니다. 하지만 888 시스템을 유지할 수 있는 사람은 그보다 훨씬 높은 2.28배를 달성합니다. 이 기준으로 계산하면, 소비를 유지할 수 있다는 가정하에 사실상 투자 원금을 훼손하지 않고 소비를 이어 나갈 수 있습니다. 그러면 200년 넘도록 자산은 계속 커지기만 할 것입니다.

투자 원금을 훼손하지 않은 채 소비금을 충당할 수 있고 후대까지 커버 가능한 경제적 자유라고 할 수 있습니다. 제 궁극적인 목표이기도 합니다. 3억 2,629만 원으로 가능하다는 건 놀랍지 않은가요? 이런 일이 가능한 이유는 소득도 투자 수익률도 이유가 되지만, 소비금이 꽤 적어서입니다.

동시에 이루어져야 하는
많이 벌고 적게 쓰는 것

◆

◆   저는 888 시스템을 발견하고 유레카를 외쳤지만, 테스트 결과 그대로 시스템을 지킬 수 있는 사람은 그리 많지 않을 것이라고 여깁니다. 60만 원으로 집세, 관리비, 식대, 통신비 등을 모두 해결하고, 48만 원으로 교통비, 점심값, 휴대전화 요금, 보험비, 용돈 등을 해결하려면 보통 각오로 힘들 테니 말입니다.

888 시스템을 월 300만 원 직장인이라고 단정 짓는다면 현실적으로 힘들 수 있습니다. 하지만 만약 결혼하고 맞벌이를 한다면 어떨까요? 배우자와 소득을 합해 한 달에 600만 원을 벌고, 120만 원을 노동 원가로 사용하고, 각자 48만 원씩 노동 비용으로 사용한다면 아주 불가능한 일은 아닙니다. 이미 기준이 세워져 있으니, 888 시스템을 유지할 수 있는 상황을 만든다면 가능하다는 소리입니다.

888 시스템을 보면서 우리가 느껴야 할 점은 잉여현금을 최대한 많이 만들어 내고, 그걸 적절하게 투자하는 게 평범한 직장인이 경제

적 자유로 갈 수 있는 비밀 열쇠라는 점입니다. 많이 벌고 적게 쓰는 것 둘 다 중요하며 모든 요소가 맞물려 있다는 걸 깨달아야 합니다.

산술적으로 888 시스템은 소득의 64%를 투자에 활용하도록 설계되어 있습니다. 구체적인 행동을 제시하기 위해 노동 원가와 노동 비용의 사용 비율을 제시하긴 했지만, 소득 대비 원가와 비용의 비율을 전략대로 지킬 수 없는 사람들이 더 많으리라 생각합니다.

만약 계산해 보고 희망을 찾기 힘들다면 이 금액들이 보수적으로 설계되어 있다는 점을 떠올리기를 바랍니다. 앞서 설계된 시스템은 일단 현재 가진 금융자산은 0원이고 처음 설정한 월급 300만 원이 앞으로 10년 동안 오르지 않는다고 설정했으며, 받을 유산이 0원이고 본업에서 은퇴 후 1원 한 푼 안 버는 완벽한 노동 공백이라고 설정했습니다. 국민연금 또한 못 받고 공중분해 된다는 설정까지 해두어 꽤 보수적으로 설계되어 있습니다.

결혼 생각이 없고 월급이 낮다고 실망할 필요는 없습니다. 설령 888 시스템을 못 지켜서, 777 시스템, 그보다 더 낮은 666 시스템을 운용하더라도, 자기 능력에 맞게 실행하며 경제적 자유를 달성할 수 있는 시기를 조금 늦추면 됩니다. 10년이 아니라 15~30년으로 늘려서 목표를 세운다면, 경제적 자유 달성 가능성은 다시 높아질 것입니다. 이상적인 목표는 10년이지만, 자신에게 주어진 환경과 능력을 고려해 최선의 선택을 하면 됩니다.

지금까지 투동자 전략의 전반적인 내용을 이야기했습니다. 차근차근 따라왔다면 경제적 자유를 위한 전체적인 틀이 잡혔을 것입니다. 이제부터는 소비자로서, 투자자로서, 경영인으로서 역할을 제대로 수행하기 위해 필요한 지식을 알아보고, 888 시스템 기준에 최대한 근접하게 다가갈 수 있는 세부적인 행동 방법을 알아보겠습니다.

☑ 노동 없이 얻는 소득이 지출보다 많은 상태를 평생 유지하는 것이 경제적 자유다.

☑ 자신이 원하는 삶을 살기 위해 경제적 자유를 목표로 삼아야 한다.

☑ 평범한 직장인에게는 균형감이라는 무기가 있다.

☑ 소득, 소비, 투자, 경영의 능력을 모두 평균 이상으로 끌어올려야 한다.

☑ 노동자, 소비자, 투자자, 경영자 네 가지의 관점을 이해해야 한다.

☑ 직장인의 경제적 자유는 산술적으로 계산이 가능하다.

☑ 투자 수익률보다 잉여현금을 만드는 것 즉, 유의미한 투자 원금을 모으는 데 집중해야 한다.

☑ 자신의 소비를 노동 원가, 노동 비용으로 나눠서 관리해야 한다.

☑ 888 시스템을 실행할 수 있는 환경을 만든다면 반드시 경제적 자유를 얻을 수 있다.

PART 2

슬기로운 소비자로
행동하기:
어떻게 소비할 것인가

CHAPTER 1

합리적인
소비 마인드

소득보다 중요한 소비 생활

    네 가지 시스템 중 가장 먼저 알아야 할 것은 소비의 중요성입니다. 앞서 평범한 직장인이 경제적 자유를 얻기 위해서는 종합적으로 판단해야 하기 때문에 소득, 소비, 투자, 경영 모든 분야가 중요하다고 이야기했습니다. 당연히 모든 분야가 중요하지만 비교하고 경중을 따질 필요는 있습니다. 여기에서 중요한 분야는 바로 소득과 소비입니다. 이 중 소비는 소득보다 훨씬 중요합니다. 소비는 경제적 자유에 더 많은 영향을 끼칩니다. 소득은 제한적이지만 소비는 무한대로 늘어날 수 있기 때문입니다. 그래서 저는 소비 관리를 특히 강조합니다.

    경제적 자유를 얻을 수 있는 공식을 다시 한번 떠올려 보겠습니다. 우리가 벌어들인 소득에서 20%는 노동 원가, 16%는 노동 비용으로 사용하고 나머지 64%를 투자해야 10년 안에 경제적 자유를 달성할 수 있다고 설명했습니다. 이 방법이 가능한 이유는 소비 금액의 인플레이션율을 감안해도 10년 동안 모은 금융자산을 활용한 금융소득으로 커버할 수 있어서입니다. 하지만 소득 → 소비 → 투자 → 금융소득 → 소비 충당으로 이어지는 시스템에서 소비가 일정 범위 이상 커지면 문제가 발생합니다.

월 10만 원씩 아낀다면?

◆
◆   이해를 돕기 위해 A와 B의 경우로 나눠서 소비가 어떤 영향을 끼치는지 설명해 보겠습니다.

소비가 필요 금융자산에 끼치는 영향

구분	A	B
월 소득	300만 원	300만 원
월 소비 금액	108만 원(월 소득 대비 36%)	118만 원(월 소득 대비 39.3%)
연 투자 수익금 (수익률 4%)	1,296만 원	1,416만 원
필요한 금융자산	3억 2,400만 원	3억 5,400만 원

표에 따르면 A와 B의 소비 금액은 월 10만 원 즉, 연 120만 원밖에 차이 나지 않습니다. 하지만 보유해야 할 금융자산은 3,000만 원의 차이를 보입니다. B의 경우는 소비 금액을 충당하기 위해서 A보다 더 많은 금융자산이 필요하지만, 매월 투자할 수 있는 금액은 182만 원으로 A보다 10만 원이 더 적습니다. 모아야 할 돈은 더 많은데 잉여현금이 더 적어지는 상황은 당연히 경제적 자유에 필요한 기간을 늘리게 됩니다.

계산해 보면 대략 10만 원을 더 버는 것보다 10만 원을 덜 쓰는 것이 2.7배 정도의 이득이라고 생각할 수 있습니다. 그러니까 월 27만 원을 더 버는 것보다, 월 10만 원을 아끼는 게 이득이라는 걸 염두에 두어야 합니다. 이러한 비율이 나오는 이유는 888 시스템을 역산하면 이해할 수 있습니다. 우리의 목표는 소득 대비 소비의 비율을 36%로 만드는 것입니다. 소비 금액을 36%로 나누면 888 시스템 기준을 충족하는 적정 소득을 계산할 수 있습니다.

B의 소비 금액 118만 원을 36%로 나누면 327만 7,000원이라는 결과가 나옵니다. 그래서 소비를 118만 원에서 108만 원으로 줄이는 것이, 소득을 300만 원에서 327만 7,000원으로 늘리는 것과 같은 결과를 갖게 된다고 예측할 수 있습니다.

소비를 줄이면 줄어든 소비 금액만큼 더 많은 돈을 투자할 수 있음과 동시에 금융소득으로 충당해야 하는 소비 금액이 줄어드는 일거양득의 효과가 발생하기 때문에 이러한 결과가 나오는 것입니다. 이

것은 전체 소비 금액을 계산했을 때의 이야기이고, 만약 노동 원가 부분에서 한정해 이야기한다면 절약의 가치가 훨씬 더 높아집니다.

노동 원가는 소득의 20%를 사용해야 하는 영역이기 때문에 노동 원가 10만 원을 아끼는 것은 소득이 50만 원 늘어나는 것과 같은 효과를 가집니다. 만약 노동 원가가 A = 60만 원, B = 70만 원이라면 다음과 같이 구해볼 수 있습니다.

노동 원가 비교 계산

$$A \text{ 필요 실수령: } \frac{60만 원}{20\%} = 300만 원$$

$$B \text{ 필요 실수령: } \frac{70만 원}{20\%} = 350만 원$$

10만 원의 노동 원가를 줄일 수 있다면, 소득을 50만 원 덜 벌어도 된다는 계산이 나옵니다. 이렇게 절약 금액의 5배의 효율이 나오는 이유는 888 시스템의 구조에 있습니다.

노동 원가는 우리가 평생 소비해야 하며 인플레이션의 영향을 받아 끊임없이 늘어납니다. 금액의 크기가 커질수록 당연히 잉여현금은 작아집니다. 8%라는 제한된 수익률로 얻은 금융소득으로 충당해야 하는 돈이라서 이러한 결과가 나오는 것입니다.

노동 비용은 노동 원가와 다르게 경제적 자유를 얻은 후에는 사라지거나, 일부는 원가에 포함되는 항목입니다. 당연히 평생 소비해야 하는 노동 원가보다 덜 신경 써도 됩니다. 무엇보다 중요한 건 노동 원가를 줄이는 것입니다. 앞의 계산을 통해 재테크의 시작은 노동 원가 절감을 최우선으로 생각해야 한다는 걸 알 수 있습니다.

이처럼 소비 금액은 필요로 하는 금융자산 크기에 영향을 주고, 금융자산의 형성에도 영향을 끼칩니다. 그래서 재테크를 처음 시작한다면 소득을 늘리는 것보다는 소비를 적정선까지 줄이는 방법을 먼저 고민하는 게 현명합니다. 소비를 먼저 줄이고 나중에 소득을 늘리는 방법을 취하면, 자산은 폭발적으로 성장하게 됩니다.

물론 이러한 계산에는 더 많이 벌고, 더 많이 소비함으로써 얻게 되는 삶의 행복, 편리함, 삶의 질 향상은 계산되어 있지 않습니다. 소비 금액을 줄이는 것이 이득이라고 표현했지만, 단순히 경제적 자유를 목표로 하는 사람으로서 목표치의 변화를 수치로 나타냈을 때의 이야기임을 알기를 바랍니다. 강조하고 싶은 건 경제적 자유를 목표로 하고 있다면 소득보다 소비를 먼저 개선해야 승산이 높아진다는 것입니다.

상품의 적정가는
소비자가 정한다

합리적인 소비란
무엇인가

◆

◆   사람은 살면서 끊임없이 소비합니다. 직장인인 제가 6년간 쓴 가계부를 토대로 소비 빈도를 통계 내보면 대략 1년에 700회 정도입니다. 소비의 중요성을 인지하고 빈도를 줄이려고 노력하는 저의 수준이 그 정도이니, 보통 직장인들의 소비 횟수는 더 많지 않을까 싶습니다.

판매자는 되도록 원가보다 높은 가격에 물건을 팔려고 하고, 소비자는 되도록 원가에 가까운 가격에 구입하려고 노력합니다. 원가보다 낮은 가격에 살 수 있다면 횡재지만, 그러한 경우는 거의 존재하지 않습니다. 설령 원가에 가깝게 물건을 살 수 있어도 합리적인 소비라고 단언할 수는 없습니다.

소비자 관점에서의 합리적 소비란, 물건이나 서비스에 가치를 부여하고 해당 상품이 지닌 가치보다 가격이 낮거나, 적어도 그 상품이 지닌 가치에 부합한 값을 치르는 것을 의미합니다. 그래서 경험이 부족한 어린 나이에는 합리적 소비를 하기 어렵습니다. 상품에 제대로 된 가치를 부여하는 게 서툴고 상품에 붙은 가격표가 해당 상품의 적정 가치라고 착각하기 때문입니다.

상품의 적정가는 소비자와의 거래 성사에서 결정되는 것입니다. 상품에 붙어 있는 소비자 정가는 판매자가 원하는 가격일 뿐 적정가는 아닙니다. 세상에 '원래 이 정도는 줘야 하는 가격' 따위는 존재하지 않습니다. 소비자가 합리적이지 않다고 판단하면 합리적인 가격이 아닙니다. 설령 원가보다 낮은 가격이라 해도 말입니다.

누군가는 상품의 가치를 높게 평가해서 가격이 알맞다고 판단할 수 있겠지만, 타인의 기준과 자신의 기준은 다를 수밖에 없습니다. 그러니 스스로에게 필요하고 가치 있는 상품을 좋은 가격에 구입해야 합니다. 결국 가치를 부여하는 스스로의 안목을 높여야 한다는 말입니다. 그렇다면 우리는 어떻게 상품의 가치를 제대로 판별할 수 있을까요?

합리적인 상품 가격 판별법 (1): 소비 물품 간 가치 비교

◆

◆   이 부분은 경험과 노하우가 쌓여
야 해결할 수 있는 문제입니다. 하지만 구매 상품이 자신의 문제를 해
결해 줄 수 있는 정도에 초점을 맞춘다면, 경험이 적더라도 얼추 합리
적인 소비를 할 수 있습니다. 합리적 소비란 나의 불편을 해소해 줄
수 있는 상품만 골라서 사는 것이며, 경제적 자유를 위해서는 반드시
이러한 습관을 길러야 합니다.

그다음 해당 상품을 대체할 수 있는 상품과의 비교가 필요합니다.
나의 불편을 돈으로 환산할 수 있다면, 상품의 가치 또한 돈으로 환산
할 수 있습니다. 불편함에는 경중이 있을 것이고 불편을 해소할 수 있
는 정도와 해결하는 데 걸리는 시간 또한 여러 가지일 것입니다.

어떤 상품은 불편함을 씻은 듯 해결해 주고, 어떤 상품은 불편함을
반만 해결해 줄 수도 있습니다. 상품을 구매하자마자 해결할 수도 있
고, 일주일 정도 지난 후 해결할 수 있는 상품도 존재합니다. 불편을
완전히 해결해 줄 수 없거나 해결하는 데 시간이 좀 걸리는 상품이라
면, 당연히 단박에 해결해 주는 상품보다 적정 가격을 낮게 책정해야
할 것입니다.

예를 들어 설명하겠습니다. 현재 외식 물가가 엄청나게 상승하면서
불과 3년 전에 서울 지역 평균 5,538원이면 사 먹을 수 있었던 자장면

한 그릇의 가격이 2024년 10월 기준 평균 7,385원이 되었습니다. 적정한 가격일까요? 먼저 나의 배고픔(문제)을 해결해 줄 수 있는 여러 가지 음식과 비교해 봅시다. 비교 결과 배고픔의 문제가 아닌 취향의 문제로 꼭 자장면을 먹어야 한다면, 여러 중국집의 가격 혹은 자장라면과 가치를 비교할 수 있을 것입니다.

자장면 평균값의 약 10%인 자장라면을 선택하는 것이 불편 해소와 목표 소비 금액과의 적당한 타협인지 고민해야 합니다. 상품에 대한 가치를 제대로 매긴다고 하더라도, 모든 것을 소비로 해결할 수는 없습니다. 그래서 소비에 있어 불편함의 경중을 가리는 선택이 필요합니다. 자원은 한정적이고 경제적 자유를 위한 뚜렷한 목표 소비 금액이 존재하기 때문입니다.

소비에 대한 중요성을 이야기하면, 더 이상 소비를 줄이는 것은 무리라고 이야기하는 사람들도 많습니다. 당장 무심결에 소비하고 있는 것들을 펼쳐놓고, 자신의 불편을 해결해 줄 수 있는 정도로 구분해 보세요. 대체제 금액과 비교해 잘 소비하고 있는지, 혹은 자신의 목표와는 떨어진 소비를 하고 있는지 스스로에게 물어볼 때입니다. 심지어 같은 상품이라 해도 판매자와 판매처(온라인 각종 플랫폼, 오프라인)에 따라 가격이 다른 경우가 많습니다.

성인 대부분은 소비 기술을 제대로 교육받은 적이 없어 중요성을 제대로 알지 못합니다. 당연히 배우려 하는 사람도 많지 않습니다. 장기적인 관점의 중요성을 제대로 계산해 보지 않았기 때문이라고 생각합니다. "이거 아낀다고 뭐 달라지나? 비교하기 귀찮아"라고 쉽게 여깁니다.

하지만 경제적 자유로 가는 로드맵을 세우면서 소비가 끼치는 영향을 알게 된 지금, 제대로 소비하면 미래가 달라진다는 걸 깨달았습니다. 소비 물품 간의 가치를 따져보는 일은 소비자의 관점에서 매우 중요합니다. 물건의 가치를 판단하기 위해 가격은 결정적인 요소 중 하나이며, 비슷한 제품 간 가치 비교는 필수입니다. 이러한 점을 기억하고 소비할 때 접목해 보기를 바랍니다.

합리적인 상품 가격 판별법 (2): 퍼센트 사고방식

◆

◆   '퍼센트 사고방식'이란, 소비할 때 제품 간 가격 차이를 비율로 전환해 생각하는 것을 의미합니다. 물건 값을 가격 차이만으로 생각하지 않고 가격 비율의 차이로 사고하면, 가격 기준으로 가치 판단을 할 때보다 합리적인 선택을 할 수 있습니다.

한 가지 예를 들어보겠습니다. 라면을 사러 마트에 갔습니다. 마트에 A 라면은 한 묶음에 3,200원, B 라면은 한 묶음에 3,799원입니다. 어떤 선택을 할 건가요? 가격과 맛 둘 중에 어떤 것을 더 높은 가치로 두고 판단하든 사람마다 취향과 니즈는 다양하니 정답은 없습니다. 가격의 차이만 있을 뿐입니다. 여기서 문제를 하나 내보겠습니다. 'A 라면과 B 라면은 500원 정도 가격 차이가 난다'라는 건 맞는 말인가요, 틀린 말인가요?

이러한 상황에서 우리는 가격의 차이를 혼동하는 실수를 범합니다. 500원 정도의 차이가 아니라 정확히 599원 차이입니다. 500원과 599원의 차이는 19.8%의 차이입니다. 500원만 더 내면 될 줄 알았는데 거기에 99원을 더 내야 한다면, 500원을 낼 때보다 19.8% 비싼 값을 지불하는 것입니다.

만약 599원 차이를 500원 차이라고 인지하고 구매한다면, 돈의 19.8% 차이를 인지하지 못하고 있다고 생각하면 됩니다. 숫자의 차이에 당하지 않기 위해 끝자리를 올림 해서 인식하는 습관을 들이면 좋습니다. 저는 3,900원도 그냥 4,000원이라고 인식합니다. A 라면과 B 라면 둘의 금액 차이를 600원이라고 생각하는 것입니다.

아무리 두 물건 값의 차이가 600원이라고 하더라도 600원은 우리의 소득에 비해서 매우 적은 금액임이 틀림없습니다. 그리고 500원이든 599원이든 99원밖에 차이가 안 나는데, 그런 적은 금액까지 신경을 쓰면서 돈을 써야 하나 싶기도 할 것입니다.

그럼 다른 예를 들어봅시다. 지금 사려는 게 라면이 아니라 자동차라면 어떨까요? 만약 A를 3,200만 원의 자동차, B를 3,799만 원의 자동차라고 가정한다면 과연 599만 원의 차이를 무시할 수 있을까요?

더 나아가서 3억 2,000만 원인 집과 3억 7,990만 원인 집을 보고 있다면 과연 하루 만에 계약을 결정할 수 있을까요?

위에 예시로 든 라면, 자동차, 집에서 상품 간의 가격 비율은 변한 게 없습니다. 그런데도 개개인의 기준에서 어떤 것은 열심히 고민하고, 어떤 것은 쉽게 소비합니다. 금액을 퍼센트로 사고하면 금액이 많든 적든 상관없이 비율에 맞는 가치를 판단할 수 있습니다. 두 상품을 비교할 때 금액 차이는 무의미합니다. 비율 차이가 중요할 뿐입니다.

여전히 납득이 안 될 수 있습니다. 가격이 차이 나는 비율은 같아도 라면보다는 자동차나 집같이 큰 금액을 고민하는 것은 당연하다 여길 수 있습니다. 하지만 적은 금액의 상품이라도 습관이 되어 장기 소비로 이어진다면 큰 금액이 된다는 걸 이제는 깨달아야 합니다.

제가 기록한 가계부를 보면 일반 직장인의 소비 거래 횟수는 1년에 700회가 넘는다고 이야기했습니다. 이 부분이 진짜인지 궁금하다면 가계부를 착실히 써보기를 추천합니다. 제 가계부에는 6년 가까운 기간 동안 가정에서 소비한 모든 품목이 적혀 있습니다. 위에서 대충 소비하겠다던 금액을 계산하면 '599원×연 700회×50년 = 약 2,096만 원'입니다. 대략 30~40대라고 가정해 계산한 것입니다.

우리는 죽을 때까지 소비를 멈출 수 없습니다. 3,000원 초반대의 물품을 기준으로 잡아서 그렇지 3만 원 초반대의 물건을 기준으로 잡으면 2억 원이 넘는 금액입니다. 제대로 소비하는 기술을 익히지 못하면 몇천, 몇억 원도 손해 볼 수 있다는 걸 인지하기를 바랍니다.

세계적인 투자자 워런 버핏Warren Buffett의 스승인 벤저민 그레이엄 Benjamin Graham은 저서 『현명한 투자자』에서 '미스터 마켓'이라는 개념을 이야기했습니다. 미스터 마켓은 주식 시장을 빗댄 말로 투자자에게 끊임없이 가격을 제시하는 미치광이라서 때로는 높은 가격을, 때로는 터무니없이 낮은 가격을 제시하는 변덕쟁이로 표현됩니다. 시장의 변동성을 인물에 빗대어 표현한 것인데, 벤저민 그레이엄은 투자자로서 그런 시장의 변덕에 반응하기보다 장기적으로 올바른 투자를 해야 한다고 강조했습니다.

소비의 영역도 미스터 마켓과 별반 다르지 않습니다. 우리는 끊임없이 소비할 수밖에 없습니다. 시장은 끊임없이 신기술을 접목한 제품을 보여주고 우리가 사야 하는 이유를 친절히 말해주며 가격을 제시합니다. 상품에 올바른 가치를 매기고 거래마다 합리적 소비를 통해 조금씩 우위를 챙길 수 있다면, 장기적으로 큰 이익을 얻을 수 있을 것입니다. 반대로 합리적으로 소비하지 못한다면 가랑비에 옷 젖듯 돈이 빠져나가는 악순환이 반복될 것입니다. 투동자 전략을 유리하게 이끌 수 있는 합리적인 소비 마인드를 갖추기를 바랍니다.

똑똑한 절약과
현명한 소비의 기술

영리한 지불수단 활용 방법

더 유리한
지불수단을 찾아라

◆

◆   소비에는 여러 가지 기술이 있지
만, 여기에서는 당장 소비에 적용해 이득 볼 수 있는 기술을 소개해
보려고 합니다. 대표 기술은 소비의 지불수단을 변경하는 것입니다.
돈이란 가치를 저장하는 매개체입니다. 돈 자체에는 가치가 없습니
다. 다만 사회 구성원이 화폐에 적힌 금액의 크기만큼 가치를 저장한
다고 약속했을 뿐입니다.

대한민국 어느 지역, 어느 장소에 가든 1만 원 한 장을 내밀면 1만

원의 가치를 지닌 물건을 받을 수 있습니다. 하지만 1만 원어치의 물건을 살 때 우리는 꼭 현금으로 낼 필요가 없습니다. 신용카드로 결제해도 되고, 상품권, 혹은 포인트로 결제해도 됩니다. 이렇게 소비자는 물건을 얻기 위해 여러 가지 지불수단을 선택할 수 있는데, 때때로 특정 장소에서 특정 지불수단을 선택하면 이득을 얻을 수 있습니다.

온라인 쇼핑몰 포인트

◆

◆ 저는 소비할 품목의 가격을 온라인으로 검색한 후 되도록 최저가에 사려고 노력합니다. 그래서 온라인 쇼핑몰의 사용 빈도가 오프라인 마트 이용보다 월등히 높습니다. 온라인 쇼핑몰의 가격이 오프라인보다 낮은 경우가 더 많기 때문입니다. 주로 사용하는 온라인 쇼핑몰은 쿠팡, 네이버쇼핑, G마켓, 옥션 등입니다.

대형 온라인 쇼핑몰에서는 물건의 가격을 결제할 때, 쇼핑몰마다 사용할 수 있는 포인트 및 머니가 존재합니다. 쿠팡은 쿠페이머니, 쿠팡캐시, 네이버쇼핑은 네이버페이 머니, 네이버페이 포인트, G마켓과 옥션은 스마일캐시, 스마일포인트를 충전하고 적립해 사용할 수 있습니다.

쇼핑몰	충전 머니	충전 포인트
쿠팡	쿠페이머니	쿠팡캐시
네이버쇼핑	네이버페이 머니	네이버페이 포인트
G마켓, 옥션	스마일머니	스마일캐시

자료: 각 회사 홈페이지

쿠팡

쿠팡의 쿠페이머니, 쿠팡캐시는 물건을 구매할 때 현금처럼 사용할 수 있습니다. 현금이나 신용카드로 물건을 구매하면 되는데, 굳이 쿠페이머니로 전환해 사용하는 것은 쿠페이머니로 결제하면, 결제금의 1% 최대 월 1만 원까지 쿠팡캐시로 적립해 주기 때문입니다. 이렇게 적립된 쿠팡캐시는 현금처럼 사용할 수 있으니 결국 할인을 받는 꼴이 됩니다. 쿠팡 멤버십 신규 가입자는 30일 동안 기본 1% + 추가 혜택 4%까지 더해져 5%의 쿠팡캐시 적립이 가능합니다. 이때는 월 쿠팡캐시 적립 한도가 5만 원으로 늘어납니다.

네이버쇼핑

네이버쇼핑에서 사용할 수 있는 네이버페이 머니 역시 현금을 충전한 후 결제금액에 대해 최대 3%까지 네이버페이 포인트 적립을 해

CHAPTER 2 똑똑한 절약과 현명한 소비의 기술

줍니다. 기본 적립 1%에 네이버페이 머니 하나 통장을 사용한다면 2%를 추가 적립해 줍니다. 쿠팡처럼 1회 주문 적립 한도가 있는데, 1회 주문 기준 최대 10만 원까지 적립이 됩니다. 만약 판매자가 마케팅 목적으로 제공하는 '판매자 추가 구매 적립'이 가능한 상품이라면 최대 20만 원까지 적립 가능합니다. 이런 네이버페이 머니 결제 적립은 월간 최대 200만 원까지 가능합니다.

네이버페이 머니와 포인트는 오프라인에서도 사용할 수 있어 매우 좋습니다. 삼성페이 결제가 가능한 오프라인 매장이라면 어디든 네이버페이 포인트를 현금처럼 사용할 수 있습니다. 사용 또한 간단합니다. 네이버페이 앱에서 삼성페이를 선택하고 결제하면 됩니다. 네이버페이 포인트 우선 결제를 설정해 두면 네이버페이 포인트 먼저 사용하게 됩니다.

G마켓, 옥션

G마켓과 옥션에서는 스마일머니를 충전해 사용할 수 있습니다. 스마일머니 충전 후 결제하면 사용 금액의 1%를 스마일캐시로 적립해 줍니다. 결제 건당 최대 5,000원까지 스마일캐시 적립이 가능하고, 스마일 캐시는 결제일로부터 30일 후 적립됩니다. 이때 적립 받은 스마일캐시 유효기간은 90일입니다. 스마일머니와 캐시도 외부 가맹점에서 사용할 수 있는데, 이마트, 이마트 트레이더스, 노브랜드, 스타벅스, 신세계백화점, 이마트24 편의점과 같은 신세계 계열에서 결제할

수 있습니다.

지역화폐

◆

◆   지역화폐는 지역의 경기 활성화를
위해서 도입된 제도입니다. 선불카드처럼 충전해 사용하는 형식인데,
충전 금액에 따른 인센티브를 줍니다. 인센티브 한도는 월 20만 원
정도이며 대략 충전 금액의 6~10% 정도를 인센티브로 제공합니다.
시, 군, 구 해당 지역에서만 사용할 수 있으며, 대형 마트나 프랜차이
즈 지점 및 연 12억 초과 매출 매장에서는 사용이 불가능하다는 단점
이 있지만, 높은 인센티브 지급 때문에 동네 상권에서 사용하기에 매
우 좋은 지불수단입니다(한도 및 인센티브는 지역별로 상이함).

서울은 '서울 사랑 상품권'이라는 이름으로 발행되고, 상품권을 액
면가의 5~7% 할인된 금액으로 구매해 사용할 수 있습니다. 하지만
아쉽게도 점점 할인율이 떨어지는 추세입니다. 2024년에는 1월, 5월,
7월, 11월 발행되었습니다. 2025년 정확한 일정은 '내 손안에 서울'
홈페이지(mediahub.seoul.go.kr)에서 확인할 수 있습니다. 앞으로 정책
의 방향에 따라 존폐 위기에 놓인 상황이지만, 발행되는 한 계속 사용
하는 것이 좋습니다.

서울을 제외한 지역은 지역화폐라는 이름으로 카드에 금액을 충전

해 사용할 수 있습니다. 10만 원을 충전하면 10만 6,000원~11만 원이 충전되는 방식입니다. 충전 후 사용하면 충전 금액의 월 6~10% 이익을 얻을 수 있으니, 1년 정도 사용할 만큼의 금액을 미리 충전해 두면 예금보다 이득일 수 있습니다. 소지 한도가 보통 200만 원으로, 만약 200만 원을 3% 예금에 가입하면 세후 이자 5만 760원밖에 안 되지만 지역화폐는 12만 원 이상으로 더 이득입니다.

동네 상권에서 소비하는 것을 제외하고는 온라인 쇼핑으로 소비를 많이 할 테니, 앞서 언급한 지불수단 변경을 고려해 포인트 사용을 늘리는 것이 생활비를 아낄 수 있는 방법입니다. 저는 지역화폐를 이용해 지난 6년간 받은 혜택이 약 150만 원 정도입니다. 배우자 카드를 포함해 매달 2만 원씩은 지역화폐로 소비를 절약할 수 있었습니다.

모바일 기프티콘

◆

◆   기프티콘이란 모바일을 통해 쿠폰 형태로 주고받을 수 있는 디지털 상품권을 의미합니다. 생일날 생일 케이크를 기프티콘으로 받아본 경험이 있을 것입니다. 기프티콘은 카페, 편의점, 치킨, 피자, 햄버거와 같은 패스트푸드점, 영화 티켓 등 다양한 상품이 존재합니다. 이뿐만 아니라 이마트, 롯데마트 금액권 같은 상품권 기프티콘과 특정 외식업체의 단일 메뉴도 기프티콘으로

존재합니다.

기프티콘은 한정된 기간 내, 한정된 곳에서만 사용할 수 있기 때문에 사람에 따라 필요하지 않을 수 있습니다. 빵을 먹기 싫은데 파리바게뜨 기프티콘 선물을 받았거나, 기프티콘 사용 기한 내에 사용할 일이 없을 수도 있습니다. 그런 사람들이 중고로 기프티콘을 판매하기도 하는데, 플랫폼을 이용해 구매하면 저렴한 지불수단으로 기프티콘을 이용할 수 있습니다.

국내 기프티콘 매매 3대 플랫폼은 '팔라고', '기프티스타', '니콘내콘'입니다. 이 플랫폼을 통해 자신에게 필요 없는 기프티콘의 판매와 구매가 가능합니다. 보통 편의점 금액권 같은 경우 액면가에 따라 차이가 있지만 6~7% 정도 낮은 가격에 구매가 가능합니다. 즉, 2만 원짜리 CU편의점 금액권을 1만 8,800원 정도에 구매할 수 있습니다. 사용 기한이 얼마 남지 않은 경우, 더 높은 할인율을 적용해 구매가 가능한 경우도 있습니다. 금액권이 아닌 단일 상품 교환권은 더 큰 할인율로 구매가 가능합니다. 저는 최대 50% 할인된 쿠폰도 구매한 경험이 있습니다.

편의점을 부득이하게 이용해야 하는 경우, 편의점에서 물건을 골라서 대충 금액을 계산한 다음에 그 자리에서 휴대폰으로 금액권을 구매한 후 기프티콘 결제를 합니다. 니콘내콘 같은 경우 현재 수수료 없이 신용카드 결제도 가능하기 때문에(팔라고는 신용카드 수수료가 존재, 기준일 24년 12월 1일) 할인율을 더 챙깁니다.

만약 신용카드로 결제하지 않고 해당 플랫폼의 캐시를 충전해 구매하면 2~5%의 리워드를 받을 수 있어 더 높은 할인율을 이용할 수 있습니다. 기프티콘의 사용 빈도가 높고 신용카드의 실적이 필요 없다면, 충전식으로 사용하는 것도 방법이 될 수 있습니다. 또한 배달의 민족, 요기요 같은 배달 음식 플랫폼의 금액권도 3% 정도 할인 구매할 수 있기 때문에 기프티콘을 지불수단으로 이용한다면 소비를 절약할 수 있습니다.

신용카드

◆

◆   당장 적용할 수 있는 소비 기술은 올바른 신용카드 사용입니다. 지불수단은 앞서 이야기한 포인트, 기프티콘뿐만 아니라 신용을 이용해서 지불할 수도 있습니다. 대표적인 예가 신용카드 이용입니다. 대부분의 재테크 책에서는 신용카드를 잘라 버리라고 이야기하지만, 올바르게 사용한다면 신용카드는 사용자가 이득을 얻을 수밖에 없는 상품입니다.

화폐가 가진 시간의 가치에 관해 이야기했듯이, 신용카드 결제금은 후불제이기 때문에 사용자에게 유리한 거래입니다. 과소비를 할 수 있기 때문에 카드를 쓰지 말라고 하는 건, 교통사고 위험 때문에 자동차 운전을 하지 말라는 것과 같습니다.

금융감독원의 금융통계정보시스템에 따르면 2023년 연말 기준으로 7개 전업카드사(신한, 삼성, KB국민, 현대, 롯데, 우리, 하나) 구매 실적이 917조 원을 넘었습니다. 카드 구매 실적이란 개인과 법인의 신용, 체크, 직불, 선불 등을 포함한 국내외 모든 결제의 취급액으로 결제 시장에서 발생하는 총규모 금액을 의미합니다. 2023년 기준 전체 민간 최종 소비 지출의 약 86%가 넘는 수치라고 추정할 수 있습니다. 이 중 개인 신용카드 일시불 비중만 따진다면 절반 정도 됩니다. 실정이 이러하니 신용카드를 쓰지 말라고 말리기보다 신용카드를 올바르게 사용할 수 있는 방법을 알려주는 게 현실적입니다.

카드 대금 결제일 변경

올바르게 신용카드를 사용하려면 카드 대금 결제일을 변경해야 합니다. 전월 1일~말일까지 사용한 카드 금액을 지불할 수 있는 결제일로 변경하는 것입니다. 이 날짜는 신용카드사마다 차이가 있어서 정리한 표를 보고 결제일을 변경할 것을 추천합니다.

카드 대금 결제일을 변경해야 하는 이유는 매달 나의 소비를 체크하기 위해서입니다. 한 달 단위로 끊어서 관리하는 것이 가장 수월하기 때문에 카드 대금도 월 단위로 결제해야 합니다. 많은 사람이 카드 결제일을 자신의 월급날로 지정하는 경우가 많습니다. 이런 경우 월급날 받은 돈 대부분이 카드 대금으로 빠져나가기 때문에 한 달 사용할 현금은 모자라고, 어쩔 수 없이 신용카드로 또 한 달을 연명하는

카드사별 전월 1일~말일 카드 대금 결제일 정리

매월 12일	13일	14일	15일
현대카드	BC카드 하나카드 제일카드 BNK부산은행 카드 씨티카드	신한카드 롯데카드 KB국민카드 우리카드 NH농협카드	IBK기업은행 카드

* 2024년 12월 1일 기준

신세가 됩니다.

　신용카드는 소비자에게 좋은 도구이지만 끌려다니면 반대가 됩니다. 필요로 이용하는 것뿐이지 신용카드가 없으면 안 되는 상황을 만들면 안 된다는 소리입니다. 그러기 위해서는 매달 월급날 신용카드 대금으로 월급 대부분을 소진하는 일명 '빚지는 삶'에서 벗어나야 합니다. 월급에서 카드값이 빠져나가고 몇 푼 안 남는 사람은 한 달 카드값만큼 빚을 지고 산다고 생각하기를 바랍니다.

　이러한 상황에서 벗어나려면 이번 달 받은 월급은 다음 달에 쓴다는 생각을 가져야 합니다. 당월에 받은 월급에 한 푼도 손대지 않고 다음 달에 사용할 수 있는 환경을 만드는 것이 급선무입니다. 다음 달 노동 원가, 노동 비용만큼의 현금을 갖고 있어야 하는 게 당연합니다.

신용카드 사용하면서 잉여현금까지 확보하는 법

지금부터 인식하지 못한 채 카드 빚을 지며 살아가고 있는 사람들을 정상적인 상태로 되돌리는 방법에 대해 설명하겠습니다. 딱 두 가지만 실행하고, 이 방법을 3개월 유지하면 신용카드 빚의 굴레에서 빠져나올 수 있습니다.

첫째, 월급의 50%를 예산으로 편성하고 딱 3개월만 무조건 지킨다.
둘째, 2개월 차에 전월 1일~말일까지 사용한 카드 대금을 결제할 수 있는 결제일로 변경한다.

가장 먼저 나의 월급의 50%를 예산으로 편성한다고 생각하고 한 달을 생활하는 방법입니다. 월급 300만 원인 직장인이 1월 25일 카드 대금으로 300만 원이 전부 빠져나간다는 극단적인 예를 들어봅시다. 이런 상황일 때 다음 달 예산을 월급 300만 원의 50%인 150만 원으로 잡는 것입니다.

물론 평소 쓰던 금액의 절반을 써야 하니 고통스러울 것입니다. 하지만 방만한 경영을 했던 지난날의 대가라고 생각하며 지켜야 합니다. 변화에는 고통이 따르고, 희생 없는 변화는 없습니다. 약속을 잡지 않고 물건도 사지 않고 버텨보는 것입니다.

예산을 세우는 시점을 월급날로 지정했으니, 다음 달 1개월 차 25일 카드 대금은 150만 원보다 더 많이 나올 가능성이 높습니다. 왜냐하면 예산을 세우는 시점(25일) 전 2주 정도 더 포함된 결제 금액이기 때문입니다. 카드사에 따라 다르지만 대략 25일 결제일 기준이라면 전월 12일부터 당월 11일까지의 결제 금액이 청구되는 게 보통입니다. 그러니까 다음 달 카드 대금에는 11일부터 50% 예산을 결심한 25일 전까지의 방만한 소비 금액이 섞여 있을 가능성이 높다는 뜻입니다. 이러한 점을 고려해서 첫 달은 최대한 아껴 쓰려 노력해 봅시다.

그럼 2개월 차 월급날부터는 카드 대금 150만 원이 청구될 것이고, 이때 현금으로 150만 원＋@(이전달 월급에서 카드 대금을 제한 돈)의 금액을 현금으로 확보할 수 있습니다. 그리고 이날 카드 대금 결제일을 14일로 변경합니다. 예산은 계속 150만 원을 쓰겠다고 생각하며 신용카드를 쓰고 현금에는 손대지 않습니다.

3개월 차 14일이 되면 카드 대금이 청구되지만, 150만 원 이하의 돈이 청구될 것입니다. 전달 25일에 12일 치 카드 대금을 미리 지불했기 때문입니다. 14일 결제일은 전월 1일부터 전월 30일까지입니다. 그래서 150만 원을 예산대로 사용했다면, 가지고 있는 현금으로 충분히 카드 대금을 지불할 수 있습니다. 이렇게 하면 3개월 만에 빚지는 삶에서 벗어나서 잉여현금 흐름이 발생하는 삶으로 전환할 수 있습니다.

이 방법의 핵심은 현재 사용하는 카드 금액을 소득의 50%로 제한하고 전월 1일부터 전월 말일까지 사용한 카드 대금을 결제할 수 있는 결제일로 변경하는 것입니다. 물론 극단적으로 월급 전액을 신용카드 결제금으로 반납한 사람의 예시였습니다. 그 정도까지 소비가 엉망이 아닌 사람이 이 방법을 따른다면 더 빨리 투동자 방식의 궤도로 오르리라 생각합니다. 그렇게 정상 궤도로 올라왔다면, 그때부터 888 시스템을 맞출 수 있게 소비 비율이 소득의 36%가 될 방법을 구상하면 됩니다.

신용카드
혜택 활용

◆

◆   신용카드를 올바르게 사용하게 되었다면, 다양한 혜택을 이용할 차례입니다. 신용카드는 상품마다 다양한 혜택을 제공합니다. 관리비(공과금), 편의점, 병원, 세탁소 업종, 온라인 쇼핑, 택시비, 식음료, 대형마트, 주유소 등 다양한 영역에서 할인을 해주거나 적립 포인트를 주기도 합니다.

물론 신용카드를 쓴다고 무조건 할인/적립 혜택을 주는 것은 아닙니다. 대부분 일정 부분 실적을 쌓아야 유의미한 할인/적립 혜택을 주는 것이 보통입니다. 카드 실적이 없이 혜택을 주는 카드들도 존재하지만 그 혜택의 크기가 매우 작습니다.

실적이란 카드 사용 금액입니다. 보통 전월 실적 30만~100만 원

충족 시 할인 혜택을 받을 수 있는 신용카드가 대부분인데, 그 뜻은 전월 1일~말일까지 신용카드로 실적 금액 이상 사용해야 할인 혜택을 받을 수 있음을 의미합니다. 당연히 많은 금액을 사용할수록 높은 금액의 할인 혜택이 따라오게 됩니다. 이런 할인 혜택을 이용하기 위해서라도 가능한 한 카드 결제일을 월초부터 말일까지로 변경해야 합니다.

여기서 주의해야 할 점은 실적에 포함되지 않는 항목이 존재한다는 것입니다. 이것 역시 카드 상품마다 다른 기준을 가지고 있습니다만, 보통 이용 실적 산정 시 제외 대상으로 관리비, 공과금, 국세, 지방세, 4대 보험료, 대학 등록금, 상품권 구매(모바일 상품권 포함), 기프트 선불카드 충전 및 구매, 벌금, 과태료, 연회비, 무이자 할부 이용 금액, 적립/할인 등의 카드 혜택을 받은 건 등이 있습니다. 실적 산정 제외 대상을 정확히 알기 위해서는 해당 카드사 홈페이지에서 서비스 제공 기준을 알아봐야 합니다.

신용카드 상품은 정말 다양합니다. 어떤 카드는 적립/할인 등 혜택 받은 건이 실적으로 인정되기도 하고 관리비, 공과금이 실적으로 인정되는 카드도 있습니다. 개개인의 소비 패턴은 다양하기 때문에 유리한 카드 혜택을 얻기 위해 스스로 알아보는 노력을 기울여야 합니다. 그렇다고 모든 상품을 하나하나 들여다보는 것은 시간상 무리가 있으니, 그 수고스러움을 조금 덜기 위해 '카드고릴라' 홈페이지(card-gorilla.com)를 이용하면 좋습니다. 자신에게 맞는 할인 영역을 선택해

국내최대규모! 총 **1419**개 중
내게 꼭 맞는 카드만 찾아보세요!

맞춤 혜택으로 직접 찾기   1분 테스트로 추천 받기

100가지 상세혜택으로   소비성향으로 알아보는

맞춤 카드 검색   **카드추천 테스트**

자료: 카드고릴라

맞춤 카드를 검색할 수 있고, 사람들에게 인기가 높은 신용카드 차트를 살펴보면 자신에게 더 알맞은 신용카드를 선택할 수 있을 것입니다.

한 가지 방법이 있다면, '피킹률'이 높은 카드를 먼저 사용하는 것입니다. '신용카드의 이용 금액 대비 얻는 이익률'을 피킹률이라고 지칭합니다. 예를 들어 1만 2,000원의 연회비를 내면서 전월 실적 30만 원에 월 1만 5,000원의 할인/적립 포인트를 얻을 수 있다면, '{1만 5,000원 − (1만 2,000원 ÷ 12)} / 30만 원 × 100' 계산을 통해 피킹률 4.66%' 상품이라고 볼 수 있습니다.

신용카드 피킹률 계산

$$\left(\frac{\text{월 할인, 적립 포인트} - (\text{연회비} \div 12)}{\text{전월 실적 금액}} \right) \times 100$$

과거에는 피킹률 높은 카드가 많이 존재했는데, 점점 혜택이 줄어들어 최근에는 피킹률 3% 이상 정도만 되어도 꽤 괜찮은 상품이라고 볼 수 있습니다. 전월 실적 금액에 따라 혜택 금액도 달라지므로, 피킹률을 계산해서 최적의 사용 금액을 산출해 내는 것도 한 가지 팁입니다. 전월 실적을 최대치까지 사용한다고 해도 무조건 더 높은 피킹률이 나오지는 않는 게 보통이니, 적당한 피킹률 지점을 계산해서 효율적으로 신용카드를 사용하기를 바랍니다.

대량구매의 이점 활용 방법

더 많이, 더 저렴하게 생필품 사는 법

◆

◆ 　　　　　　　　　　　1년 내내 반드시 사용해야 하는 물품들이 존재합니다. 샴푸, 린스, 보디 워시, 비누, 치약, 생수, 세탁 세제, 섬유 유연제, 주방 세제 등은 1년 365일 사용하는 물품들입니다. 이것 말고도 개인에 따라서 1년 내내 사용해야 하는 물품이 있을 것입니다. 가령 저희 집에는 아이가 있어 몇 년간 기저귀를 1년 내내 사용해야 합니다.

　이러한 생필품은 한 번에 대량 구매하는 걸 추천합니다. 온라인에서 대량 구매하면 상대적으로 저렴한 가격에 물품을 구매할 수 있습니다. 물품의 값은 12월 31일보다 1월 1일이 더 높은 법입니다. 물가는 계속 올라가기만 할 뿐, 떨어지는 경우가 거의 없으니 대량으로 미리 사놓는 것 자체만으로 돈을 아끼는 방법이 됩니다. 이뿐만 아니라 소량 구매할 때보다 대량 구매할 때 단가가 더 내려가는 효과가 있습니다.

온라인 쇼핑몰 중 쿠팡을 더 자주 이용하는 이유는 배송이 빠르다는 장점도 있지만, 제품 간 용량별 금액을 보여줘 비교하기 쉬워서입니다. 저희는 콜라, 사이다 같은 탄산음료를 대량으로 구매해 놓고 먹는 편인데, 30캔, 60캔을 한 번에 사면 한 캔씩 소량으로 사는 것

'사이다' 검색 결과

칠성사이다, 210ml, 30개
14,990원 로켓와우
(100ml당 238원)
내일(목) 새벽 도착 보장
무료배송 · 무료반품
★★★★★ (252341)
최대 150원 적립

칠성사이다 캔, 350ml, 24개
5% 18,990
18,000원 로켓배송
(100ml당 214원)
내일(목) 새벽 도착 보장
무료배송 · 무료반품
★★★★★ (252341)
최대 180원 적립

쿠팡추천
나랑드사이다 제로, 245ml, 30개
15% 15,000
12,720원 로켓배송
(100ml당 173원)
내일(목) 도착 보장
무료배송 · 무료반품
★★★★★ (157658)
최대 127원 적립

칠성사이다, 210ml, 30개
14,990원 로켓와우
(100ml당 238원)
내일(목) 새벽 도착 보장
무료배송 · 무료반품
★★★★★ (252341)
최대 150원 적립

자료: 쿠팡(2024년 11월 18일 기준)

보다 확실히 더 저렴하게 구매하게 됩니다. 그 기준이 되는 것이 용량별 금액입니다. 쿠팡 홈페이지에서는 100ml당 얼마인지 단번에 알 수 있습니다.

100ml당 금액이 쉽게 구별되기 때문에 더 저렴한 수량과 용량 비교가 가능합니다. 용량별 가격이 표시되어 있지 않다면 350ml 24개를 1만 8,000원에 구매하는 것과 210ml 30개를 1만 4,990원에 구매하는 것 중 뭐가 더 이득인지 직관적으로 알 수 없습니다. 하지만 100ml 용량 기준으로 봤을 때 350ml를 사는 것이 100ml당 24원 정도 더 이득이라 볼 수 있습니다. 참고로 편의점에서 355ml 사이다는 약 2,000원에 판매되고 있습니다. 대량 구매할 때보다 1개당 2.5배 이상 비쌉니다. 꾸준하게 자주 소비하는 품목은 적당히 대량 구매하는 습관이 이득입니다.

제가 이런 구체적인 예를 드는 이유는 대량 구매 자체에 회의적인 사람도 있어서입니다. 저렴하다고 많이 구매했다가 다 먹지도 못하고 버려 오히려 손해를 보는 사람들도 분명 있을 테고요. 이것은 대량 구매 자체보다 본인의 라이프스타일과 맞지 않은 소비 예상에서 온 문제일 가능성이 높습니다. 본인이 특정 기간 소비하는 양을 정확히 알지 못한다면, 대량 구매는 자칫 과소비로 이어질 수 있습니다. 본질은 그저 싸기 때문에 대량 구매하는 것이 아닌, 어차피 사용해야 하는 물품을 미리 더 저렴하게 구비해 두는 것입니다.

온라인과 오프라인,
어디가 저렴할까?

◆

◆   대량으로 살 물품을 대개 온라인
쇼핑몰에서 사는 이유는 마트보다 저렴한 경우가 많아서입니다. 그리
고 지불수단 변경에서 이야기했듯 포인트를 이용해서 구매한다면 오
프라인보다 저렴한 가격에 추가 할인까지 받는 꼴이 되니 대량 구매
상품은 온라인 쇼핑몰이 제격입니다.

　간혹 특정 상품의 경우 온라인보다 오프라인이 쌀 때도 있습니다.
이럴 때는 스마일캐시, 신세계상품권을 이용해 이마트, 트레이더스,
노브랜드를 이용하면 되고, 롯데상품권, 네이버페이 포인트는 롯데마
트에서도 사용할 수 있기 때문에 얼마든지 오프라인에서 할인을 받
을 수 있습니다.

　상품권 할인을 못 받는 곳 같은 경우에는 할인 혜택이 있는 신용카
드를 이용하면 됩니다. 대부분의 신용카드는 일정 금액의 전월 실적
을 채우면 쇼핑 할인, 통신 할인 같은 혜택이 있습니다. 사용하는 신
용카드의 할인 혜택을 잘 파악해서 사용하고, 다양한 지불수단을 이
용한다면 절약하는 데 큰 도움이 됩니다.

소비 목록 절약 방법 (1): 노동 원가 편

지금까지 소비자 관점의 마인드와 당장 적용할 수 있는 여러 가지 합리적 소비 방법을 이야기했습니다. 실생활에 적용한다면 많은 이득을 얻을 수 있을 것입니다. 한 발짝 더 나아가 888 시스템 기준에 맞는 소비를 위해 투동자의 소비 목록 열네 가지를 하나씩 살펴보고, 각각 절약할 수 있는 노하우를 간단히 소개하려 합니다.

투동자의 소비 목록을 노동 원가 일곱 가지(주거, 생활, 통신, 관리, 경조, 납세, 기타)와 노동 비용 일곱 가지(교통, 점심, 통신, 꾸밈, 친목, 보험, 용돈)로 나눠 설명했습니다. 총 14개 부분의 소비 목록은 사용 금액도 제각각이고, 각자의 상황에 따라 적용할 수 없을지도 모릅니다. 하지만 소비 금액 절약을 위한 팁을 힌트 삼아 알맞게 적용해 보기를 추천합니다.

주거비

◆

◆　　　　　　　　　주거비는 노동 원가에서 큰 부분을 차지합니다. 그래서 세심하게 줄일 방법을 강구해야 하는데, 주거비는 정부 지원 정책을 우선시해야 합니다. 현재 정부에서는 많은 주거 지원 정책을 시행 중입니다. 본인의 나이와 취업 여부, 직장이 중소기업인지 대기업인지, 보유 자산, 소득, 사는 지역에 따라서 주거 안정 혜택들이 여러 갈래로 나눠져 있습니다. 그래서 한 가지 특정 정책을 추천하는 건 무의미할 수 있습니다. 가장 먼저 '복지로' 홈페이지(bokjiro.go.kr)에 방문해 회원가입 후 자신이 받을 수 있는 정부 혜택을 검색하는 것을 추천합니다.

복지로 홈페이지 화면

서비스 목록
내 상황에 맞는 다양한 복지혜택을 찾을 수 있습니다.

생애주기	가구상황	관심주제	
임신·출산	저소득	신체건강	정신건강
영유아	장애인	생활지원	주거
아동	한부모·조손	일자리	문화여가
청소년	다자녀	안전·위기	임신·출산
청년	다문화·탈북민	보육	교육
중장년	보훈대상자	입양·위탁	보호·돌봄
노년		서민금융	법률
		에너지	

자료: 복지로

복지로 홈페이지에서 자신의 생애주기, 가구 상황 등을 체크한 후 관심 주제를 체크하면 지원받을 수 있는 정책을 쉽게 찾을 수 있습니다. 단 정부의 정책은 시시각각 변경됩니다. 시기에 따라 최저, 최대 대출 금리와 금액이 바뀔 수 있으며, 세부적인 요건에 따라 기준이 변화해 정확한 조건은 홈페이지 공고를 참고하기를 바랍니다. 이용 가능성이 높은 주요 주거지원 정책은 다음과 같습니다.

이러한 대출 정책 외에 공공임대 주택 입주를 노리는 것도 주거 비용을 절약하는 방법 중 하나입니다. 행복주택, 매입임대주택, 전세임대주택, 청년안심주택 등 여러 공공임대 주택의 최대 장점은 거주 비

―――― **정부의 주거 지원 정책 정리** ――――

구분	주요 정책
버팀목전세자금대출	전세보증금의 80%, 수도권 기준 1.2억 원, 2.3~3.3% 저금리 대출
청년 버팀목전세자금대출	전세금 80%, 최대 2억 원, 2~3.1% 저금리 대출
중소기업취업청년 전월세보증금대출	중소기업 재직 중인 청년 대상 1.5% 저금리로 대출
주거안정 월세대출	취준생, 사회 초년생 등을 위해 최대 960만 원을 1~1.5% 금리로 대출
청년월세 특별지원	지원 대상에 해당하면 월 20만 원씩 최대 24개월 월세 지원 혜택(2027년까지 한시적으로 진행)

자료: 복지로(2025년 1월 기준)

용이 저렴하다는 것입니다. 만약 주택 매매를 고려하고 있고 결혼한 지 7년이 넘지 않은 신혼부부라면 디딤돌 대출을 이용하는 것도 합리적인 선택입니다.

저는 신혼 초기에 버팀목전세자금대출을 받았습니다. 당시 대출 이율이 2.2%였는데 자금의 여유가 있었음에도 불구하고 대출을 최대한도로 받았습니다. 당시 파킹통장 금리가 3% 정도로, 대출을 최대치까지 받아 예금에만 넣어도 대출 이자보다 예금 이자가 더 높았습니다. 당시 투자 수익률을 대략 5~6% 달성해 대출금 1억 3,000만 원으로 400만 원 정도는 이득을 볼 수 있는 상황이라 대출을 최대로 받지 않을 이유가 없었습니다. 전세자금대출을 최대로 받아서 자연스럽게 레버리지 투자가 가능했습니다.

사회 초년생 때는 부모님과 함께 살면서 주거비를 최대한 아끼는 게 좋다고 생각하지만, 상황이 여의치 않다면 세대를 분리하고 정부 지원을 잘 알아보고 이용하는 것이 큰 도움이 될 것입니다. 특히 34세 미만의 청년이라면 혜택이 매우 좋으니 주거 안정 정책에 관심 두기를 바랍니다.

만약 공공주택에 입주하지 못하더라도 월세를 내며 산다면 연말정산 때 세액공제가 가능합니다(월세액 연 1,000만 원까지 공제 가능). 총급여 5,500만 원 미만이라면 월세의 17%를, 5,500만 원 초과~8,000만 원 이하라면 월세의 15%를 세액공제 받을 수 있습니다(85m² 이하, 기준 시가 4억 원 미만, 무주택 근로자 기준).

실수령 300만 원 직장인이 월세 60만 원씩 내면서 10평짜리 원룸에 살고 있다면, 122만 4,000원을 돌려받을 수 있으니 두 달 치 월세 정도는 절약할 수 있을 것입니다.

생활비

◆

◆   노동 원가 중 생활비 목록은 세부적으로 외식, 간식, 생활용품, 의류, 화장품, 미용, 주유 등 여러 가지 목록이 있습니다. 옷을 사는 데 돈을 쓰더라도, 노동 원가인지 노동 비용인지 잘 구분할 필요가 있습니다. 가령 집에서 입으려고 산 옷이면 노동 원가일 것이고, 출근을 위해서 샀다면 노동 비용에 해당합니다.

쉽게 생각해서 생존을 위해서 사용한 것과 월급을 벌기 위해 사용하는 소비를 나누는 것입니다. 처음에는 나누는 게 익숙하지 않겠지만 노력하면 차차 익숙해질 것입니다. 이렇게 두 가지를 나눠서 소비하는 습관과 예산을 세우는 습관을 만들면 자산 관리에 매우 유용합니다.

가정 생활비를 절약하기 위해서는 지불수단을 최우선으로 고려합니다. 외식을 예로 들어보겠습니다. 배달 음식을 시켜 먹든, 밀키트를 사 먹든, 매장에 가서 먹든, 대부분이 퇴근 후 집 근처에서 이루어집니다. 그리고 미용실 또한 거의 집 근처에 이루어집니다. 집 근처에서 이루어지는 소비는 지역화폐 사용을 최우선으로 고려하면 좋습니다.

지역화폐에 대한 내용은 앞서 '영리한 지불수단 활용 방법'에서 설명했습니다. 동네 상점 중 매출 12억 원을 초과하는 상점은 지역화폐를 사용하지 못하지만, 동네에서 12억 원이라는 높은 매출을 내는 상점은 생각보다 많지 않습니다. 해당 지역의 가맹점을 확인하고 싶다면 '공공데이터포털' 홈페이지(data.go.kr) '전국지역화폐가맹점표준데이터'에서 검색해 지역화폐 가맹점을 찾으면 됩니다. 이곳에서 간단히 소재지, 도로명 주소로 검색하면 인근 지역의 지역화폐 가맹점을 확인할 수 있는데 의외로 많은 가맹점을 찾을 수 있을 것입니다. 지역화폐 인센티브율은 6%가 넘기 때문에 가계에 큰 도움이 됩니다.

통신비

◆

◆   노동 원가로 발생하는 통신비는
티브이 시청료, 인터넷 요금, OTT 요금입니다. 통신비는 신용카드에 따라 할인을 큰 폭으로 받을 수 있습니다. 롯데카드, 우리카드, 신한카드, 현대카드에서는 통신사마다 통신비를 할인해 주는 상품이 존재합니다. 휴대전화 요금뿐 아니라 인터넷 요금도 할인되고 피킹률도 높기 때문에 통신비 할인 카드 사용을 적극 추천합니다.

통신비에는 티브이 수신료도 포함이 됩니다. 저의 경우 OTT 사용

으로 충분하다고 생각해 자취했던 10년, 결혼한 이후 6년 동안 티브이 수신료를 내지 않았습니다. 현재는 신축으로 이사해서 주방 티브이가 기본 옵션이라 어쩔 수 없이 수신료를 내고 있지만, 지난 16년간 아낀 수신료만 48만 원 정도 됩니다. 수신이 되지 않는 모니터를 사용하는 집이라면, 한국전력에 전화해 신청하면 수신료가 부과되지 않습니다.

또한 인터넷은 웹 서핑, 유튜브 정도만 이용해 최저 요금을 사용하고, OTT는 쿠팡 와우회원을 이용하고 있어서 쿠팡플레이를 저렴한 가격에 사용 중입니다. 그리고 부족한 콘텐츠는 따로 개인 영상 서버를 운영해 해결하고 있습니다. 공유기 네트워크 서버(NAS)를 구축해서 보유 중인 영상을 OTT처럼 티브이로 볼 수 있어서 온 가족이 함께 사용합니다. 저는 수집이 취미이기 때문에 NAS 서버를 구축했지만, 통신비 절약을 위한 방법치곤 과할 수 있습니다. 다만 소비를 최대한 절제하면서 불편을 해결하기 위해선 많은 노력이 필요합니다.

관리비

◆

◆   노동 원가의 관리비에는 아파트 관리비와 수도세, 전기세, 가스비 등 공과금이라고 부르는 유틸리티 비용도 포함됩니다. 일단 저는 아파트에 살고 있어 아파트 관리비는

아파트아이 앱을 통해 네이버페이 포인트로 납부하고 있습니다. 아파트아이 앱에서 네이버페이 포인트로 아파트 관리비를 납부하는 이유는 네이버페이 포인트를 할인해 구매할 수 있어서입니다.

상품권 결제액이 실적 인정되는 신용카드로 컬쳐랜드 상품권을 정가보다 할인해 구매한 후 네이버페이로 전환하면 카드 혜택도 챙기면서 할인율만큼 이득을 얻을 수 있습니다. 또 다른 방법으로 관리비를 실적으로 인정되는 신용카드로 관리비 및 공과금을 납부한다면 소득공제 혜택도 받으면서 카드 혜택까지 챙길 수 있습니다.

'탄소중립포인트제'에 가입하는 것 또한 유용합니다. 서울시는 에코마일리지(ecomileage.seoul.go.kr)에서 가입하고, 그 외 지역은 탄소중립포인트 에너지(cpoint.or.kr)에서 가입해 정보를 입력하면 됩니다. 6개월간 가구의 전기, 수도, 도시가스 개별 사용량을 과거 2년 평균 사용량 대비 15% 이상 감축하면 연 최대 5만 탄소중립포인트, 서울시는 5만 에코마일리지를 적용해 주는 제도입니다(2024년 12월 27일 기준). 2회 연속(1년) 절감 후 0~5% 미만 절감하게 되면 1만 탄소중립포인트 및 에코마일리지를 추가로 적립해 줍니다.

탄소중립포인트는 현금으로 받겠다고 미리 신청해 놓으면 해당 계좌로 자동으로 입금되고, 에코마일리지는 현금 전환 및 지방세, 아파트 관리비 납부 등 다양하게 사용할 수 있습니다. 별다른 절차 없이 에너지 절약만 하면 자동으로 혜택을 받을 수 있으니 가입해 두는 것을 추천합니다.

경조사비, 납세비, 기타비

◆

◆ 나머지 노동 원가 목록인 경조비, 납세비, 기타비는 특별히 절약할 수 있는 루트가 없습니다. 다만 어떻게 다루어야 하는지 통합해서 설명하려 합니다.

경조사비

경조사비에는 부모님 경조사비와 외부 경조사비 두 가지로 나눌 수 있습니다. 부모님 경조사는 일반적으로 부모님 생신, 어버이날, 설날, 추석, 크리스마스 등과 같은 예측할 수 있는 경조사입니다. 반면 외부 경조사는 형제, 친척, 친구, 직장 동료, 지인들의 생일, 결혼식, 장례식, 모임 같은 예측할 수 없는 경조사로 분류합니다.

경조사비는 절약한다는 개념보다는 잘 사용할 수 있는 팁을 알아두면 좋습니다. 일단 경조사비는 월 적립식으로 모으기를 추천합니다. 부모님의 경조사는 예측할 수 있기 때문에 횟수와 금액을 미리 정해서 적립해 둡니다. 회당 20만 원씩 1년에 여섯 번의 이벤트가 있다면, 총 120만 원을 드리기 위해 월 10만 원씩 모으는 것입니다. 이렇게 모은다면 해당 시기에 돈이 모자라 고민하는 일은 없을 것입니다.

외부 경조사 역시 적립식으로 모으는 것을 추천하는데, 언제 누구에게 이벤트가 발생할지 모르니 이벤트가 발생했을 때 심사숙고해서 참석하기를 바랍니다. 재화는 한정적이니 모든 경조사에 참여할 수 없습니다. 어떤 관계에 있는 누구의 경조사에 참여할지 선택을 잘해야 합니다.

만약 1년간 외부 경조사가 몇 차례 없어 연말에 경조사 금액이 남는다면 저는 한 해 동안 수고했다는 의미로 가족 여행에 남은 돈을 사용하는 편입니다. 자신에게 적절한 보상도 주어져야 또 앞으로 나아갈 힘이 생길 것이라 믿습니다.

납세비

사회 초년생들은 대부분 주택을 보유하고 있지 않기 때문에 나오는 세금이 거의 없고 대부분 자동차세와 주민세 정도를 낼 것입니다. 세대주로 등록되어 있다면 주민세가 나올 텐데, 정해진 기한 내 납입하지 않으면 가산금이 붙기 때문에 납부 기한 내 꼭 내기를 바랍니다.

자동차세는 연초에 연납이 가능한데, 연납하면 세금의 약 5% 정도를 감면받을 수 있습니다. 2023년에는 7%, 2024년에는 약 5% 감면해 주었고, 2025년에 3%로 축소 예정이었으나, 국민 세부담을 고려해 5%를 유지하게 되었습니다. 연납 혜택도 점점 줄어드는 추세지만 어차피 내야 하는 세금이니 할인을 받고 내면 이득입니다.

기타비

마지막으로 기타비는 노동 원가에서 언급한 여섯 가지 목록 외 소비되는 목록입니다. 택배 비용, 주민센터 서류 발급 비용, 폐기물 스티커 비용, 쇼핑몰 회원비 등 앞서 여섯 가지로 분류하기 애매한 소비들를 묶어서 기타 소비로 분류합니다. 이러한 비용은 일회성이 많고 큰 금액이 아닌 터라 절약 방법을 찾는 건 시간 대비 효율이 높지 않습니다. 금액도 많지 않고 절약할 방법도 사실상 없기 때문에 기타비 절약 팁은 생략하겠습니다.

이렇게 노동 원가에 해당하는 일곱 가지 목록에 대해서 절약할 방법을 하나하나 살펴봤습니다. 다들 상황이 다를 테니 모두 똑같이 실행에 옮길 수는 없겠지만, 자신에게 통용되는 적절한 방법이 있다면 실행하기를 추천합니다. 항목 하나하나씩 절약한 적은 금액들이 모이면 꽤 큰 금액이 될 수 있습니다. 소비 절약은 소득의 5배 효과가 있음을 기억하고, 생활에 잘 적용해 어수선한 소비 습관을 잘 정리해 보기를 바랍니다. 다음으로 노동 판매 비용 목록 일곱 가지에 관해서 설명해 보겠습니다.

소비 목록 절약 방법 (2): 노동 비용 편

교통비

◆

◆   노동 원가 중 가장 중요한 것은 주
거였지만, 노동 비용 1순위는 아무래도 출근을 위한 교통비입니다.
직장인은 출근을 위해 자가용 혹은 대중교통을 이용하는데, 교통비를
줄이는 가장 좋은 방법은 가능한 한 집에서 가까운 직장에 다니는 것
입니다.

저는 직장 생활을 10년 넘게 하며 항상 직장에서 가장 가까운 곳으
로 이사를 해왔습니다. 그리고 최근 7년 동안은 걸어서 출근하고 있
습니다. 직장이 도보 8분 거리에 있기 때문에 교통비가 들지 않습니

다. 하지만 모든 투동자가 그러한 환경을 만들 수는 없으니, 자가용을 이용할 때와 대중교통을 이용할 때로 나눠서 비용 절약 방법을 찾아보겠습니다.

자가용 이용

먼저 자가용을 이용한다면 경차를 추천합니다. 경차를 이용하면 차량 유지비가 매우 낮을 뿐만 아니라, 경차 전용 주유비 혜택으로 정부에서 연 30만 원을 지원받을 수 있습니다. '경차 유류세 환급제도'로 배기량 1,000cc 미만의 경차 소유자가 유류 구매 카드로 주유하면 유류세의 일부를 환급받는 제도입니다. 2008년 도입되었으며 2023년까지 지원하기로 했지만, 현재 2026년 12월 31일까지 연장된 상태입니다. 환급액은 연간 30만 원 한도이며, 기름은 리터당 250원, LPG는 리터당 160원을 할인해 줍니다.

저는 주유할 때 1회에 20리터를 주유합니다. 주유소의 주유 정량 검사 시 20리터를 기준으로 받는다고 합니다. 2016년 에너지 석유 시장 감시단이 발표한 '주유소 이용 팁'에 따르면 주유량 눈속임을 피하려면 20리터씩 주유하면 좋다는 기사를 참고해 실천 중입니다. 또한 1회 주유량을 매번 같은 용량으로 주유하면, 가계부의 기록을 확인할 때 차량 사용량을 파악하기 수월하다는 장점도 있습니다.

이때 경차 유류세 환급 카드를 이용하면, 20리터당 5,000원씩 할인받을 수 있습니다. 한 달에 4회 정도 주유해도 1년에 24만 원을 할인

받고 6만 원이 남는 금액입니다. 물론 남은 6만 원을 돌려받을 수는 없지만 출퇴근 시 경차를 이용한다면 할인 금액이 모자라는 일은 잘 없을 것입니다.

대중교통 이용

자가용이 아닌 대중교통을 이용하면 '기후동행카드'와 'K-패스카드'를 고려하면 좋습니다. 이 두 가지는 정부에서 서민들의 교통비 완화 혜택을 주기 위해 도입한 제도입니다.

기후동행카드는 월 6만 2,000원으로 서울시의 모든 대중교통을 이용할 수 있는 카드입니다. 공공자전거인 '따릉이'도 이용할 수 있는데, 그러려면 3,000원을 더한 6만 5,000원 요금제를 선택해야 합니다. 주 5일제인 직장인은 대략 월 21회 출근합니다. 현재 지하철 기본 요금이 1,400원이니까, 왕복 출근 42회 기준으로 5만 8,800원을 사용해야 합니다.

출퇴근 외 대중교통을 한 달에 3회 이상 이용해 총 45회 이용하면 그때부터 기후동행카드로 대중교통을 공짜로 이용할 수 있는 셈입니다. 만 19~34세 청년은 일반권의 가격과 다르게 7,000원 더 저렴한 5만 5,000원으로 이용할 수 있습니다. 하지만 아쉽게도 서울에서만 사용이 가능합니다.

서울에서만 사용할 수 있는 기후동행카드와 다르게 국토부에서 추진한 K-패스카드는 전국에서 사용할 수 있습니다. 월 15회 이상 대중교통을 이용하면 최대 이용 60회 기준으로 대중교통 이용 금액 중 일부를 환급해 주는 카드입니다.

적립 비율은 일반인은 20%, 청년(만 19~34세)은 30%, 저소득층은 53%를 적용합니다. 대중교통 월 15~60회 이용 시 지급하고, 가입 첫 달은 15회 미만 이용에도 지급합니다. 기존의 '알뜰교통카드'가 K-패스로 대체되는 것인데, 외부적인 활동이 많지 않은 직장인이라고 가정했을 때 기후동행카드보다는 K-패스가 더 도움 될 것입니다. 기후동행카드는 대중교통을 많이 이용하는 분들에게 유용합니다.

이 책이 발간된 뒤 정책적인 부분이 바뀔 수 있겠지만, 서민들의 교통비에 대해서 정부가 관심을 보이고 있고 앞으로도 꾸준히 좋은 정책이 나올 가능성이 높으므로 수시로 검색해서 자신에게 알맞은 혜택을 적용하면 교통비를 절약할 수 있을 것입니다.

점심값

◆

◆ 　　　　　　　　노동 비용에서 교통 다음으로 중요한 게 먹는 것 아닐까요? 다 먹고 살자고 일하는 거니까 말입니다. 그런데 런치플레이션(점심+인플레이션)이라는 말이 생길 정도로 현재 직장인의 점심값은 1만 원에 가깝게 형성되어 있습니다. 점심을 지원해 주는 회사에 다니면 좋겠지만, 그렇지 않다면 간단한 도시락을 싸

가는 게 도움이 됩니다. 그 상황도 여의치 않다면 인근 구내식당을 이용하거나, 점심 비용 예산을 세워서 최대한 예산 안에서 해결할 수 있는 노력이 필요합니다.

최근 편의점 도시락 구독제를 이용하는 사람들도 부쩍 늘었습니다. 20~30% 할인된 가격에 도시락을 구매할 수 있기 때문에 이 또한 고려 대상이 됩니다. 도시락 구독제는 편의점 앱을 통해 월 4,000원 정도의 구독료를 내고 10~15개 정도의 편의점 도시락을 20~30% 할인 구매할 수 있는 서비스입니다. 통신사 할인도 중복으로 가능하니 한 달에 5개만 구매해도 구독료보다 이득을 얻는 경제적인 방법입니다.

저는 회사에 도시락을 싸 가는 것을 택했습니다. 지금은 점심시간에 집에서 점심을 먹고 쉬다가, 점심시간이 끝나기 전에 회사로 돌아가는 생활을 한 지 몇 년이 되었습니다. 가능하다면 저와 같은 방법을 가장 추천하지만 대부분의 직장인에게는 통용되지 않는 방법일 것입니다.

도시락을 싸기도 힘들고, 동료들과 점심을 먹는 것도 포기할 수 없다면 회사 근처의 구내식당 또는 월 단위 식권을 판매하는 한식 뷔페 같은 곳을 최대한 이용하려 노력해 보고, 그런 곳이 없다면 편의점 도시락 구독제를 이용해 한 달의 절반 정도는 편의점 도시락으로 해결하고, 나머지는 동료들과 식사하는 것도 대안이 됩니다.

제가 강조하고 싶은 건 절약을 위한 행동들이 개인의 행복을 침해하지 않도록 그 선을 잘 지켜야 한다는 것입니다. 경제적 자유를 위한 투동자의 전략은 장기간 유지되어야 하는데, 그 과정에서 불행을 느낄 정도의 고통이 따른다면 꾸준히 하기 힘듭니다. 그래서 맹목적인 절약은 추천하지 않습니다. 다만 이용할 수 있는 여러 가지 방안을 놓고 가치 비교를 해보는 노력을 게을리하지 않는다면 경제적으로 많은 도움이 될 것입니다.

통신비

◆

◆ 노동 원가의 통신비는 티브이, 인터넷 등이지만 노동 비용의 통신비는 휴대전화 요금을 의미합니다. 휴대전화 요금은 데이터양이 가른다고 해도 과언이 아닙니다. 요금제는 데이터 무제한을 사용하기보다, 데이터가 제한적인 요금제를 사용하기를 추천합니다. 요즘은 집과 회사는 물론이고 곳곳에서 와이파이가 안 되는 곳을 찾아보기 힘들 정도입니다. 사실상 출퇴근 걷는 시간을 제외하고는 크게 데이터를 쓸 일이 없습니다. 지하철과 버스에서도 무료 와이파이가 연결되니까요. 조금만 신경을 써도 데이터 무제한 같은 요금제는 필요가 없습니다.

그리고 되도록 자급제 휴대전화나 중고 휴대전화를 사용해서 '선택 약정 할인'을 받기를 추천합니다. 줄여서 '선약'이라고 부르는데,

핸드폰 구입시 받을 수 있는 단말기 지원금을 받지 않은 사용자가 가입할 수 있는 제도입니다. 선약은 휴대전화 요금의 25%를 할인받을 수 있어서 만약 3만 5,000원의 요금제를 사용한다면, 매월 8,750원씩, 연간 10만 5,000원을 할인받습니다.

만약 통신 3사(SK, KT, LG U+)를 꼭 사용해야 하는 이유가 없다면, 알뜰 요금제를 이용하는 것도 대안이 될 수 있습니다. 알뜰이라는 단어가 들어가서 통화 품질에 문제가 있을 것 같다고 생각하는데, 사실 알뜰 통신사와 통신 3사는 같은 통신망을 사용해 통화 품질과 데이터 속도에 큰 차이가 없습니다. 이는 과학기술정보통신부의 〈통신서비스 품질 평가 자료〉(2018년)에 수록된 내용입니다. 저는 부모님과 결합 할인이 엮여 있어 통신 3사를 이용하고 있는데, 항상 중고 휴대전화를 구매해서 선택 약정 할인을 받고 있습니다. 그리고 신용카드를 이용해서 통신사 요금 할인도 받고 있습니다.

중고 휴대전화는 출시된 지 대략 2~3년 된 제품으로 구매하고 있으며, 감가상각 계산을 통해서 측정값 이하인 상품을 구매합니다. 물건의 감가를 구하기 위해서는 감가상각 계산식으로 '정액법'을 사용하며, 내용연수를 알면 쉽게 구할 수 있습니다. 내용연수는 쉽게 말해 제품의 수명을 의미합니다. 제품의 수명은 한국소비자원의 소비자분쟁해결기준과 법인세법에 나와 있습니다. 한국소비자원의 휴대전화 내용연수는 4년입니다.

제품의 감가상각 계산

$$감가\ 금액 = \left(\frac{사용\ 기간}{내용연수}\right) \times 취득\ 원가$$

$$현재\ 가치 = 취득\ 원가 - 감가상각\ 금액$$

휴대전화의 감가상각 계산을 예로 들면 3년 전에 발매된 100만 원의 제품을 신품으로 구입해서 3년 사용했다면 위의 식으로 감가를 계산합니다. 그럼 1년에 25만 원씩 감가상각된다는 것을 알 수 있습니다. 3년 사용했으니 감가는 75만 원이고 취득원가 100만 원에서 75만 원을 빼면 3년 사용한 휴대전화의 현재 가치는 25만 원이라는 값이 나옵니다.

저는 항상 이 가격보다 낮은 금액으로 휴대전화를 구매해 왔습니다. 그렇게 3년 정도 사용하다 또 새로운 중고 휴대전화를 구매하는 식입니다. 휴대전화의 수명을 4년으로 규정하고 있지만, 요즘 나오는 제품은 실제로는 6~7년 사용이 가능합니다. 기술의 발전으로 예전처럼 휴대전화가 느려지는 현상도 많이 줄어들었기 때문에 중고 휴대전화를 적당한 가격에 구매하는 건 매우 경제적인 방식이라 볼 수 있습니다.

꾸밈비, 친목비, 용돈

◆

◆

꾸밈비

꾸밈비는 출근을 위해 필요한 화장품, 의류 등 자신을 치장하는 데 사용하는 비용을 의미합니다. 저는 기본적으로 유행을 타지 않는 옷을 아울렛 같은 곳에서 저렴하게 구매하고 있습니다. 의류 제품 역시 온라인이 오프라인에 비해서 상대적으로 저렴하지만, 옷의 재질과 핏을 중요하게 생각해서 꼭 입어보고 사는 편입니다.

브랜드 제품이어도 온라인이 더 저렴한 경우가 많아서, 매장에서 옷을 확인한 후 구매 전 온라인 검색을 필수적으로 거친다면 저렴하게 구매할 수 있습니다. 또한 중고 거래 플랫폼(당근마켓, 중고나라 등)을 이용해서 상태 좋은 옷을 구매하는 것도 대안이 될 수 있습니다. 앞서 언급했던 것처럼 지불수단을 잘 변경해서 구매하면 합리적인 소비가 될 것입니다.

친목비

친목비는 노동 원가의 외부 경조사와 같이 예산을 잘 세우고, 매월 적립식으로 미리 돈을 모아놓는 것이 도움이 됩니다. 외부 경조사와 같이 모든 행사에 참석하기보다, 재화가 한정되어 있다는 생각으로 어떤 자리에 참석할 것인지 고민해야 하는 영역입니다.

용돈

용돈은 노동 원가의 기타비와 같습니다. 매달 정한 한도 내에서 돈을 사용한다면 저는 어떻게 사용해도 문제가 없다고 생각합니다. 예산 범위를 넘지 않는다는 것 하나만 지켜도 가계에 큰 도움이 됩니다.

보험비

◆

◆   보험비가 노동 비용에 들어가는 이유는 예측 불가능한 사고로 인한 수입 공백기의 완충 작용을 해서입니다. 그래서 사적 보험료를 노동 판매에 들어가는 비용으로 관리합니다. 특히 보험료는 자칫하면 가계의 소비 비중에서 큰 부분을 차지할 수도 있기 때문에 신중해야 합니다.

보험은 크게 생명보험, 손해보험, 제3보험, 재보험 네 가지로 나눌 수 있습니다. 이 중 직장인이 많이 가입하는 보험은 제3보험에 속하는 실손보험과 암보험입니다. 노동 비용의 보험비 또한 실손보험과 암보험을 의미합니다. 더러 생명보험에 가입하는 사람들도 있지만 보편적인 부분을 고려해 실손보험과 암보험에 관해서만 이야기하겠습니다.

저는 실손보험에 가입하는 건 찬성입니다. 하지만 조건이 있습니다. 모든 특약을 제외하고 실손 입원/통원 의료비 같은 기본 담보만 넣어서 가입하는 것을 추천합니다. 특약으로 넣는 보험비가 얼마인지 확인해 보면 몇백 원 수준이라 그냥 넣는 경우가 많은데, 그렇게 여러 가지를 넣다 보면 매달 고정적으로 나가는 보험비가 커집니다. 하지만 특약으로 보장하는 질병의 발병 확률은 매우 낮기 때문에 보험금을 받을 수 있는 확률도 매우 낮습니다. 그래서 실손보험은 기본 담보만 가져가는 것이 이득입니다.

암보험은 가족력이 있다면 고려해 볼 수 있겠으나, 되도록 가입하지 않는 것을 추천합니다. 국가암정보센터의 2021년 통계를 보면 우리나라 국민들이 기대수명(83.6세)까지 생존할 경우 암에 걸릴 확률은 남성 39.1%, 여성 38.1%라고 합니다. 이 부분을 강조해 3~4명 중 1명은 암에 걸린다고 보험사들은 광고하지만, 오히려 암보험을 가입한 10명 중 6명은 암 진단금을 받지 못한다고 생각해야 합니다. 물론 암 진단금을 받을 확률이 약 40%밖에 안 될지라도, 혹시 모를 사고에 대비하기 위해 치료비 사용 목적으로 암보험에 가입한다고 생각할 수 있습니다. 하지만 우리나라는 건강보험 제도가 매우 잘 되어 있기 때문에 암 치료에 쓰이는 비용을 많이 줄일 수 있습니다.

우리나라 암 환자는 본인 일부 부담금 산정 특례에 따라 암 환자 등록일로부터 5년간 병원비의 5%만 부담하면 됩니다. 그리고 본인 부담 상한제가 있기 때문에 10분위의 고소득자여도, 한 해 진료비가 808만 원을 넘으면 건강보험공단에서 대신 지불합니다(2024년 기준).

암 치료 중 비급여 항목은 건강보험 처리가 안 되는데, 암 치료 건강보험 보장 비율은 2023년 기준 약 75% 수준으로, 나머지 25%의 비급여 비율은 실손보험으로 어느 정도 충당할 수 있습니다. 또한 현재 상당수의 항암제가 급여 대상에 포함되어 종류에 따라 30~95%까지 국민건강보험이 적용되며, 건강보험 공단은 비급여 품목을 꾸준히 급여 품목으로 확대해 가고 있습니다.

마지막으로 암에 걸려서 수입이 없는 기간의 생활비가 걱정이라면, 시범 사업 중인 상병수당 제도를 이용할 수 있습니다. 질병과 부상으로 일을 못 하는 약 90일 동안은 최저임금의 약 60%를 건강보험 공단에서 지급하고 있습니다. 2024년 기준으로 약 428만 원에 달하는 금액입니다. 이 제도도 앞으로 꾸준히 발전할 것입니다.

이러한 이유로 암보험에 가입해 40% 미만 확률로 받는 암 진단금을 기대하는 것보다, 차라리 매달 암 보험료로 적립식 투자를 한 후 추후 치료비 발생 시 사용하는 것이 이득이라고 생각하고 있습니다. 경제적 자유를 위해 합리적인 판단을 해야 하는 부분입니다.

지금까지 노동 비용 일곱 가지 항목의 절약 방법을 살펴봤습니다. 소비자의 관점에서 알아야 할 것들이 꽤 많았으리라 생각합니다. 투동자의 여정은 소비 금액을 소득 대비 36%로 만들 때까지 계속되어야 합니다. 설령 소득이 적어서 소비를 36% 이하로 내리지 못하더라도 최대한 낮출 수 있는 범위까지 낮춘다면, 이전보다 훨씬 밝은 미래를 기대할 수 있습니다. 이제 다음으로 넘어가서 투자자 관점에서의 행동을 알아보겠습니다.

☑ 소득보다 소비가 적게는 2.7배, 많게는 5배 더 중요하다.

☑ 상품의 가치는 소비자가 정하는 것이고, 그에 따른 금액도 소비자가 정해야 한다.

☑ 두 물건의 가치는 표면 가격이 아닌 비율로 그 차이를 비교해야 한다.

☑ 지불수단을 변경하면 소비 금액을 절약할 수 있다.

☑ 신용카드, 온라인 상품권을 결합해 소비하면 이익을 얻을 수 있다.

☑ 노동 원가(일곱 가지), 노동 비용(일곱 가지) 목록을 최적화하는 시간은 반드시 필요하다.

PART 3

냉철한 투자자로
행동하기:
어떻게 투자할 것인가

현명한
투자자 마인드

투자와 투기, 도박을 구분하는 방법

 앞서 첫 파트에서 투자자로 행동하기 위해서는 현명한 투자가 필요하다고 밝혔습니다. 과연 현명한 투자란 무엇일까요? 이것을 정의하기 위해서는 투자에 대해서 조금 깊이 생각해 볼 필요가 있습니다. 많은 사람이 아직도 투자와 투기, 투자와 도박을 헷갈려 합니다. 먼저 투자, 투기, 도박 이 세 가지의 차이를 구분할 줄 안다면, 투자자로서 실행해야 하는 행동을 이해는 데 큰 도움이 될 것입니다.

 세 가지의 공통점은 자본을 활용해 이익을 추구한다는 데 있습니다. 차이점은 수익의 지속성, 시장의 형태, 장기적 수익 확률의 존재 여부입니다. 장기적인 이익을 얻기 위한 행동은 투자이고 단기적으로 이익을 얻기 위한 행동은 투기입니다. 또한 손실 확률이 수익 확률보

분류	수익의 지속성	시장의 형태	장기적 수익 확률
투자	장기적	주식, 채권, 부동산 등	매우 높음
투기	단기적	단기 트레이딩, 외환 FX 등	알 수 없음
도박	단기적	카지노, 경마, 스포츠 베팅	매우 낮음

다 높고 운에 기대는 건 도박입니다. 세 가지의 차이점을 표로 간단히 정리했습니다.

평범한 직장인이 경제적 자유를 얻기 위해서는 평생 투자해야 합니다. 투자 수익률(CAGR) 목표를 설정하고, 꾸준하게 목표를 이룰 때 비로소 경제적 자유를 이룰 수 있습니다. 그래서 수익의 지속성, 시장의 형태, 장기적 수익 확률은 투자하는 데 있어 무시할 수 없는 요소입니다. 투자, 투기, 도박의 차이점을 이해하기 위해서 몇 가지 게임을 예로 설명해 보겠습니다.

투자를 가장한
도박

◆

◆ A라는 주사위 게임을 한다고 가정

합시다. 전광판에 1부터 6까지의 숫자 중 무작위로 1개가 나오고 다시 주사위를 굴려서 같은 숫자가 나오면 당첨금을 주는 게임입니다. 당첨금은 베팅한 금액의 2배인 매우 간단한 게임입니다. 이 게임에 참여하시겠습니까?

누군가 이와 같은 게임을 제안하면 확률부터 따져봐야 합니다. 확률에는 '종속 확률'과 '독립 확률'이 있습니다. 종속 확률은 이전 게임의 결과가 다음 게임의 결과에 영향을 미치는 것이고, 독립 확률은 이전 게임의 결과가 다음 게임에 영향을 미치지 않습니다.

만약 바구니에 빨간색, 주황색, 노란색, 초록색, 파란색, 남색의 여섯 가지 공이 100개씩 담겨 있고, 전광판에 표시된 색깔과 같은 색깔의 공을 꺼내면 승리하는 게임이라면 종속 확률이라 볼 수 있습니다. 바구니에 담긴 공을 꺼낼수록 남아 있는 공의 개수가 변할 테니, 이전 게임의 결과가 다음 게임의 결과에 영향을 미친다고 볼 수 있습니다. 특정 색깔 공의 남은 개수에 따라 베팅 금액을 조절하면 이익을 얻을 확률을 높일 수 있을 것입니다.

하지만 A 주사위 게임은 독립 확률 게임입니다. 전광판에 나온 숫자와 주사위를 굴려서 같을 숫자가 나올 확률은 1회를 시행하든, 1,000회를 시행하든 6분의 1입니다. 즉, 승리 확률은 16.6%입니다. 앞서 10회 전부 주사위 숫자가 같아도, 11회째에 다시 같은 숫자가 나오지 말라는 법이 없는 독립 확률이라는 말입니다.

판돈 1만 원을 걸고 이긴다면 베팅한 금액을 포함해 2만 원을 받을 수 있지만, 이러한 게임은 장기적으로 이익을 얻을 수 없습니다. 만약 게임이 1,000회 진행되고 확률대로 결과가 나온다면, 1,000만 원의 판돈으로 166번 이기고 332만 원을 얻을 수 있습니다. 확률대로라면 668만 원을 잃는 것입니다. 게임에 오래 참여할수록 시행 횟수당 6,680원의 손실을 안겨주는 게임입니다.

이러한 게임에 베팅하는 것은 도박입니다. 장기적으로 손실을 볼 확률이 이익을 얻을 확률보다 높고 무엇보다 수익을 운에 맡기기 때문입니다. 대체로 카지노의 모든 게임은 하우스 엣지(카지노가 플레이어보다 유리한 비율)가 존재해서, 손실 확률이 수익 확률보다 높습니다. 카지노의 모든 게임이 우위를 가지도록 설계되어 있어서 카지노는 항상 이익을 얻습니다.

투자를 가장한 투기

◆

◆ 　　　　　　　게임을 조금 수정해 봅시다. 게임 B는 참가자에게 조금 유리하게 조건을 수정했습니다. 승리 시 베팅 금액의 6.5배를 주겠습니다. 하지만 게임 참여에 제한이 생겨서 딱 10회 베팅할 수 있습니다. 자, 게임에 참여하시겠습니까?

게임 B가 확률대로 게임이 진행된다고 가정하고 1회 베팅에 1만 원을 건다면, 1,000회 참여 시 166번 승리해서 1,079만 원의 이익을 얻을 수 있습니다. 1회당 790원의 수익을 꾸준히 남길 수 있는 게임입니다.

그런데 딱 10회 참여할 수 있다는 규정이 있습니다. 이러한 게임에 참여하는 것은 투기에 가깝습니다. 10회 중 2번만 승리해도 이익을 볼 수 있지만, 10회 중 16.6%의 확률 발생이 2번 이상 나온다는 보장이 없습니다. 시행 횟수 제한이 있기 때문에 결과가 승리로 끝날지 패배로 끝날지 계산이 불가능합니다. 확률이 제대로 작동하려면 많은 시행 횟수가 필요합니다.

이것을 '큰 수의 법칙(대수의 법칙)'이라고 합니다. 주사위를 많이 던지면 던질수록 특정 숫자가 나올 확률이 6분의 1에 가까워지는 것을 뜻합니다. 시행 횟수가 적을수록 큰 수의 법칙을 따를 확률이 낮아집니다. 확률에 따른 결과를 기대하려면 충분한 시행 횟수가 보장되어야 합니다.

현명한 투자의 시작은 A와 B 같은 게임의 특성을 파악하고 참여하지 않는 것입니다. 장기적으로 이익을 얻기 위해서는 내가 이해할 수 있는 상품에 투자해야 합니다. 특성을 파악할 수 있는 투자에 접근해 손실보다 이익을 볼 확률을 높여야 합니다.

이해를 돕기 위해 예로 든 가상의 주사위 게임으로 투자와 투기, 도박의 차이를 이해하는 데 도움이 되었기를 바랍니다. 경제적 자유를 얻기 위해서는 현명한 투자자의 마인드로, 투기나 도박이 아닌 성공 확률이 높은 투자를 장기간 실행해야 한다는 점을 잊지 말아야 합니다.

안정적인 수익은
분산 투자에서 온다

이쯤에서 "세상에 이익을 볼 확률이 명확한 투자가 정말 있을까?" 하는 의문이 생길 수 있습니다. 대부분의 투자는 불확실성을 내포하고 있습니다. 하지만 이익 확률을 예측할 수 있는 투자가 아예 없는 것은 아닙니다. 확정 이자를 주는 상품은 이익을 볼 확률이 명확합니다. 은행의 예금이나 적금 상품은 확정 이자를 주는 상품이니 이익을 볼 확률이 100%에 가깝습니다.

만약 은행이 망하면 예금보험공사에서 원금과 이자를 합한 5,000만 원까지 보호해 주지만, 나라가 망하면 또 어떻게 될지 모르니 '100%에 가깝다'라고 표현했습니다. 세상에 완벽한 100%는 없으니 말입니다. 은행 이자가 물가상승률보다 낮은 수익률이라면 얘기는 다르겠지만, 명목수익률로 계산하면 예금과 적금은 확실한 이익을 얻을 수 있는 투자 상품입니다.

하지만 예금과 적금만을 이용해서는 평범한 직장인이 경제적 자유를 얻을 수 없다는 것을 이미 계산을 통해 알고 있으리라 생각합니다. 앞서 'PART 1'에서 소비와 인플레이션, 금융자산과 금융소득, 기대여명을 변수로 넣어서 계산한 결과, 경제적 자유를 위해서는 유의미한 투자 수익률이 동반되어야 한다는 것을 확인했습니다.

명확히 이야기하자면 목표 수익률은 세전 CAGR 8% 정도입니다. 세후로 대략 연 6.77% 정도는 되어야 10년 안에 경제적 자유를 얻을 수 있는 수익률입니다. 본인 월 소득의 64%를 매달 투자하고 CAGR 6.77%를 달성하면 10년 뒤 경제적 자유를 이룰 수 있을 만큼의 금융자산을 얻습니다. 그리고 은퇴 후 그 금융자산으로 소비를 충당할 수 있는 이익을 내기 위해서는 세후 CAGR 6.77%의 수익률을 유지해야 합니다.

이러한 수익률을 얻기 위해 제가 추천하는 방법은 여러 가지 자산군에 분산 투자하는 포트폴리오입니다. 이러한 투자를 '자산 배분 투자 방식'이라고도 합니다. 하나의 특정 자산에만 투자하는 것이 아니라, 여러 자산으로 포트폴리오를 구성해 비율을 조정해 가면서 투자하는 방법입니다.

이 세상에 우리가 투자할 수 있는 자산은 매우 다양합니다. 주식, 채권, 원자재(금, 은, 원유, 구리, 니켈, 코코아, 옥수수, 밀 등), 부동산, 가상자산, 외화 등이 대표적인 투자 자산들입니다. 정확히 어느 자산을, 어떠한 방식으로 투자해야 우리가 목표로 하는 투자 수익률을 안정적으로 얻을 수 있는지 차차 하나씩 알아보겠습니다.

투자 포트폴리오 구성의 기본 전략

　주식투자 격언 중 "매수는 기술이고, 매도는 예술"이라는 말이 있습니다. 누가 만든 말인지 정말 멋진 말입니다. 저는 이런 격언에 빗대어 "투자 상품을 고르는 건 기술이고, 그에 대한 전략은 예술이다"라고 이야기하고 싶습니다. 그만큼 전략이 더 어렵습니다. 자산이 있고 투자처가 도처에 널려 있어도 많은 사람이 쉽게 투자하지 못하는 이유는 뚜렷한 전략이 없기 때문입니다.

　아마 투자 방법을 기대하고 이 책을 펼쳤다면, 엄청 놀라운 기술을 기대했을 수도 있습니다. 기가 막힌 타이밍에 주식을 사는 방법, 기상천외한 방식의 투자 방법 같은 것이 나오리라 생각했을지도 모릅니다. 파생 상품을 활용한 현란한 투자 이야기나, 과거 수익률이 매우 높게 나왔던 전략을 이야기해 줄 수도 있겠지만, 그러한 방법은 평범한 직장인이 추구하는 투자 방식과는 거리가 있습니다. 또한 과거 수익률이 높았던 상품이 미래에도 높은 수익률을 반드시 보장해 주는 것은 아닙니다. 지금부터 직장인에게 적합한 전략을 소개해 보겠습니다.

투동자의
포트폴리오 투자란?

◆

◆   투동자의 목표는 세전 연 8%의 수익률을 장기간 얻되, 거치식 투자가 아닌 10년간의 적립식 투자로 그러한 수익률을 얻는 것입니다. 저는 오랜 시간 고심하며 투동자 포트폴리오 투자 전략을 만들었습니다. 사실 이 방법은 투동자 전략의 마지막 퍼즐 조각이기도 합니다. 안정적인 소득으로 합리적인 소비를 하더라도 현명한 투자를 할 수 없다면 888 시스템을 완성할 수 없습니다. 먹는 것을 줄여가며 이 악물고 어떻게 든 소비 금액을 줄일 수는 있겠지만 투자만큼은 이야기가 다릅니다.

투자는 정해진 것이 없습니다. 미래에 어떤 일이 일어날지 모르고, 시장은 항상 변합니다. 당연히 이 세상에 완벽한 투자 전략이란 없습니다. 하지만 시장 수익률을 좀 더 유리하게 얻으며 우리가 추구하는 목표 수익률에 도달할 확률을 높이는 방법은 있습니다.

안정적인 소득을 바탕으로 최대한 변동성을 억제해 마음 편한 투자를 하는 것, 시장 수익률을 따르면서 비용과 세금을 최소로 해 낮아진 수익률을 끌어올리는 것이라면 가능합니다. 그 방법은 우상향하는 자산 투자와 절세 계좌를 이용한 자산 배분 전략입니다.

이러한 투동자 포트폴리오 전략은 받는 연봉과 투자하는 금액에 상관없이 일정한 기대 수익률과 안정적인 자산 비중을 유지할 수 있

월급 300만 원 직장인의 연 투자금에 따른 기대 CAGR과 자산 비중

연 투자금	기대 CAGR	주식	채권	금	현금	대체투자
500만 원	9.94%	60.1%	-	26.2%	13.6%	-
1,000만 원	9.35%	41.0%	-	30.8%	28.2%	-
1,500만 원	8.03%	30.9%	-	23.2%	45.8%	-
2,000만 원	7.39%	24.9%	9.0%	18.6%	46.5%	-
2,500만 원	7.14%	20.8%	24.0%	15.6%	39.7%	-
3,000만 원	7.03%	21.2%	31.4%	13.4%	34.0%	-
3,500만 원	7.04%	26.0%	32.6%	11.7%	29.7%	-
4,000만 원	7.17%	31.5%	29.7%	10.4%	26.4%	2.1%
4,500만 원	7.22%	32.9%	30.2%	9.3%	23.7%	4.0%
5,000만 원	7.26%	34.0%	30.6%	8.4%	21.5%	5.5%

*3년 투자 기준

PART 3 냉철한 투자자로 행동하기: 어떻게 투자할 것인가

도록 돕습니다. 실수령 월 300만 원 직장인의 연 투자금에 따른 투동자 포트폴리오 기대 CAGR을 구하면 표와 같습니다.

주식, 채권, 금, 현금, 대체투자(가상자산) 등 포트폴리오를 이루는 자산마다 기대되는 시장 수익률이 존재합니다. 제가 추구하는 포트폴리오는 이러한 자산들의 시장 수익률을 바탕으로 포트폴리오를 구성해 변동성을 낮추면서, 절세 계좌를 최대한 활용해 목표 수익률을 얻는 방식입니다.

연 투자액이 적을 때는 기대 수익률이 높았다가 3,000만 원 수준부터 점점 수익률이 낮아지는 것을 볼 수 있습니다. 이는 절세 계좌의 효과가 떨어지는 것과 관련이 있습니다. 투자금이 적을 때는 절세 계좌의 세액공제가 수익률에 큰 영향을 미치다가, 투자금이 높아질수록 그 영향력이 작아지는 것입니다. 그래서 투자금이 높아질수록 수익률을 올리기 위해 주식투자, 대체투자 비중을 서서히 올리는 구조입니다. 그렇게 변경해도 주식 비중은 전체 금액의 50% 밑으로 크게 높아지지 않습니다.

오히려 투자 금액이 적을 때 주식 비중이 높은 이유는 투자 금액에 따라 수익률을 조정하고, 리스크 노출도를 달리하기 위해서입니다. 투자금이 높아지면 잃을 게 많아집니다. 그럴 땐 자산을 잘 지키는 게 우선입니다. 반면 투자금이 적을 때는 잃을 것 또한 적습니다. 그럴 때는 공격적으로 투자해서 되도록 많은 이익을 얻으려 노력해야 합니다. 손실 구간이라고 하더라도 상대적으로 적은 금액일 테니 노동 수입으로 쉽게 평단가를 낮출 수 있기 때문입니다.

연 3,000만 원을 투자했을 때 기대되는 수익률은 세후 연 7.03%입니다. 만약 맞벌이 부부가 1,500만 원씩 쪼개서 투자할 수 있다면, 수익률을 8.03% 선까지 끌어올릴 수 있습니다. 합리적 소비 부분뿐만 아니라 현명한 투자 영역에서도 맞벌이 부부는 수익률을 유리하게 가져간다는 이점이 있습니다.

투자뿐 아니라 노동 수익에서도 연봉 8,000만 원을 받는 한 사람의 실수령액보다, 각각 연봉 4,000만 원을 받는 두 사람의 실수령액이 더 큽니다. 세금 구간이 있기 때문입니다. 이처럼 마음이 맞는 사람과 팀을 이룬다면 경제적 자유를 얻기에 더 수월할 것입니다. 투자할 때도 세액공제를 고려해서 나눠 투자하는 것을 추천합니다.

투동자 포트폴리오에서 중요하게 생각할 점은 시장 상황에 상관없이 꾸준하게 목표 CAGR을 확정적으로 달성할 수 있게 노력하는 것입니다. 투동자 포트폴리오는 제가 제시하는 하나의 방법일 뿐입니다. 이 방법 말고도 목표 수익률을 달성할 방법은 많을 것입니다. 저도 모르는 더 쉽고 간단한 방법이 존재할 수 있고, 미래에는 절세 계좌의 혜택이 확대되거나 혹은 축소될 수도 있습니다. 또한 포트폴리오를 채우기에 더 좋은 상품이 나올 수도 있을 것입니다. 그러니 한 가지에만 매몰되지 말고 투자 전략의 본질과 방법을 먼저 이해하기를 바랍니다. 꾸준히 연구하고 실행한다면 경제적 자유라는 목표에 자연스럽게 다가갈 수 있을 것입니다.

포트폴리오 구성 전 알아야 할 용어

투동자 포트폴리오 투자법에 대해 구체적으로 알아보기 전에 꼭 알아야 할 투자 용어를 설명하겠습니다. 전략의 원리를 이해하기 위해서 알아야 하는 용어이니 꼭 숙지하기를 바랍니다.

리밸런싱

◆

◆ 리밸런싱Rebalancing이란 운용 중인 포트폴리오 구성 종목의 비율을 재조정하는 것을 의미합니다. 주식, 채권, 금, 현금 네 가지 종목에 투자금의 25%씩 투자하는 전략을

실행한다고 가정합시다. 첫 시작은 1,000만 원으로 각 종목당 250만 원씩 매수할 것입니다. 정확히 25%씩 분배했지만 시간이 지나면서 매수한 종목의 평가 가치가 필연적으로 변합니다. 이때 특정 시점에 각 종목의 투자 비율을 25%씩 다시 재조정하는 것을 리밸런싱이라고 합니다.

리밸런싱 방법은 평가 가치가 오른 종목의 상승분을 매도하고, 평가 가치가 하락한 종목이 전체 자산의 25%가 될 수 있게 추가 매수해 비율을 맞추는 것입니다. 리밸런싱 시점은 전략에 따라 매월, 분기, 연간 등 특정 기간을 다르게 해 실행하기도 합니다. 혹은 각 비중이 일정 범위 이상 틀어졌을 때를 실행 시점으로 잡을 수도 있습니다.

물론 수익률에 큰 차이가 없다면 리밸런싱 기간은 길수록, 횟수는 적을수록 좋습니다. 왜냐하면 자산의 매수/매도 회전율이 높을수록 증권사에 지불해야 하는 수수료가 많아지기 때문입니다. 그리고 매수/매도를 주문하는 동안 시장 가격 변동으로 인해 손실을 보는 슬리피지Slippage가 생길 수 있기 때문에 매수/매도 회전율은 낮을수록 좋습니다.

리밸런싱을 하는 가장 큰 이유는 이러한 방법이 투자 수익률에 긍정적인 역할을 해서입니다. 보통 자산 배분 투자를 할 때 각 종목의 상관관계가 최대한 낮은 자산들로 구성합니다. 상관관계가 음수에 가까운 자산들로 구성한다는 건 자산 가격의 움직임이 서로 반대로 움직인다는 뜻입니다.

만약 포트폴리오에 구성된 2개의 자산이 서로 다른 방향으로 움직이면서 우상향한다면 다음 그래프와 같이 표현할 수 있습니다. 빨간색과 파란색 자산은 우상향하지만, 상승과 하락을 반복하면서 움직입니다. 이러한 변동 속에서 특정 리밸런싱 기간을 지정하고 실행하는 것입니다.

포트폴리오 자산의 구성 비율이 틀어졌을 때 높은 이익이 나고 있는 자산을 매도하고 목표 비율보다 낮은 자산을 추가 매수할 수 있다면, 매수 후 보유할 때보다 높은 이익률을 얻을 수 있습니다. 전략에 따라서 적절한 실행 시점을 찾아야겠지만, 대체로 리밸런싱은 고가 매도, 저가 매수 효과를 볼 수 있는 좋은 방법입니다.

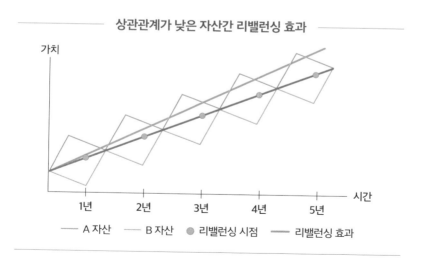

상관관계가 낮은 자산간 리밸런싱 효과

MDD

◆

◆   MDD^{Maximum DrowDown}는 최대
낙폭을 의미하며, 자산의 가격 가치가 이전 최고점에서 최저점까지
얼마나 하락했는가를 나타내는 용어입니다. 어떠한 전략을 실행했
을 때, 최대 하락률이 몇 %인가는 투자 유지에 중요한 부분입니다.
MDD가 높은 전략이라면 투자자의 심리에 좋지 않기 때문입니다.
MDD가 50%라면 해당 전략은 최고점에서 최저점까지 50%의 손실
을 보여줬다는 것을 뜻합니다. 아무리 우상향하는 자산이라 하더라
도 투자금이 반토막 나는 계좌를 보고 있자면 심리적으로 매우 불안
할 수 있습니다.

참고로 코스피, 코스닥, S&P500 같은 지수들을 매수 후 보유하는
전략을 썼다면 지난 40년간 MDD는 대략 50~60% 정도 됩니다. 물론
어느 시점에 매수하는지에 따라 이런 MDD는 달라질 수 있지만, 주가
지수의 변동성으로만 봤을 때, MDD는 결코 낮은 편이 아닙니다.

그래서 전략을 짤 때는 이러한 MDD를 낮추기 위해 노력해야 합니
다. MDD를 낮추는 방법으로는 상관관계가 낮은 여러 가지 자산을 포
트폴리오에 구성하고, 투자 기간을 분산하며, 정기적으로 리밸런싱하
는 것입니다. 애초에 전략을 구성할 때 이러한 점을 모두 고려한다면
심리적으로 안정적인 투자를 이어 나갈 수 있습니다.

ETF

◆

◆ 　　　　　많은 주식투자 전략들은 앞으로 상승할 특정 종목 하나를 선택하는 방식을 취합니다. 반도체가 유망하다, AI가 유망하다, 비트코인은 10억 원까지 간다는 등 여러 '카더라' 속에서 자신이 선택한 종목이 상승하기를 기도합니다. 이러한 투자 방식은 예상이 맞으면 높은 이익을 얻을 수 있지만, 빗나간다면 큰 손실을 볼 수도 있는 변동성과 리스크가 큰 투자 방식입니다.

　반면 자산군으로 포트폴리오를 구성하는 방식인 자산 배분 투자는 특정 자산군을 하나의 '종목'으로 취급합니다. 장기적으로 우상향할 수 있는 자산군(주식, 채권, 금, 부동산 등)을 포트폴리오에 편입해 비교적 예측 가능한 수익을 노리는 것입니다. 단일 종목 투자보다 상대적으로 변동성과 리스크가 작은 투자 방식입니다.

　오로지 주식이라는 자산군에 투자하고 싶어서 모든 주식을 매수해야 한다면, 물리적으로 한계가 있습니다. 한국 증권시장에 상장 되어 있는 종목만 따져도 2,800여 개이고, 미국은 5,500여 개입니다. 전 세계의 모든 종목을 다 더하면 수만 개가 됩니다. 모든 주식을 매수하고 운용하는 건 불가능에 가깝다는 뜻입니다. 이러한 불편을 해소하기 위해 ETF^{Exchange Traded Fund} 즉, 상장지수펀드를 이용합니다.

　ETF에 펀드라는 단어가 있어서 흔히 알고 있는 일반적인 펀드 상품으로 오해하기도 합니다만, 우리가 일반적으로 알고 있는 펀드와는 그 성격이 매우 다릅니다. 일반적인 펀드는 대부분 펀드 매니저가 직접 운용하고, 투자자는 돈만 투자하는 간접투자 방식입니다. 이를 액티브형이라고 이야기합니다.

반면 ETF는 특정 지수, 자산 가격의 수익률과 변동성이 연계되도록 만들어진 집합투자 증권입니다. 단순히 '바구니'라고 생각하면 이해하기 쉽습니다. 바구니에 시장 종목의 전체 혹은 섹터별로 담아놓고, 구성 종목 간 수익률이 연동되게 하나의 상품으로 판매하는 것입니다. 이러한 방식을 패시브형이라고 이야기합니다. 펀드에도 패시브형이 있고 ETF도 액티브형이 존재하지만 아직 펀드는 액티브형, ETF는 패시브형이 절대적으로 많습니다. ETF도 펀드이기는 하나, 주식처럼 거래소에서 실시간으로 매매할 수 있다는 점 역시 일반 펀드와 대비되는 큰 차이입니다.

과거에는 많은 사람이 증권사의 펀드를 매수해서 높은 수수료를 내고 운용을 맡겼지만, 현재는 ETF 상품으로 직접 운용하며 그 규모는 점점 늘어나는 추세입니다. 2024년 9월 기준으로 국내 ETF 시장의 운용자산 규모는 160조 원을 넘었습니다.

이처럼 ETF의 인기가 뜨거운 이유는 기존 펀드 상품과 비교해 장점이 많아서입니다. 증권사의 일반 펀드는 매수/매도 시 1~3일가량 시간이 걸립니다. 실시간 시세에 사고팔기가 어렵다는 뜻입니다. 그리고 대부분 펀드 매니저가 운용하기 때문에 자산간 비율을 스스로 정해서 원하는 전략을 구사하기 힘들고 패시브 대비 수수료가 높다는 단점이 있습니다.

　반면 ETF는 주식처럼 거래할 수 있어서, 매수/매도가 용이하고, 본인이 선택한 바구니에 따라 전략을 구사하기 수월합니다. 운용 수수료 또한 일반 펀드에 비해 매우 저렴해서 투자 수익률 측면에서도 유리합니다. 투동자 포트폴리오도 이러한 ETF를 적극적으로 활용해 투자합니다.

CHAPTER 2

투동자 포트폴리오
실전 투자법

파킹통장의
올바른 사용 전략

안전자산과
위험자산

◆

◆　　　　　　　　　　　　이제 본격적으로 실전 투자를 이
야기해 보려 합니다. 우리가 투자할 자산은 '안전자산'과 '위험자산'
으로 나눌 수 있습니다. 대표되는 안전자산은 채권, 금, 현금이 되겠
고, 위험자산은 주식, 가상자산으로 예를 들 수 있습니다. 1971년 금
본위제가 폐지된 후 금을 안전자산으로 볼 것인지에 대해서는 의견
이 분분합니다. 하지만 IT 버블 붕괴(2002년), 금융위기(2008년) 등 증
시가 크게 하락할 때 금의 수요가 상승하는 걸 보면 주식과 금은 음

의 상관관계에 있습니다. 이러한 이유로 금융권은 금을 일단 안전자산으로 분류하고 있습니다. 하지만 주식계좌에서 금이라는 투자 상품은 위험자산으로 분류됩니다. 개인형 퇴직연금IRP, Individual Retirement Pension에서 위험자산으로 분류되어 70% 한도로 투자할 수 있으니 말입니다.

주식과 같은 위험자산은 높은 수익률을 목표로 하며 높은 리스크를 감당해야 합니다. 여기서 리스크는 손실을 볼 수 있는 확률, 자산 가치의 변동성을 의미합니다. 이와 반대로 안전자산은 수익률은 비교적 낮지만 변동성이 상대적으로 낮고 손실을 볼 확률도 매우 낮습니다. 자산별 특성이 있기 때문에 수익률이 낮다고 해서 전혀 쓸모없는 투자 자산으로 치부해서는 안 됩니다. 안전자산은 변동성이 낮고, 확정 수익 예측이 가능하기 때문에 자금의 유동성 확보를 위해 포트폴리오 구성에 꼭 필요한 상품입니다.

아무리 자산을 배분해서 투자하더라도 우리에게 펼쳐질 미래가 계획대로 착착 진행된다는 보장은 없습니다. 누군가는 투자 도중 불의의 사고를 당할 수도 있고 누군가는 직장을 잃을 수도 있습니다. 만약 모든 자산을 주식, 가상자산 같은 위험자산에 몽땅 투자한다면 뜻하지 않은 상황이 발생했을 때 대처하기가 쉽지 않을 것입니다. 포트폴리오상 많은 수익을 낸다면 다행이지만, 만약 손실을 보고 있다면 매도를 통해 손실을 확정 짓는 불상사를 겪을 수 있습니다.

파킹통장은
무엇일까?

◆

◆   지금부터 투자를 시작하겠다고 마음먹었다면, 가장 먼저 만들어야 할 계좌는 파킹통장입니다. 파킹통장은 대부분 저축은행에서 발행하는 요구불예금 상품입니다.

파킹통장 개념

요구불예금이란 예금자가 출금을 요청했을 때 언제든 묻지도 따지지도 않고 찾을 수 있는 예금을 의미합니다. 비슷한 뜻인 '수시입출금'이 더 가깝게 느껴질 수도 있습니다. 일단 첫 번째 스텝은 내가 가지고 있는 현금 자산을 파킹통장에 모두 보관하는 것입니다.

파킹통장은 KB국민은행, 하나은행, 우리은행, 신한은행 같은 1금융권의 수시입출금 통장과 기능은 같지만, 훨씬 더 많은 이자를 주는 통장이라고 생각하면 됩니다. 1금융권의 수시입출금 통장은 대략 1년 이자가 0.1%에 가깝습니다. 하지만 파킹통장은 1년에 3.4% 정도의 이자를 줍니다(2025년 1월 초 기준). 무려 30배 이상의 높은 이자를 주는 것입니다. 파킹통장 대부분은 저축은행의 상품이었지만, 최근에는 1금융권도 기간 이벤트성으로 파킹통장을 발행합니다.

물론 이 금리는 현재를 기준으로 기술되었으며, 만약 앞으로 시장금리가 떨어진다면 파킹통장의 금리도 떨어진다고 예상할 수 있습니다. 금리를 추적해 보면, 대략 양도성예금증서^{CD, Certificate of Deposit}의 91일물 혹은 3년 국채 수익률과 비슷한 금리로 파킹통장의 이율이 책정됩니다.

CMA와의 차이점: 예금자보호

과거에는 파킹통장과 같은 상품이 없었기 때문에 증권사의 CMA^{Cash Management Account}를 많이 이용했습니다. CMA는 크게 RP형과 발행어음형으로 나뉘는데, RP(환매조건부채권) 혹은 발행어음을 자동 매수/매도를 해주는 계좌라고 이해하면 됩니다. RP형은 국공채, 우량 등급 회사의 채권을 매수하기 때문에 위험도가 매우 낮습니다. CMA 계좌에 돈을 넣으면 자동으로 매일 위험도가 낮은 상품을 사고팔면서 이자를 얻는 것입니다.

CMA와 파킹통장의 차이는 예금자보호제도에 있습니다. 종합금융사의 CMA를 제외하고 모든 증권사의 CMA는 예치된 돈으로 우량 채권에 투자하는 상품이기 때문에 원금 보장을 해주지 않습니다. 그리고 만약 증권사가 망하거나 투자한 채권을 발행한 회사가 망하면 손실을 볼 수 있는 구조입니다. 물론 그렇게 될 가능성은 매우 희박하지만 말입니다.

하지만 파킹통장은 은행 상품이기 때문에 예금자보호가 가능합니다. 비록 저축은행의 파킹통장이라 해도 각 은행의 원금과 이자를 포함해 5,000만 원까지 예금보험공사에서 금액을 보장해 줍니다. 여기서 포인트는 은행마다 5,000만 원씩 보장해 준다는 것입니다.

예를 들어 ○○ 은행 A 지점에 5,000만 원, B 지점에 5,000만 원 있다면 지점은 다르지만 같은 은행이기 때문에 예금자보호가 5,000만 원까지만 됩니다. 하지만 C 저축은행 5,000만 원, D 저축은행에 5,000만 원이 있다면 예금자보호제도로 1억 원 전부 예금자보호를 받을 수 있습니다. 그래서 단기적인 자금이 5,000만 원 이상 된다면 혹시 모를 상황을 대비해서 예금자보호 한도 금액 내로 은행사를 나눠 넣는 것이 현명합니다. 이러한 예금자보호는 2001년 5,000만 원 한도로 지정된 이후 20여 년간 변화가 없었습니다. 하지만 2025년 내 1억 원 상향을 앞두고 있습니다.

만약 저축은행이 망한다고 하더라도 사실상 원금을 못 돌려받을 걱정은 하지 않아도 됩니다. 대한민국 금융 역사상 예금 5,000만 원 이하의 원금을 손해 본 사람은 아무도 없기 때문입니다. 다만 원금을 돌려받는 데 시간이 걸릴 뿐입니다. 현재 예금보험공사에서는 뱅크런 발생 시 1주일 내 보장 금액 지급을 목표로 하고 있습니다.

예금과의 차이점: 유동성과 이자 정산

파킹통장은 매일 이자가 붙는다는 카피로 홍보를 많이 하는데, 사실 모든 은행권의 상품은 매일 이자가 붙습니다. 예금과 적금 같은 은행 상품도 계좌에 돈이 들어 있다면, 계약한 이율에 따라 매일 이자가 붙습니다. 다만 계약상 이자 정산일과 지급일이 달라서 파킹통장과 예금으로 나뉩니다.

대부분 예금 이자율은 파킹통장 이자율보다 높습니다. 그렇다면 왜 파킹통장에 가입하는 걸까요? 바로 유동성 때문입니다. 예금은 가입하고 1년 후 만기가 되어야 온전한 이자를 받을 수 있고, 중도에 해지하면 중도 해지 이자율을 따릅니다. 계약 기간을 채우지 못하면 이자가 거의 없거나 약정 이자보다 크게 적은 이자를 받게 됩니다.

하지만 파킹통장에 넣어두면 매일 이자를 정산받을 수 있습니다. 은행 상품마다 차등이 있지만 대부분 한 달에 한 번 이자를 지급하는데, 이자 지급일만 한 달일 뿐 이자 정산은 매일 이루어집니다. 예를 들어 1월 1일 1,000만 원을 넣어놓고 1월 2일 모든 돈을 출금했다면, 1월 1일 발생한 하루치 이자를 다음 이자 지급일에 받을 수 있습니다. 요구불예금이기 때문에 중도 해지 페널티가 없다는 특징이 있습니다.

여기서 하루의 개념은 매일 자정이라고 생각하면 됩니다. 은행은 매일 자정에 전산을 정리하는데, 이때 계좌에 들어 있는 돈을 기준으로 이자를 산출합니다. 보통 정산 시간은 23:50~00:20 사이입니다. 극단적으로 생각하면 30분 만에 하루치 이자를 챙길 수도 있습니다. 그래서 낮에는 여기저기 돈이 흩어져 있더라도, 밤이 되면 파킹통장에 돈을 모아놓고 전산 정산 시간에 이자가 발생할 수 있게 해두는 것이 좋습니다.

파킹통장 이자 계산 공식

$$세후\ 이자 = \frac{(원금 \times 약정이율)}{365 \times (1-15.4\%)}$$

파킹통장의 이자 계산에서 15.4%는 이자소득세입니다. 만약 약정이율 3%인 파킹통장에 1,000만 원을 넣어놓으면 695원 정도의 세후 이자가 매일 붙습니다. 1억 원을 넣어두면 세후 약 6,950원이 매일 생기는 셈입니다.

파킹통장 운용 전략

저는 파킹통장에 전체 자산의 10% 정도만 넣어두고 나머지는 모두 투자에 운용합니다. 큰돈을 파킹통장에 넣어두는 건 특별한 사유가 있지 않은 이상 추천하는 운용 방식이 아닙니다. 안전자산과 위험자산의 균형으로 수익률을 극대화해야 하기 때문입니다.

하지만 시작 단계라면 파킹통장 비중이 높아도 좋습니다. 보통 목돈이 파킹통장에 머무르기보다 앞으로 이야기할 투자 상품에 넣는 것을 추천하지만, 포트폴리오를 구성하기 전 생각할 시간도 필요할 테니까요. 그럴 땐 파킹통장에 잠시 넣어두는 경우도 필요합니다. 그래서 'PARKING' 통장인 것입니다. 돈을 잠시 주차한다는 생각을 가져야 합니다.

파킹통장을 가장 올바르게 사용하는 방법은 한 달 사용할 생활비를 넣어놓는 것입니다. 그리고 집에 하나씩 있는 돼지저금통을 과감하게 깨서 파킹통장에 모조리 넣는 것입니다. 실물 현금은 시간이 지날수록 그 가치가 줄어들게 된다는 것을 앞서 이야기했습니다. 실물 현금을 파킹통장에 넣어두면 훨씬 이득이 됩니다. 한 마디로 나의 모든 자산이 하루도 쉬지 않고 돈을 열심히 벌어오게 만들어야 합니다. 파킹통장마다 이율이 천차만별이라 만약 어떤 파킹통장에 투자해야 하는지 알고 싶다면, '투동자연구소' 유튜브를 방문하면 됩니다. 저는 한 달에 한 번씩 '추천 파킹통장 TOP 5'를 정리해서 알리고 있습니다.

가장 유리한 증권사를 찾는 방법

투동자 포트폴리오는 주식, 채권, 금, 예금 상품, 가상자산을 이용한 투자로 딱 네 가지만 중요하게 생각합니다. 증권사, 투자 계좌, 투자 상품, 투자 방식입니다. 네 가지에서 고려해야 할 부분은 투자 수익률과 직결됩니다. 이제 이 부분을 살펴보겠습니다.

수수료 절감 혜택 증권사를 선택하자

◆

◆
　　　　　　　　　　가장 먼저 증권사에 관한 이야기

입니다. 투동자 포트폴리오에서 운용하는 계좌는 총 9개입니다. 연금 저축펀드 2개, IRP, ISA, DC, 일반위탁관리 2개, 저율과세 예적금, 가상자산 이렇게 총 일곱 가지 종류의 9개 계좌를 사용합니다. 정확한 계좌의 사용 방법이나 매수 종목, 세부적인 전략은 차차 설명하도록 하고 어떤 증권사를 선택할 것인지부터 이야기해 보겠습니다.

일단 제가 사용하는 증권사는 한국투자증권, 미래에셋증권, 메리츠증권, 신한증권 이렇게 4개의 증권사입니다. 그리고 신협 계좌와 업비트에서 가상자산 계좌를 만들어서 운용합니다. 현재 목돈이 없어서 거치식 투자를 병행할 수 없는 상황이라면, 전략 구조상 가상자산 투자는 특정 금액 이상 금융자산을 굴릴 때까지 실행하지 않아도 됩니다. 그러니 증권사 계좌 먼저 집중하기를 바랍니다. 증권사를 포함해 만들어야 하는 계좌는 다음과 같습니다.

1. 한국투자증권 - 연금저축펀드 계좌 A, IRP 계좌, ISA 계좌, DC 계좌
2. 미래에셋증권 - 연금저축펀드 계좌 B
3. 메리츠증권 - 일반 위탁관리 계좌 A(해외 주식용)
4. 신한증권 - 일반 위탁관리 계좌 B(국내 주식용)
5. 신협 - 저율과세 예적금 계좌
6. 업비트, 빗썸 - 가상자산 계좌

이렇게 구성하는 이유는 해당 계좌에서 매수하는 투자 상품의 수

수료와 연관 있습니다. ISA 계좌로는 회사채에만 투자하는데, ISA 계좌에서 장내 채권 투자 시 가장 저렴한 수수료를 내는 곳이 한국투자증권입니다. 메리츠증권, 신한증권을 일반 계좌로 선택하는 것도 해당 증권사에서 매수할 상품의 수수료 때문입니다.

만약 수수료가 변동한다면 증권사 선택 또한 달라질 수 있습니다. 이 책을 읽고 있는 평범한 직장인들은 본업에 상당히 바쁠 테니, 제가 사용 중인 증권사를 정리했을 뿐입니다. 계좌를 만드는 시점에 수수료가 저렴한 곳 혹은 증권 수수료 할인 이벤트를 하는 곳을 찾아 가입하는 것이 가장 좋은 선택이 될 것입니다. 기억해야 할 건, 시장과 상품은 계속 변할 수 있다는 점과 이 책이 출간되는 순간 과거의 자료가 된다는 점입니다. 여건이 된다면 이렇게 정리한 내용을 응용해 투자 시점 최선의 증권사를 선택하기를 바랍니다.

IRP 계좌와 DC 계좌를 운용하면 운용 관리 수수료를 매년 지불해야 하는데, IRP 계좌는 한국투자증권 비대면 가입을 이용하면 수수료가 면제입니다. 한국투자증권에서 운용하는 DC 계좌는 가입자 부담금 역시 수수료 면제입니다(2024년 12월 1일 기준). 보통은 0.1%의 수수료를 받는 곳이 많습니다.

하지만 DC 계좌는 회사에서 협약을 맺은 곳에서 관리하며, 중소기업 같은 경우 옮기기 까다로울 수도 있습니다. 그러한 경우에는 그냥 사용해도 됩니다. DC 계좌에 추가 납입하지 않고 IRP 계좌를 이용할 것이기 때문입니다. 하지만 IRP, ISA, 연금저축펀드 같은 경우에는 증권 수수료 평생 무료 이벤트를 하는 증권사를 선택하기를 바랍니다.

주식 거래 비용: 수수료와 세금

◆

◆   주식투자를 하면서 어떤 수수료를 얼마만큼 내야 하는지 모르고 투자하는 사람들이 의외로 많습니다. 수수료를 한번 정리해 보겠습니다. 주식 매매할 때 소요되는 비용은 크게 수수료와 세금으로 나눌 수 있습니다. 수수료는 주식을 매매, 관리하는 기관에 내는 비용이고 세금은 나라에 납부하는 비용입니다.

> **수수료**: 1. 증권사 수수료(위탁매매 수수료), 2. 유관기관 수수료, 3. 운용 수수료
>
> **세금**: 4. 증권거래세, 5. 매매차익에 따른 양도소득세 or 배당소득세, 6. 배당에 따른 배당소득세

총 여섯 가지 비용을 표로 정리해 보면 다음과 같습니다.

HTS, MTS를 이용한 온라인 거래를 기준으로 정리한 수수료와 세금입니다. 세부적으로 HTS, MTS 이용에 따라 증권사 매매 수수료가 다를 수 있는데, 이는 이벤트를 잘 이용해서 평생 무료 계좌를 개설하

2024년 11월 기준		국내 주식		국내 기타 ETF	해외 주식	
		개별 종목	국내 ETF	국내 상장 해외 ETF	해외 주식	해외 ETF
종목 예시		삼성전자	KODEX 200	ACE KRX금현물 / TIGER 미국 S&P500	APPLE	SPY
수수료 (매수/매도)	1. 증권사 수수료	증권사별 상이, 최저 0.014% (이벤트 이용 시 평생 무료)			대부분 0.25% (이벤트를 이용하면 첫 달 무료& 평생 0.07%)	
	2. 유관기관 제비용	증권사별 상이 (신한: 0.0036396%)	증권사별 상이 (신한: 0.0042087%)			
	3. 운용 보수		상품별 상이			상품별 상이
세금	4. 증권 거래세 (매도시)	코스피 0.18% (농특세 포함) 코스닥 0.18% 코넥스 0.10% K-OTC 0.18% 비상장, 장외 거래 0.35%			SEC Fee: 매도금액 × 0.00080% * 제비용 USD0.001 미만일 경우 USD0.001 부과 * SEC Fee는 수시 로 변동될 수 있음	
	5. 매매 차익 — 양도소득세	* 대주주만 부과 과세표준 3억 원 이하: 22% 과세표준 3억 원 초과: 27.5% (지방소득세 포함)			연 250만 원 까지 비과세 후 양 도소득세 22% 세율 (분류과세라 금융소득종합과세 포함 안 됨)	
	5. 매매 차익 — 배당소득세		Min(분배금 또 는 매매차익과 과표 기준가 증 가분) × 15.4%			
	6. 배당금 — 배당소득세	배당소득세 15.4%			현지 원천징수 국내 배당세율보다 낮은 세율로 해외 원천징수된 경우 추가로 원화 세금이 발생 (미국 15%)	

* 2024년 하반기 기준

는 것을 추천합니다.

국내 주식 종목과 국내 ETF, 국내 기타 ETF, 국내 상장 해외 ETF, 해외 주식 종목, 해외 ETF에 따라 매매차익과 배당에 따른 세금이 다른 것을 볼 수 있습니다. 특히 국내 주식 매매차익은 대주주만 아니라면 사실상 비과세입니다. 만약 매매차익을 노리는 전략을 실행한다면, 연금 계좌와 같은 절세 계좌 이용은 불필요한 선택일 수 있습니다.

어떤 계좌를 만들 것인가

투동자 포트폴리오에서는 총 일곱 가지 종류의 9개 계좌를 이용한다고 이야기했습니다. 연금저축펀드 계좌 2개, IRP 계좌, ISA 계좌, DC 계좌, 일반위탁관리 계좌 2개, 저율과세 계좌, 가상자산 계좌입니다. 이 계좌에서 투자할 자산은 1) 국내 상장 해외 ETF 2) 해외 ETF 3) 국내 개별 주식 4) 가상자산 5) 회사채 6) 금 7) 예금 8) CD금리 추종 ETF 총 여덟 가지입니다. 1)~4)는 위험자산이고, 5)~8)은 안전자산입니다.

이 상품들은 매수 순서가 곧 전략입니다. 투자 자산을 담을 계좌와 상품을 묶어 매수 순서를 표로 만들면 다음과 같습니다. 지금부터 계좌의 특성을 하나하나 살펴보겠습니다.

투동자 포트폴리오 계좌 정리

순서	증권사	개설 계좌	포트폴리오 종목
1	한국투자증권	연금저축펀드 A	국내 상장 해외 ETF
2	한국투자증권	IRP(개인퇴직연금) 계좌	금현물 ETF, CD금리 추종 ETF
3	신협	저율과세 계좌	예금, 적금
4	한국투자증권	ISA(개인종합자산 관리) 계좌	회사 채권
5	미래에셋증권	연금저축펀드 B	국내 상장 해외 ETF
6	한국투자증권	DC(확정기여형 퇴직연금) 계좌	금현물 ETF, CD금리 추종 ETF
7	메리츠증권	일반위탁관리 계좌 A	해외 ETF
8	신한증권	일반위탁관리 계좌 B	국내 개별 주식
9	업비트, 빗썸	가상자산 계좌	가상자산

연금저축펀드 계좌

◆

◆   연금저축펀드 계좌는 연금저축펀
드, 연금저축보험, 연금저축신탁 세 가지가 있습니다. 각각 증권사, 보
험사, 은행에서 만들 수 있는 계좌입니다. 이 중에서 우리가 만들 계
좌는 증권사에서 만들 수 있는 연금저축펀드 계좌입니다. IRP 계좌는
소득이 있는 사람만 가입이 가능하지만, 연금저축펀드는 만 18세 이

상 대한민국 사람이라면 누구나 가입이 가능합니다.

연금저축펀드 계좌에서는 신탁이나 보험사의 상품처럼 예금 상품에 가입할 수 없지만, 주식이나 ETF에 투자할 수 있습니다. 연금저축펀드는 크게 네 가지의 장점이 있는데 세액공제, 과세이연, 저율과세, 손익통산입니다.

세액공제

직장인은 월급을 받을 때 소위 4대 보험과 소득세(지방소득세 포함)를 제외하고 받습니다. 만약 회사에서 연봉 4,000만 원을 받기로 계약했다면, 월급은 4,000만 원을 12로 나눈 금액에서 국민연금, 건강보험, 장기요양보험, 고용보험, 소득세, 지방소득세(소득세의 10%)를 매월 제외하고 받습니다.

이때 납부한 소득세를 '기납부세액'이라고 부릅니다. 원래 소득세는 1년 정산을 해서 나중에 내야 하는 과목인데, 직장인에게는 미리 세금을 걷습니다. 한 해가 끝난 뒤 연말정산을 통해 세액을 산출해 기납부세액이 결정 세액보다 많으면 그만큼을 돌려줍니다. 결국 결정세액을 0으로 만들면 '기납부세액'을 모두 돌려받을 수 있습니다.

연말정산에서 중요한 개념은 소득공제, 세액공제입니다. 소득세의 산출 근거인 "얼마를 벌었는가?"에 맞춰 번 돈의 양을 공제받는 것이 소득공제이고, 산출된 결정세액 자체를 공제받는 것이 세액공제입니다. 일반적인 투동자 기준 실수령 300만 원 정도의 직장인은 소득공제보다 세액공제를 많이 받아야 세금 환급에 유리합니다.

연금저축펀드 계좌를 이용해 투자하면 세액공제를 받을 수 있는데, 1년간 납입한 금액의 600만 원까지 세액공제를 받습니다. 연봉에 따른 차이가 있어 이 또한 살펴봐야 합니다. 5,500만 원 이하라면 15%(최대 90만 원), 5,500만 원 초과라면 12%(최대 72만 원)의 세액공제 혜택을 받습니다. 이는 최종적으로 지방소득세 환급(10%)까지 적용되어 16.5%(99만 원), 13.2%(79.2만 원)의 세액공제 효과를 얻게 됩니다.

대략 연봉 4,000만 원 직장인이 기본적인 소득공제, 세액공제를 적용받으면 1년간 내야 하는 결정 세액은 약 158만 원입니다. 그리고 월급 때마다 소득세로 약 8만 4,620원을 자동으로 납부합니다. 소득세 12개월분을 미리 냈으니까, 8만 4,620원×12＝101만 5,000원 정도의 세금은 미리 낸 것입니다. 이런 상황이라면 연말정산 때 소득세 56만 4,000원, 지방소득세 5만 6,000원을 더해서 약 62만 원의 세금을 더 납부해야 합니다. 남들은 13월의 월급이라고 하는데 세금을 더 내려면 속이 쓰립니다. 이럴 때 연금저축 계좌는 큰 도움이 됩니다.

연금저축펀드 계좌에 연 600만 원을 투자했다면, 세액공제 90만 원을 적용받아 62만 원의 세금을 내지 않고 오히려 소득세 환급금으로 33만 5,000원＋3만 5,000원(지방소득세 환급)＝약 37만 원을 돌려받을 수 있습니다. 뒤에서 설명하겠지만 만약 여기서 더 많이 돌려받고 싶으면, IRP 계좌에도 투자하면 됩니다. 연금저축펀드 계좌와 IRP 계좌를 이용해서 연 900만 원 투자하면, 최대 148만 5,000원까지 기납부세액을 돌려받을 수 있습니다.

여기서 투자라는 단어를 쓰고 있어서 연금저축펀드 계좌에서 꼭 주식과 같은 상품을 매수해야 한다고 오해할 수 있습니다. 그렇지 않습니다. 아무런 투자를 하지 않고 계좌에 돈만 넣어놓아도 세액공제는 가능합니다. 하지만 그렇게 하면 돈을 놀게 하는 꼴이 되니, 많은 사람이 파킹통장과 비슷한 성격을 지닌 CD금리를 추종하는 ETF를 많이 매수합니다.

과세이연, 저율과세

연금저축펀드는 세액공제라는 강력한 장점이 있지만, 세액공제 혜택을 받은 원금과 운용수익을 중도 인출하려면 16.5%의 기타소득세를 납부해야 합니다. 계좌의 목적 자체가 개인의 연금 활용이니, 연금으로 받지 않으려면 받은 세액공제 혜택을 돌려줘야 하는 것입니다.

하지만 세액공제 적용을 받지 않은 원금이라면, 중도 인출을 해도 세금은 없습니다. 그리고 사망, 해외 이주, 3개월 이상의 요양, 개인파산, 개인회생, 천재지변 등의 특별 사유가 있다면, 중도 인출을 하더라도 3.3~5.5%의 연금소득세를 적용합니다. 연금저축펀드의 이득을 보려면 이러한 특성을 잘 알고 사용해야 합니다.

연금저축펀드를 가장 잘 이용하는 방법은 연금 개시까지 잘 보존하는 것입니다. 연금저축펀드와 같은 절세계좌에서는 ETF 매매차익과 분배금을 받을 때 배당소득세(15.4%)를 납부하지 않습니다. (ETF의 배당을 분배금이라고 합니다.) 배당소득세를 내지 않고 받을 수 있어서 과세이연의 장점이 있다고 말합니다. 미리 납부해야 할 세금을 내지 않고, 재투자할 수 있는 이점이 생기는 것입니다. 원래라면 15.4%의 배당소득세를 내야 하는데, 연금으로 개시하면 나이에 따라 5.5~3.3%의 연금소득세만 내면 됩니다(69세 이하 5.5%, 70~79세 4.4%, 80세 이상 3.3%). 결국 세금을 미루는 동시에 적게 내는 셈입니다. 연금 개시는 연금저축펀드 계좌를 5년 이상 운용, 만 55세 이후에 가능하고 5년 이상 연금 수령을 조건으로 합니다.

과세이연은 절세계좌의 강력한 장점이었지만, 2025년부터 세법이 개정되어 이런 장점이 국내 종목으로 한정되게 되었습니다. 해외 종목은 배당금, 분배금 발생 시 해외 배당소득세를 납부 후 지급받게 바뀐 것입니다. 갑자기 바뀐 제도라 해외 ETF 배당 투자자들은 반발했고, 관련하여 이중과세 논란까지 불거지면서 정부에서는 해결 방안을 모색하겠다고 발표했습니다.

투동자 포트폴리오는 연금저축펀드 계좌에서 국내 상장 해외 ETF를 매수합니다. 바뀐 세법으로 과거 대비 수익률에 악영향이 있지만, 매매차익이 본래 목적이라 그 영향은 미미할 것으로 예상합니다.

손익통산

손익통산의 뜻은 손실과 이익을 합쳐서 계산한다는 뜻입니다. 연금 저축펀드에서 연금 개시를 하면 세액공제를 받은 원금과 계좌 내 최종 운용수익에 연금소득세를 부과합니다. 즉, 중간에 손실이 있었다면, 그 부분은 세금에 계산되지 않기 때문에 손익통산 기능을 한다고 이야기할 수 있습니다.

투동자 포트폴리오 투자에서는 연금저축펀드 계좌를 2개 만들어서 운용합니다. 1개는 세액공제를 받는 용이고, 1개는 세액공제를 받지 않고 투자하는 용도입니다. 이렇게 2개로 운용하는 이유는 연금저축펀드 계좌에서 연금을 개시하면 더 이상 납입이 불가능하기 때문에 1개는 연금 개시를 하고, 1개는 추가 납입을 하면서 계속 투자를 이어 나갈 수 있어서입니다. 시간차를 두고 연금을 개시하면 여러 가지 이점이 생깁니다.

1개의 계좌를 운용하다 혹시라도 중도 인출해야 하는 상황이 생긴다면 운용수익 모두 16.5%의 세금을 물어야 합니다. 그래서 각각 다른 증권사에 1개씩 총 2개의 연금저축펀드 계좌를 운용하는 것을 추천합니다. 이론적으로는 3개, 4개도 만들 수 있지만, 그러면 운용하기 번거로워지니 2개 정도가 충분합니다.

연금저축펀드 계좌는 지금까지 나열한 이점을 주는 대가로, 저축 기간 5년 이상, 연금 개시(만 55세 이후)까지 계좌 유지 조건을 충족해야 합니다. 연금 개시 이후에는 연간 연금 수령 한도 1,500만 원을 넘지 않게, 10년 이상 수령해야 세금을 아낄 수 있습니다. 2023년까지만 해도 과세 대상 연금소득이 연 1,200만 원이었는데, 현재 1,500만 원으로 상향된 상태입니다.

만약 1년에 1,500만 원 이상 연금을 수령한다면, 분리과세와 종합과세 중 선택해 신고할 수 있습니다. 앞으로도 이 금액이 얼마나 올라갈지 알 수 없으나, 이 금액이 더 올라간다면 연금 계좌 사용자 입장에서는 좋은 일입니다. 정책의 변화에 따라 적절한 선택이 필요할 것입니다.

IRP(개인퇴직연금) 계좌

◆

◆   직장인이 퇴직금을 받을 때 IRP 계좌로 받는 것이 의무화되었습니다. 과거에는 퇴직연금 제도에(DB, DC) 가입한 사업주만 해당했는데, 2022년 이후 특별한 사유가 없는 근로자는 퇴직금을 IRP 계좌로 받아야 합니다. 그 특별한 사유란 55세 이후 퇴직하는 경우, 퇴직급여가 300만 원 이하인 경우, 근로자가 사망한 경우 등의 예외 사항입니다. 예외 사항이 있다면 IRP 계좌로 받지 않아도 되지만, 그렇지 않다면 무조건 IRP를 이용할 수밖에 없습니다.

IRP는 연금저축펀드 계좌와 매우 흡사합니다. 계좌 내에서 투자할 수 있는 종목과 특성은 조금 다르지만, 개인의 연금을 위해 만들어진 계좌라는 점에서 세액공제, 과세이연, 저율과세, 손익통산 같은 장점들은 동일합니다. 연금저축펀드와의 차이점을 비교하면 IRP를 이해하기 수월할 것입니다. IRP가 연금저축펀드와 다른 점은 세액공제 한도, 중도 인출 불가, 위험자산 투자 비율 등입니다.

IRP 계좌의 세액공제 한도는 단일 납입으로 900만 원까지 가능합니다. 연금저축펀드는 600만 원까지 세액공제가 가능하지만, IRP는 900만 원까지 가능합니다. 오해하지 말아야 할 점은 연금저축펀드와 IRP에서 받을 수 있는 세액공제 금액을 더해서 연 1,500만 원이 아니라는 것입니다. IRP에 단일 납입했을 때 연 900만 원 세액공제가 되는 것뿐이고, 연금저축펀드와 더한다면 최대 연 900만 원까지 세액공제가 가능합니다.

그래서 투동자 포트폴리오 투자에서는 연금저축펀드 A에 600만 원을 투자하고, IRP에 300만 원을 투자합니다. 그리고 연금저축펀드와 IRP에 1년 최대 납입 가능 금액이 1,800만 원이므로 나머지 900만 원을 연금저축펀드 B에 투자합니다. 정리하면 연금저축펀드 A 600만 원, IRP 300만 원, 연금저축펀드 B 900만 원을 투자하는 것입니다. 연

연금저축펀드와 IRP의 차이점

구분		연금 저축 펀드	IRP	비고
공통점		각종 세제 혜택 (세액공제, 과세이연, 저율과세, 손익통산)		
차이점	세액공제 한도	600만 원	900만 원	통합 900만 원
	중도 인출	가능	특별 사유 시 가능	
	위험자산 투자 비율	100%	70%	

금저축펀드 계좌는 증권사마다 1개씩 만들 수 있으니 각각 다른 증권사를 이용하면 됩니다.

IRP에 더 적게 투자하는 이유는 투동자 포트폴리오의 구성 종목과 관련 있습니다. 바로 목표 수익률을 채우기 위해서입니다. 연금저축펀드와 다르게 IRP는 중도 인출이 불가능(계좌 해지를 해야 함)하고, 위험 자산에 투자할 수 있는 비율이 70%밖에 안 됩니다. 나머지 30%는 무조건 안전자산에 투자해야 한다는 규칙이 있습니다. 이러한 점을 다 고려했을 때, 투동자 포트폴리오 운용 시 가장 최적의 효율을 낼 수 있는 IRP 계좌 투자 금액은 1년에 300만 원입니다.

애초에 투동자 포트폴리오에서 중도 인출은 고려 사항이 아니지만, 투자자로서 알아두어야 하는 부분이라 IRP 계좌의 중도 인출에 대해 간략히 설명하겠습니다. 만약 IRP 중도 인출을 하고 싶다면, 특별한 사유가 없는 이상 아예 계좌를 해지해야만 합니다.

IRP 중도 인출 가능한 특별 사유

- 본인 또는 부양가족의 6개월 이상 요양(연간 임금의 12.5% 초과 의료비를 부담한 경우)
- 5년 이내 개인회생, 파산 신고
- 천재지변, 사회적 재난
- 회사가 정년 연장, 보장 조건으로 임금 피크제를 실시하는 경우
- 사용자가 근로 시간을 1일 1시간, 주 5시간 이상 단축해, 3개월 이상 계속

근로하기로 한 경우
- 무주택자의 본인 명의 주택 구입
- 무주택자의 주거 목적 전세보증금 납부(한 사업장에 1회 한정)

주택 구입, 임차보증금 납부 이유를 제외한 특별 사유가 있다면, 중도 인출 시 퇴직소득세의 70%에 해당하는 연금소득세를 내면 됩니다. 하지만 중도 해지를 하거나 무주택자의 주택 구입, 임차보증금을 위해서 중도 인출을 해야 한다면 퇴직소득세를 전부 납부해야 합니다. 상황이 이렇다 보니 IRP 계좌도 2개 이용하면 좋을 수 있다고 생각합니다. 하지만 그건 퇴직금을 IRP 계좌로 받을 때의 이야기니, 운용하는 단계에서는 일단 1개만 운용하면 됩니다. 다만 이미 1개의 IRP 계좌가 있고 퇴직금을 받게 된다면, IRP 계좌를 새로 1개 더 만들어서 퇴직금을 운용하는 것을 추천합니다.

ISA(개인종합관리자산) 계좌

◆

◆   ISA는 1개의 계좌에서 예금, 채권, 펀드, 주식, 파생결합상품(ELS, ELB, DLS) 등을 운용할 수 있는 통합 관리 계좌입니다. 다양한 상품을 1개의 계좌에서 투자 및 관리할 수 있고 주요 혜택은 절세, 과세이연, 손익통산, 세액공제입니다. 앞서 이야

기한 연금저축펀드, IRP와 비슷한 장점입니다.

　ISA의 가장 큰 특징은 운용 시 얻은 매매차익과 배당, 분배금의 세금을 비과세, 또는 분리과세 적용한다는 점입니다. 또한 의무 가입 기간인 3년 후 연금 계좌로 전환 시 전환 금액의 10%(최대 300만 원)까지 세액공제가 가능하다는 이점도 있습니다.

　ISA 계좌는 자격 요건에 따라 가입할 수 있는 세 가지 유형이 존재합니다. 일반형, 서민형, 농어민형. 각 유형의 특징을 정리하면 표와 같습니다.

ISA 가입 요건에 따른 분류

구분	일반형	서민형	농어민형
가입 자격	만 19세 이상 거주자 또는 직전 연도 근로소득이 있는 15~19세 미만 거주자	직전 연도 총급여 5,000만 원 또는 종합소득 3,800만 원 이하 거주자	직전 연도 종합소득 3,800만 원 이하 농어민 거주자
비과세	200만 원 수익까지	400만 원 수익까지	
비과세 한도 초과 시	9.9% 분리과세 적용 (건강보험료 산정 포함 안 됨)		
납입 한도	매년 2,000만 원, 최대 1억 (미불입액 이월 가능)		
의무 가입 기간	3년		
중도 인출	총납입 원금 내에서 횟수에 제한 없이 출금 가능 (인출 금액은 납입 한도 복구 불가)		

* 2025년 1월 기준

ISA는 연금저축펀드 계좌와 같이 성인이라면 누구나 가입이 가능합니다. 되도록 서민형, 농어민형에 가입하는 것이 비과세 한도 측면에서 유리합니다. 하지만 자격이 되지 않아 일반형에 가입해도 장점은 충분합니다. 어떤 유형이든 비과세 한도를 넘어선 이익은 9.9%의 분리과세를 적용받고, 심지어 이 금액은 현재까지 건강보험료 산정에 포함되지 않기 때문에 절세 기능이 탁월합니다. 또한 과세는 계좌의 의무 가입 기간이 종료될 때 산출하기 때문에 과세이연, 손익통산 효과도 얻을 수 있습니다.

납입 한도는 매년 2,000만 원, 최대 1억 원까지 가능하며, 의무 가입 기간은 3년이지만 처음 가입할 때 3년 이상으로 설정할 수도 있고, 현행법상 만기 3개월 전부터 만기 하루 전까지 만기 연장 신청이 가능합니다. 투동자 포트폴리오는 이 계좌에서 회사채만 매수하는 데 회사채 만기일이 제각각이라서 매도가 불가피하다면, 만기 연장을 해서 중도 매도 시 손실을 최소화할 수 있습니다. 그러한 상황이 아니라면 만기 기간을 최소로 잡아서 세액공제까지 챙겨가는 것이 이익을 극대화하는 방법입니다.

중도 인출은 납입 원금 내에서 횟수에 제한 없이 자유롭게 가능하지만, 인출 금액만큼 납입 한도가 다시 늘어나는 것은 아닙니다. 만약 5,000만 원을 넣었다가 전액 인출했다면, 앞으로 만기까지 납입할 수 있는 금액은 1억 원이 아닌 5,000만 원이 됩니다. 중도 인출은 가능하지만 납입 한도가 늘어나지 않으니 신중해야 하는 대목입니다.

ISA 운용 방식에 따른 분류

구분	중개형	신탁형	일임형
투자 가능 상품	장외/장내 채권, 국내 상장 해외 ETF, 국내 ETF, 국내 주식, 파생결합 상품 등	예금성 상품, 국내 상장 해외 ETF, 국내 ETF, 국내 주식, 파생결합상품 등	
투자 방법	투자 상품 직접 매 수/매도	운용지시	일임 운용
수수료	없음	신탁보수	일임 수수료

* 2025년 1월 기준

    ISA는 가입 요건에 따라 세 가지 유형 중 한 가지로 가입되고, 운용 방식은 한 가지를 선택해야 합니다. 다음 표에 나와 있듯이 중개형, 신탁형, 일임형입니다. 결론부터 말하자면 투동자 포트폴리오에서는 'ISA-중개형'을 선택해서 운용합니다. 해당 계좌에서 회사채를 투자하기 때문입니다. 중개형의 차별화는 채권에 투자할 수 있다는 것과 운용을 직접 할 수 있다는 점, 그로 인한 수수료가 없다는 점입니다.

    신탁형은 운용 지시를 해야 하고, 일임형은 아예 증권사에 운용을 일임해야 해서 보수가 발생합니다. 그리고 실시간으로 포트폴리오를 변경하기가 힘듭니다. 그래서 ISA는 중개형을 개설해 직접 포트폴리오를 운용하는 것을 추천합니다.

저율과세 예적금 계좌

◆

◆   일반적으로 예금자는 은행에서 예금, 적금 이자를 받을 때 일반과세 15.4%를 제외합니다. 이자소득 14%＋주민세 1.4%를 세금으로 내는 것입니다. 하지만 상호금융(농축협, 수협, 신협, 새마을금고)에서 조합원의 자격으로 예금, 적금에 가입하면 이자 받을 때, 원금 3,000만 원까지는 세금을 1.4%의 농어촌특별세만 내면 됩니다. 이러한 것을 저율과세 혜택이라고 합니다. (이 과세 혜택은 앞으로 줄어들거나 사라질 수도 있지만 아직 존재합니다.)

예를 들어 원금이 3,000만 원이고 예금 이율이 3.33%여서 이자로 약 100만 원이 예상된다고 하겠습니다. 일반 은행은 이자를 받을 때 15만 4,000원을 세금으로 떼고 84만 6,000원 받습니다. 하지만 상호금융은 1만 4,000원만 세금을 내고 98만 6,000원을 받을 수 있습니다. 저율과세 혜택을 받으면 일반과세일 때보다 16.54% 이자를 더 많이 받게 됩니다. 만약 일반 은행의 이율이 상호금융보다 더 높더라도 이러한 저율과세 혜택을 고려해서 이율 계산을 해봐야 합니다.

이러한 저율과세 계좌는 따로 만드는 건 아닙니다. 상호금융에서 예금, 적금 상품을 가입할 때 저율과세 혜택 옵션을 체크하면 됩니다. 조합원 혹은 준조합원만 저율과세 혜택을 받을 수 있으며, 전체 상호금융 계좌를 통합해서 1인당 3,000만 원까지 저율과세 혜택이 적용되고, 상품을 가입할 때 저율과세 혜택을 받을지 말지 택하면 됩니다.

한 가지 방법이 있다면 이러한 저율과세 혜택은 짧은 주기로 받을 수록 좋습니다. 예를 들어 3년 만기 적금에 가입하면서 3,000만 원 저율과세를 받게 되면, 만기가 될 때까지 3년 동안 저율과세 혜택을 못 받게 됩니다. 결국 복리 수익률을 챙기지 못할 가능성이 있으니 가능한 한 1년 단위의 짧은 상품에 가입해 활용하면 좋습니다.

저는 저율과세 계좌로 주로 신협을 이용합니다. 신협에는 간주조합원제도가 있기 때문입니다. 간주조합원제도란 신협 조합원이라면 다른 지역에 있는 신협 지점의 상품에 가입하더라도 같은 조합원 자격을 갖출 수 있고 저율과세 혜택을 받을 수 있는 제도입니다. 보통의 상호금융은 예금 상품을 가입하는 해당 지점의 조합원이어야만 저율과세 혜택을 받을 수 있지만, 신협은 비대면으로 조합원 혜택을 받을 수 있습니다. 그래서 신협을 사용하는 것이 편리합니다. 이러한 저율과세 계좌는 투동자 포트폴리오에서 안전자산을 매입하는 역할을 합니다.

DC형(확정기여형 퇴직연금) 계좌

◆

◆　　　　　　　　　　　　　　우리나라 퇴직연금 제도 중 회사와 관련 있는 계좌는 DB(확정급여)와 DC(확정기여)로 나뉩니다. DB형은 사용자가 퇴직 적립금을 운용하고, 근로자는 사전 확정된 퇴직금을 수령하는 방식입니다. DC형은 퇴직 적립금을 근로자가 운용하고 퇴

직 시 적립금, 운용 손익을 퇴직금으로 수령하는 방식입니다. DB형은 '퇴직 전 최종 3개월 평균임금×30일×근속 연수'로 퇴직금을 받지만, DC형은 매년 연봉의 12분의 1을 사업주로부터 DC 계좌로 받고 직접 운용한다는 차이가 있습니다. 얼핏 DC형이 매우 유리해 보이는데 꼭 그렇지만은 않습니다. 연봉 상승률이 높은 직장이라면 DB형이 유리할 것이며, 투자 수익률이 높다면 DC형이 유리합니다.

평범한 직장인의 경제적 자유를 다루는 저의 경우, 보통 DC형을 기준으로 설명하고 포트폴리오를 운용하라고 추천합니다. 왜냐하면 투동자들은 중소기업 수준의 평범한 월급을 받는 사람들이 많고, 월급 상승률이 투자 수익률보다 높지 않다고 예상하기 때문입니다. 만약 연봉 상승률이 투자 수익률보다 높은 사람이라면 DB형을 선택하는 것이 맞지만, DB형은 개인이 직접 포트폴리오를 운용하는 것이 아니니 딱히 설명할 부분이 없습니다. 그러니 DC형 계좌를 중심으로 설명하겠습니다.

DC 계좌는 IRP 계좌와 공통점이 많습니다. 펀드, ETF, 예금 상품에 가입할 수 있고 위험자산 비중 한도가 적립금의 70%까지라는 점입니다. DC 계좌의 적립금 중 30%는 반드시 비 위험자산에 투자해야 합니다. 그래서 DC 계좌의 투자 종목은 IRP 계좌와 같이 금현물 ETF와 CD금리를 추종하는 ETF에 투자합니다(상품명은 지금 신경 쓰지 않아도 됩니다. 뒤에서 투자 상품에 대해서 자세히 다룹니다). CD금리를 추종하는 ETF는 주식형 파킹통장과 비슷한 상품이라고 생각하면 됩니다. 매달 7:3

비율로 금과 현금의 비중을 맞춰가며 투자하는 전략을 취합니다.

만약 이직하거나 퇴사하는 경우 DB, DC 계좌의 원금과 손익금은 개인 IRP 계좌로 옮겨야 합니다. 이 시점에 만약 55세가 넘었다면, 퇴직소득세를 원천징수하고 일시금 수령도 가능합니다. 하지만 일시금 수령을 하면 IRP 계좌를 해지해야만 합니다. 그렇게 되면 개인이 기존에 납부하던 IRP 계좌의 돈들은 13.2~16.5%의 기타소득세를 내야 합니다.

만약 이직이나 퇴직으로 IRP 계좌로 DC 계좌의 퇴직금을 옮겨야 한다면, 1개의 IRP 계좌를 더 만드는 것이 좋습니다. 총 2개의 IRP 계좌를 운용하는 것입니다. 기존에 개인적으로 운용하던 IRP 계좌는 건드리지 않고, 새로 만든 IRP 계좌로 퇴직금을 일시로 수령하거나 연금소득세를 내면서 연금으로 개시할 수 있습니다. 투동자 포트폴리오에서는 IRP 계좌를 1개 운용하지만, 만약 DC 계좌를 운용하던 중 이직, 퇴직과 같은 상황이 발생할 때는 1개의 IRP 계좌를 더 만드는 것을 추천합니다.

일반위탁관리 계좌

◆

◆   일반 증권사의 계좌를 일반위탁관리 계좌라고 합니다. 투동자 포트폴리오에서는 연금저축펀드, IRP, 저율과세계좌, ISA 등 절세 계좌를 이용한 투자를 하고서 투자금이 남게

되면 일반위탁관리 계좌에 투자하게 됩니다. 총 2개의 일반위탁관리 계좌를 운용해서 해외 ETF와 국내 주식에 개별 투자를 합니다.

투동자 포트폴리오를 운용하기 위해 일반위탁관리 계좌는 목돈이 있는 사람에게 필수 계좌입니다. 당장 1억 원의 목돈이 있다면 절세 계좌만 이용해서는 1억 원까지 투자할 수 없습니다. 계좌 운용 순서를 떠올려 보면 연금저축펀드 A 600만 원, IRP 300만 원, 저율과세 3,000만 원, ISA 2,000만 원, 연금저축펀드 B 900만 원. 총 6,800만 원

계좌별 투자 종목 및 연 투자 금액

순서	개설 계좌	포트폴리오 종목	투자 가능 금액
1	연금저축펀드 A	국내 상장 해외 ETF	600만 원
2	IRP(개인퇴직연금) 계좌	금현물 ETF, CD금리 추종 ETF	300만 원
3	저율과세 계좌	예금, 적금	3,000만 원(매년 재투자)
4	ISA (개인종합자산 관리) 계좌	채권	2,000만 원
5	연금저축펀드 B	국내 상장 해외 ETF	900만 원
6	DC(확정기여형 퇴직연금) 계좌	금현물 ETF, 예금, (* 미 국채)	연봉×1/12
7	일반위탁관리 계좌 A	해외 ETF	연 투자금 − (1~5번) × 68%
8	일반위탁관리 계좌 B	국내 개별 주식	잔여 투자금 × 16%
9	가상자산 계좌	가상자산	잔여 투자금 × 16%

입니다. 절세 계좌만 이용해서는 첫해에 총 6,800만 원 이상 투자할 수 없습니다. 계좌별 투자 종목과 투자 금액을 정리하면 표와 같으며 절세 계좌는 1~5번에 해당합니다.

물론 맞벌이 가정이고, 배우자가 있다면 배우자 명의까지 사용해서 1년에 1억 3,600만 원까지 투자할 수 있겠지만, 이러한 상황이 아니라면 투자할 수 있는 계좌가 부족합니다. 이마저도 다음 해에 저율과세 계좌는 3,000만 원이 계속 재투자되기 때문에 절세 계좌에 투자할 수 있는 돈은 연 3,800만 원으로 줄어들게 됩니다.

지금이야 연 3,800만 원씩 투자할 수 있을까 싶겠지만, 투동자 전략과 투동자 포트폴리오를 이용하다 보면 시간이 흐를수록 잉여현금이 많이 발생하고, 투자에 대해 행복한 고민을 하게 될 것입니다. 그렇게 초반 목돈이 많거나 매년 투자할 수 있는 돈이 많은 경우에는, 일반위탁관리 계좌에서 주식에 투자하면 됩니다.

일반위탁관리 계좌는 다른 절세 계좌들과 다르게 미국 주식에 직접 투자할 수 있습니다. 만약 S&P500에 투자하려면 다른 계좌에서는 국내 상장 해외 ETF에 투자해야 하지만, 일반 계좌에서는 SPY, VOO, SPLG 같은 S&P500 지수를 추종하는 해외 ETF에 직접 투자가 가능합니다. 물론 해외 ETF는 달러로 투자해 원화를 달러로 환전하는 과정이 필요하지만, 나름의 장점이 있습니다.

이전에 주식, ETF 세금에 대해서 정리한 표를 다시 떠올려 보면 해외 ETF의 매매차익은 연 250만 원까지 비과세 후 넘치는 금액을 양도소득세 22% 과세한다고 정리했습니다. 만약 아까 이야기했듯이 1억 원으로 포트폴리오를 구성한다고 가정하면, 절세 계좌 6,800만 원 투자 후 남은 3,200만 원을 일반 계좌로 투자하게 되는데, ETF의 가치가 7.8% 정도 상승해도 비과세인 것입니다.

해가 갈수록 투자하는 금액이 늘어나 혜택이 줄어드는 느낌을 받겠지만, 매년 연말에 수익 250만 원에 맞춰서 매수/매도를 통한 셀프 손익통산을 실행하면 일반 계좌에서도 절세 효과를 얻을 수 있습니다. 또한 ETF가 급등해 한 해 동안 비과세 넘치는 수익을 얻게 되더라도, 양도소득세는 금융소득종합과세에 포함되지 않는 분류과세이기 때문에 연 2,000만 원 이상 금융소득에 따른 세금을 덜 걱정하게 된다는 이점도 존재합니다.

일반 계좌는 2개를 만들어서 이처럼 S&P500을 추종하는 해외 ETF에 투자하고, 나머지 하나는 국내 개별 주식에 퀀트 투자와 유사하게 투자합니다. 퀀트 투자의 방법은 뒤에 간단히 설명하도록 하겠습니다.

가상자산 계좌

◆

◆   투동자 포트폴리오에서 마지막으로 운용하는 계좌는 가상자산 계좌입니다. '과연 가상자산에 투자해

도 될까?' 충분히 고민될 수 있습니다. 이 부분은 투자 전략과 같이 개개인의 믿음이 필요한 영역입니다. 저 역시 과거 비트코인의 차익거래를 통해 꽤 괜찮은 이익을 얻은 적이 있지만, 가상자산에 꾸준히 투자하지는 않았습니다. 하지만 현재 장기 포트폴리오를 끌고 가는 입장에서 전체 자산의 5% 정도의 투자는 필요하다고 생각합니다.

국내에서 비트코인을 매매할 수 있는 가상자산 거래소는 43곳입니다. 이 중 은행과 연계되어 실명 확인 가능, 입출금 계정 제휴, 정보보호관리체계(ISMS) 인증을 모두 받은 업체는 업비트, 빗썸, 코인원, 코빗, 고팍스 이렇게 5곳뿐입니다. 투자는 이 중에서 이용하는 것을 추천합니다. 현재는 거래소당 1개의 은행만 제휴되어 있고, 각 거래소의 입금은 제휴된 은행을 통해서만 가능합니다.

가상자산 매매는 현재까지 세금이 없습니다. 거래소 수수료만 존재할 뿐입니다. 비트코인 같은 가상자산이 제도권으로 넘어온 이상 정부의 세금 부여는 시간 문제겠지만, 정부는 2024년 7월 가상자산 과세 시점을 2027년까지 유예하는 방안을 제시했습니다. 원래부터 세금이 없었으니 절세하는 방법도 존재하지 않습니다.

가상자산 계좌를 운용하는 이유는 현시점에서 가장 저렴한 수수료로 투자할 수 있기 때문입니다. 현재 비트코인을 추종하는 해외 ETF는 존재하지만, 절세 계좌를 이용해서 투자할 수 있는 국내 상장된 ETF는 존재하지 않습니다. 그렇기 때문에 절세 계좌를 이용할 수도 없습니다. 일반 계좌를 이용해 해외 ETF에 투자 시 ETF의 운용 수수

가상자산 거래소 제휴 은행

가상거래소	업비트	빗썸	코인원	코빗	고팍스
제휴 은행	K뱅크	NH농협은행	카카오뱅크	신한은행	전북은행

* 2024년 11월 기준/빗썸은 2025년 3월말 KB국민은행으로 변경

료와 매매 수수료를 고려하면, 아직은 가상자산 거래소를 이용해서 매매하는 것이 거래 수수료가 가장 낮아 합리적입니다.

추후 가상자산 관련한 국내 상장 ETF도 발행되고 절세 계좌를 이용해서 투자할 수 있는 시대가 온다면 다른 투자 수단을 고려해 볼 수 있을 것입니다.

지금까지 어떤 계좌에서 투자할 것인지 꽤 긴 이야기를 했습니다. 운용해야 하는 계좌가 많아 복잡한가요? 하지만 그런 이유로 책을 덮는 일은 없기를 바랍니다. 단어가 생소해서 복잡해 보이는 것뿐입니다. 투동자 포트폴리오 투자법을 모두 설명한 후 모든 걸 정리한 표를 본다면 한결 이해하기 쉬울 것입니다. 이제 어떤 상품에 투자할 것인지 설명하겠습니다.

어떤 상품에 투자할 것인가

  투동자 포트폴리오에서 투자 자산을 크게 주식, 채권, 금, 현금, 대체투자 상품 이렇게 다섯 가지로 분류했습니다. 그리고 소분류로 상품명까지 나누면 다음의 표로 정리할 수 있습니다.

  일곱 가지 투자 상품(S&P500 추종 ETF, 금, CD금리 추종 ETF, 저율과세 예적금 상품, 회사채, 국내 주식, 가상자산)에 분산 투자하면 자산 배분 전략으로는 충분합니다. 이와 같은 방식은 우리나라 연금기금의 투자 방식과도 유사합니다. 우리나라 연기금 역시 크게 주식, 채권, 현금, 대체투자 네 가지의 자산군에 투자하고 있습니다. 운용자산 1,140조 원이 넘는 연기금이 이렇게 투자하는 데는 이유가 있을 것입니다. 이제 각 계좌에 담을 투자 자산의 이해를 돕기 위한 설명을 하겠습니다.

투동자 포트폴리오 투자 상품 정리

투자 자산군	분류	투자 상품명
주식	국내 상장 해외 ETF	ACE 미국S&P500
	해외 상장 ETF	SPLG ETF
현금	금현물 ETF	ACE KRX금현물
	CD금리	TIGER CD금리투자KIS
	저율과세	상호금융 예적금 상품
채권	회사채	BBB급 이상 회사채
대체투자 상품	국내 주식 퀀트	국내 주식 퀀트 종목 선정 TOP 20
	가상자산	비트코인

* 2024년 11월 기준

S&P500 추종 ETF:
CAGR 연 8% 기대

◆

◆   S&P500은 미국 신용평가사인 스탠더드 앤드 푸어스Standard&Poor's가 미국에 상장한 상위 500개 기업의 시가총액을 기준으로 산출한 주가 지수입니다. 미국 증권거래소 상장 기업 시가총액의 80% 이상을 차지하고 있어서 S&P500의 수익률은 미국 전체 주식 시장의 수익률과 매우 흡사한 움직임을 보입니

다. S&P500에 속한 기업은 마이크로소프트, 애플, 아마존, 엔비디아, 구글, 메타(페이스북), 버크셔해서웨이, 테슬라 등 주식을 모르는 사람들도 한 번쯤 들어봤을 법한 글로벌 기업으로 구성되어 있습니다. 만약 이들 기업 중 시가총액이 500위 밖으로 밀려난다면 다른 기업으로 대체되어 S&P500이 구성됩니다.

이러한 S&P500에 속한 모든 기업에 투자하고 싶다면 S&P500 추종 ETF를 매수하면 됩니다. S&P500 지수를 추종하는 국내 상장 해외 ETF로는 TIGER 미국S&P500(종목 코드 360750), ACE 미국S&P500(360200), KBRise 미국S&P500(379780) 등이 있고, 해외 ETF로는 SPY, VOO, SPLG가 있습니다. 투동자 포트폴리오는 연금저축펀드 계좌에서 국내 상장 해외 ETF를 매수하고, 일반위탁관리 계좌에서는 해외 ETF를 매수합니다.

ETF를 고르는 기준은 운용 수수료가 낮고 벤치마크 지수를 잘 따라가며 운용자산이 큰 곳을 고르면 됩니다. 그리고 1주당 가격이 낮은 것도 고려 사항이 됩니다. 주당 가격이 너무 높다면 매달 적립식으로 투자하기 힘들기 때문입니다. 참고로 S&P500 지수 추종 ETF의 수익률은 모두 비등비등합니다. 저는 국내 상장 해외 ETF 상품으로는 ACE 미국S&P500, 해외 ETF는 SPLG를 매매합니다. 추후 수수료가 더 낮은 투자 상품이 나온다면 전부 매도 후 변경할 마음이 있습니다.

다만 지수 추종 ETF 선택 시 환헤지(H) 상품은 추천하지 않습니다. 환율의 오르내림에 영향을 받고 싶지 않다면 환헤지 상품을 선택하면 되지만, 운용 수수료가 일반 지수 추종 ETF보다 비쌉니다. 과거에 비해 환율이 높을 때는 고려해 볼만하지만, 고환율이 장기간 이어지면 뉴노멀로 자리 잡을 수도 있기 때문에 기본적으로 환헤지형 ETF는 장기 투자에 적합하지 않다고 봅니다.

그렇다면 왜 지수 추종 투자를 해야 할까요? 특정 회사 1~2개만 투자하면 되지 않을까요? 그 이유는 리스크와 관련 있습니다. 주식투자를 하면 여러 가지 리스크에 노출됩니다. 주식투자 시 마주하는 리스크는 굵직한 것들만 정리해도 대략 아홉 가지입니다. 시장의 변동성, 신용, 기업 운영, 유통, 금리, 정책, 통화, 산업, 세제 리스크 등 주식 투자자는 이 외에도 다양한 리스크에 노출되어 있습니다.

만약 1개의 기업에만 투자한다면, 산업, 신용, 기업 운영, 가격 변동성 리스크의 노출도가 커지게 됩니다. 기업이 속한 산업이 언제 시장에서 외면받을지 예측하기 어렵습니다. 과거 MP3 플레이어가 소리 소문 없이 사라진 것을 생각해 보세요. 구매자가 사라진 해당 기업은 수익이 감소하며 신용도가 떨어질 것입니다. 그리고 상황이 악화하면 기업 운영에 차질이 생기고 투자하는 사람이 줄어들어 주가가 하락하는 것은 물론이고, 수급이 적어져서 가격 변동성이 커질 수 있습니다. 주식은 이렇게 다양한 리스크에 노출되어 있습니다. 그래서 전 세계 기축통화국인 미국에 상장한 기업 중 글로벌 기업 500개의 기업만을 골라놓은 ETF에 투자하는 것입니다.

S&P500의 기대 수익률을 8%로 설정한 것은 S&P500을 추종하는

SPY ETF 수익률

(달러)

자료: 포트폴리오 비주얼라이저Portfolio Visualizer(1994년~2024년 7월)

ETF의 상장 시점부터 현재까지의 30년 수익률을 봤을 때, CAGR이 10.39%이고 이를 조금 보수적으로 잡은 것입니다. 구간에 따라 수익률이 안 좋은 시기도 있었지만, 장기 투자를 이어 간다면 평균 시장의 수익률을 보여줄 것으로 기대합니다.

금:
CAGR 연 7% 기대

◆

◆   금을 포트폴리오의 일부분으로 가

져가는 이유는 자산 가치를 보존하는 상품이어서입니다. 화폐는 시간의 가치를 내포하고 있고 인플레이션이 발생하면 그 가치는 떨어집니다. 반면 금은 지금의 종이돈 사용 이전부터 사용하던 지급 수단이었으며, 인플레이션에서도 가치를 보존할 수 있는 투자 수단입니다. 현재 우리가 사용하는 화폐의 문제점은 추가 발행이 가능하다는 데 있습니다. 정부에서 돈을 계속 찍어내면 화폐 가치는 떨어집니다. 하지만 금은 물량이 정해져 있어 무한히 생성해 낼 수 없습니다. 현재 전 세계 금의 양은 2023년 기준 약 21만 2,500톤이며, 약 5만 9,000톤이 매장되어 있을 것으로 추정하고 있습니다.

국가별 금 보유량 순위는 1위 미국 8,133톤, 2위 독일 3,352톤, 3위 이탈리아 2,451톤입니다(2023년 말 기준). 금이 가치 없고 쓸모가 없다면 전 세계 국가들이 금을 보유할 이유는 없을 것입니다. 그중에서 가장 큰 힘을 갖고 있는 미국의 금 보유량이 가장 많은 것을 보면 금본위제가 폐지되었지만 보유할 만한 가치를 지녔다고 짐작해 볼 수 있습니다.

금값을 추종하는 ETF의 과거 수익률을 살펴보면 다음과 같습니다. 국제 금값을 추종하는 ETF 중 시가총액이 가장 높은 GLD ETF는 2005년 상장했고, 지난 20년간 CAGR 8.75%의 수익률을 보여줍니다. 최근 금값이 많이 올라서 높은 수익률을 보여주지만, 대략 2013년부터 전고점을 완전히 돌파하기까지 10년 정도 고전했던 모습을 볼 수 있습니다. 이렇듯 단일 자산은 부침을 느끼는 구간이 있기 때문에 자

GLD ETF 수익률

(달러)

자료: 포트폴리오 비주얼라이저Portfolio Visualizer(2005년~2024년 7월)

산 배분이 필요합니다.

투동자 포트폴리오에서는 금을 투자하는 계좌로 IRP, DC 계좌를 이용하기 때문에, GLD 같은 금 가격 추종 해외 ETF에 투자하지는 못합니다. 국내 ETF에 투자하려 해도 선물 가격을 추종하는 ETF가 대부분입니다. 그 와중에 금현물 가격을 추종하는 ETF가 2025년 1월 기준으로 딱 1개 있습니다. ACE KRX금현물 ETF(종목 코드 411060)입니다.

국내 ETF 중 금현물을 추종하는 ETF 상품이 나오게 되어 IRP와 DC 계좌에서 매매할 수 있게 되었습니다. 운용 수수료가 다소 높긴 하지만 현재까지는 ACE KRX금현물 ETF가 국내에서 유일한 금현물 가격 추종 ETF입니다. 이 상품은 IRP, DC 계좌에서 위험자산으로 분류되어 적립금의 70%까지만 매수할 수 있습니다.

CD금리 추종 ETF:
CAGR CD91물 수익률 예상

◆

◆　　　　　　　　　　　　　　CD는 'Certificate of Deposit'의
약자로 '예금증서'를 뜻합니다. 보통 양도성예금증서라고 부르고 이
러한 양도성예금증서의 이율을 CD금리라고 부릅니다. 앞서 매일 이
자를 주는 파킹통장에 대해 이야기했는데, 파킹통장이 시장에서 많
은 인기를 끌자 증권사들도 비슷한 기능을 하는 ETF 상품들을 속
속 발행하기 시작했습니다. 3개월 CD금리, 1년 CD금리 등을 추종하
는 ETF가 나온 것입니다. 이러한 금리형 ETF는 한국무위험지표금리
KOFR, 혹은 AAA 등급의 우량채 금리의 움직임을 따라갑니다. 파킹통
장처럼 매일 해당 금리의 이자율만큼 수익률이 쌓이는 구조라 마이
너스 금리가 되지 않는 이상, 가격이 해당 금리만큼 상승하는 구조입
니다. 그래서 '파킹형 ETF'라고 부르기도 합니다.

　금리형 ETF는 2020년 처음 나왔고 많은 증권사에서 비슷한 ETF
를 발행했습니다. 현재 순자산 상위 3개의 금리형 ETF의 시가총액은
20조 원을 넘어섰습니다(2024년 11월 23일 기준). 대기 자금을 투자해 하
락 없이 적지만 매일 이자를 받고 싶어 하는 투자자들의 니즈와 맞아

떨어지면서 가파르게 성장한 것입니다. 그 성장의 뒷면에는 연금저축 펀드 계좌의 공이 큽니다. 연금저축펀드 계좌는 IRP 계좌처럼 RP(환매조건부채권) 매수가 불가능합니다. 투자는 무섭고 세액공제 혜택을 받고 싶어 하는 사람들이 연금저축펀드 계좌를 통해 금리형 ETF를 많이 매수했습니다.

이러한 금리형 ETF에도 종류가 많습니다. 선택하는 방법은 높은 금리, 낮은 수수료, 큰 운용자산을 기준으로 선택하면 됩니다. 제가 투자하는 종목은 TIGER CD금리투자KIS(합성)입니다. 수수료의 이점으로는 KODEX 상품이 더 저렴하지만, 1주당 가격이 100만 원대로 높기 때문에 적립식으로 투자하는 직장인은 매매하기가 쉽지 않습니다. 수수료는 0.06% 수준으로 다른 CD금리 추종 ETF보다 2배 정도 높더라도, 1주당 5만 원대인 TIGER 상품 이용이 현실적일 것입니다. 추후 더 좋은 상품이 나온다면 갈아탈 의향이 있습니다. 항상 중요한 건 상품의 본질을 파악하는 것입니다.

이러한 금리형 ETF는 IRP 계좌, DC 계좌의 안전자산 30% 비중을 채우기 위해 투자합니다. 금의 비중을 유지하기 위한 용도라고 생각하고 리밸런싱을 통해 금의 비중을 계좌 내에서 70%로 유지하기 위해 금리형 상품에 투자하는 것입니다. 어차피 안전자산 30%를 매수해야 하기 때문에 꼭 파킹형 ETF가 아니더라도 RP나 예금을 매수해도 됩니다. 적용 금리를 잘 살펴보고 유리한 상품을 고르는 것을 추천합니다.

저율과세 예금:
CAGR 국채(3년물)+0.5% 예상

◆

◆ 앞서 저율과세를 설명했으니 간단하게 저율과세 예금 상품을 포트폴리오에 보유하는 이유에 대해 이야기하겠습니다. 상호협동조합(신협, 농협, 수협, 새마을금고 등)의 예금, 적금 상품을 이용하면 누구나 1년간 원금 3,000만 원까지 저율과세 혜택을 받을 수 있다고 말했습니다.

3,000만 원 원금으로 4%의 예금에 가입했다면 이자로 연 120만 원이 발생할 것입니다. 만기 후 이자를 받을 때 상호협동조합의 상품은 1.4%(1만 6,800원)의 농어촌특별세만 내면 됩니다. 일반 계좌에서 15.4%(18만 4,800원)의 일반과세를 낼 때보다 세금을 많이 아낄 수 있습니다. 저율과세 계좌의 상품을 이용할 때는 일반적인 은행의 금리보다 세후 이율이 높다고 생각하면 됩니다.

투동자 포트폴리오에서는 매년 저율과세 예금을 3,000만 원 한도까지 투자합니다. 1년 단위로 매년 3,000만 원은 저율과세 예금에 재투자하는 것입니다. 투자를 시작한 첫해에 3,900만 원을 투자할 수 있다면, 연금저축펀드 600만 원, IRP 300만 원(금 210만 원, 금리형 ETF 90만 원), 저율과세 3,000만 원을 투자하게 될 것입니다. 이렇게 투자하면 비중은 주식 약 15.1%, 금 5.3%밖에 되지 않습니다. 현금 비중이 79.7%나 되는 것입니다.

위험자산 비중이 너무 낮아서 수익률이 제대로 나올지 걱정할 수 있지만 수익률은 충분합니다. 세액공제가 있기 때문에 각 자산당 예상 수익률대로 나와준다면 계산상 첫해 기대 CAGR은 7.96%가 됩니다.

여기서 기대 CAGR에 대해서 짧게 설명하겠습니다. 직장인의 투자는 월 적립식이 대부분입니다. 최종적으로 얻는 자산과 적립식으로 투자한 총액과의 비교는 CAGR로 계산하지 못합니다. 일시금으로 투자했을 때만 CAGR을 계산할 수 있습니다. 그래서 저는 종목당 투자 예상 수익률을 계산해 기대 CAGR을 구해서 활용합니다. 이렇게 구한 값이 7.96%입니다.

만약 단순히 1년 후 얻게 될 자산과 3,900만 원을 CAGR로 계산한다면 15.62%입니다. 이렇게 높은 수익률이 나오는 것은 4,100만 원의 연봉자가 받은 세액공제액 148만 5,000원을 수익으로 계산하기 때문입니다. 세액공제를 받은 금액만 원금 대비 3.81%의 수익입니다. 연 투자 금액 3,900만 원을 매월 적립식으로 위험자산에 20% 정도밖에 투자하지 않았는데, 이 정도 수익률이 나온다는 건 대단한 일입니다. 계좌의 특성을 이용하면 위험률을 낮추면서 높은 이익률을 얻을 수 있습니다.

투동자 전략은 직장인이 매월 일정한 잉여현금을 만들어서 투자하는 것을 기본 골격으로 하고 있습니다. 얼마를 벌든 888 시스템을 유지하면 경제적 자유를 얻을 수 있는 것처럼, 투동자 포트폴리오 역시 다양한 상황에서 목표로 한 수익률을 달성할 수 있는 구조를 만들기 위해 독특한 작동 방식을 택한 것입니다. 그 방식을 고수하기 위해서는 중간에 저율과세 예금과 같은 현금 자산을 꼭 보유해야 합니다. 1년이 지난 후, 혹은 ISA 계좌 만기가 되는 3년 후 리밸런싱을 위해 현금 자금이 필요할 수도 있기 때문입니다.

회사채:
CAGR 국채(3년물)+2.5% 기대
◆
◆   회사의 채권을 투자하는 방법은
직접 채권을 매수하거나 ETF로 투자하는 방법이 있습니다. 보통 자산 배분 전략에서는 회사채에 투자하지 않고 중장기 국채에 많이 투자합니다. 투동자 포트폴리오에서 국채가 아닌 회사채에 투자하는 이유는 ISA 계좌를 이용해 수익률을 끌어올리기 위해서입니다.

회사채 투자 전에 기업 신용등급의 이해가 필요합니다. 기업 신용등급은 기업의 부도 가능성을 평가해 상대적인 서열을 나열한 것입니다. 국제 3대 신용평가기관(S&P, 무디스, 피치)의 등급 체계는 한국에서도 사용됩니다. 보통 AAA~D 등급으로 구분하며, AA~CCC 등급에는 +, -로 세분화해 22개 등급이 있습니다.

국채와 같은 무위험 자산은 신용등급에 포함되지 않지만, 보통 약

국채 신용등급 정리

신용등급	설명	투자/투기 구분
AAA	최고 수준의 신용 상태, 채무불이행 위험 거의 없음	투자 등급
AA+ / AA0 / AA-	매우 우수한 신용 상태, 채무불이행 위험 매우 낮음	투자 등급
A+ / A0 / AA-	우수한 신용 상태, 채무불이행 위험 낮음	투자 등급
BBB+ / BBB0 / BBB-	보통 수준 신용 상태, 채무불이행 위험 낮지만 변동성 내재	투자 등급
BB+ / BB0 / BB-	투기적인 신용 상태, 채무불이행 위험 증가 가능성 상존	투기 등급
B+ / B0 / B-	매우 투기적인 신용 상태, 채무불이행 위험 상존	투기 등급
CCC+ / CCC0 / CCC-	불량한 신용 상태, 채무불이행 위험 높음	투기 등급
CC	매우 불량한 신용 상태, 채무불이행 위험 매우 높음	투기 등급
C	최악의 신용 상태, 채무불이행 불가피	투기 등급
D	채무불이행Default 상태	투기 등급

자료: 한국기업평가

어로 RF^Risk-Free 등급이라고 이야기합니다. 무위험 자산은 위험자산에 비해 수익률이 높지 않은 게 일반적입니다. 하지만 등급을 내려 BBB 등급 채권에 투자한다면, 낮은 수익률을 벗어나서 중위험, 중간 수익률을 얻을 수 있습니다.

보통 BBB 등급 1년 만기 채권들은 국고채 3년 채권+2.5% 정도의 리스크 프리미엄을 노릴 수 있습니다. 정해진 개념은 아니고 과거 데이터를 분석한 대략의 값입니다. 과거 데이터를 보면 기준 금리가 1%대여도 회사채는 연 5%의 수익률을 얻었던 시기도 있었습니다. ISA 계좌에서는 정기적으로 받게 되는 채권 이자의 세금을 비과세, 혹은 분리과세하고 운용수익은 만기까지 과세이연됩니다. 이러한 회사채에 투자하는 것은 세금 측면에서도 유리합니다.

장외 채권 vs. 장내 채권

채권 투자 역시 제대로 설명하려면 책 한 권이 나오는 분량이지만, 딱 투자에 써먹을 수 있도록 간단하게 설명하겠습니다. 채권을 직접 매수하려면 증권사의 HTS, MTS를 이용해서 장외 채권, 장내 채권을 매수하면 됩니다. 증권사가 가지고 있는 채권을 사는 것이 장외 채권, 개인이 판매하는 채권을 직접 투자하는 게 장내 채권입니다. 이때 판매자는 개인이 아닌 기관일 수도 있습니다.

장외 채권은 매수 후 매도하기가 힘들고, 이미 증권사의 중간 이윤이 붙어 있습니다. 그래서 저는 장내 채권 투자를 선호합니다. 장내 채권은 수수료가 존재하고 거래가 활발하지 않습니다. 장내 채권 역시 매도하기 어렵기는 마찬가지지만, 장외 채권 시장보다 다양한 종류의 채권을 매수할 수 있습니다. 그리고 더러 운 좋게 낮은 가격에 채권을 매수할 수 있어서 장내 채권을 선호합니다.

채권을 ETF 투자가 아닌 직접 투자하는 이유도 이와 비슷한 이유입니다. 프리미엄을 노릴 BBB 등급(BBB+, BBB0, BBB-) 채권만 묶은 ETF는 찾기 힘들고 원하는 회사의 채권만을 매수하고 싶어서 저는 장내 시장에서 직접 투자하고 있습니다.

장내 채권 투자 전략

보통 회사채 투자는 회사의 신용등급과 재무제표를 보고 채권 투자를 결정합니다. 차입금이 너무 많은 회사나, 재무제표상 영업이익이 잘 나오지 않는 기업들은 매수하지 않습니다. 회사에 돈이 있어야 이자를 낼 테니, 이자를 낼 수 있는 여력이 있는지 파악하는 것이 중요합니다. 그리고 지주회사가 튼튼한 회사가 좋고 이 지주회사가 해당 계열사를 버릴 수 없는 상황인지를 파악하는 것 역시 중요합니다. 그래서 영업이익을 유심히 살핍니다. 영업이익이 잘 나고 있는 알짜 계열사라면 지주회사가 버릴 가능성이 작다고 판단합니다. 제가 회사채를 고르는 방식을 계량화하면 다음과 같습니다.

첫째, 회사 등급이 BBB0 등급 이상인 회사

둘째, 수익률이 3년물 국고채 수익률보다 2~4% 높은 채권

셋째, 당기순이익이 3년간 마이너스가 나지 않은 회사의 채권

넷째, 신용평가사의 채권 평가서를 확인해 차입금의존도가 50% 미만인 곳

다섯째, 총 10종목으로 나눠 분산 투자

BBB 등급 회사들은 A 등급 회사보다 돈을 갚지 못할 확률이 높습니다. 그래서 BBB 등급의 회사채를 투자하는 것에 거부감이 있는 사람도 있습니다. 하지만 저는 BBB 등급 채권에 기회가 숨어 있다고 생각합니다. 지난 25년간 BBB 등급의 회사가 망한 확률은 5%가 채 안됩니다. 그마저도 BBB 등급의 5년물 채권일 경우 약 2.23% 정도입니다. 생각보다 손해 볼 확률 자체가 높지 않습니다. 하지만 혹시 모를 손실 상황이 발생했을 때를 생각해 위험을 낮추기 위한 장치로 여러 회사채에 분산 투자를 합니다. 만약 2,000만 원이 있다면 200만 원씩 10개의 회사채를 매수하는 것입니다. 설령 매수한 회사가 망하더라도 한 푼도 못 건질 가능성은 작습니다. 주식보다 선순위고 회사를 정리하더라도 빚은 갚아야 하기 때문입니다.

　　BBB 등급의 회사가 25년간 망한 통계적 누적 확률은 4.2%이지만, 2배 이상 높여서 10%라고 가정해 계산을 해봅시다. 현재 국고채 3년물 수익률은 2.47%입니다(기준일 2025년 1월 5일). 기준일 BBB0 등급 1년물의 수익률은 6.1%이지만, 보수적으로 잡아서 BBB 등급 채권 수익률을 5%라고 가정하겠습니다.

　　먼저 2,000만 원으로 200만 원씩 10개 종목을 매수합니다. 9개 종목의 투자 수익은 1,800만 원 × 5% 수익 = 90만 원, 1개 채권의 손실로 200만 원의 50%를 건질 수 있다면 100만 원입니다. 10%라는 확률에 운이 나쁘게 걸려서 손실을 보더라도 투자금의 5%인 10만 원 정도로 그리 크지 않은 손실입니다. 전체 투자 금액에 비하면 훨씬 미미한 금액일 것입니다. 물론 50% 정도의 투자금을 건질 수 있다는 가정이긴 하지만, 분산 투자를 하면 확률적으로 위험성을 크게 낮출 수 있습니다.

국내 주식 퀀트: CAGR 10% 이상 예상

◆
◆   투자에 대해 관심이 많은 사람이라면 '퀀트Quant'라는 단어를 많이 들어봤을 것입니다. 퀀트는 '계량적 분석가'라는 의미를 담고 있는 'Quantitative Analyst'의 약자입니다. 수학, 통계학, 물리학 등을 사용해 금융 시장을 분석하고 상품을 만들어 내는 사람을 뜻합니다.

주식 종목을 일정 기준으로 수치화해서 투자하는 것을 '퀀트 투자'라고 합니다. 퀀트 투자 방식은 특정 기준을 만들어 놓고, 그 기준에 부합한 종목을 추려서 투자하는 방식입니다. 예를 들어서 현재 국내에 상장한 2,800여 개의 주식 종목 중 영업이익률이 높은 순서대로 나열합니다. 그렇게 줄 세운 1위부터 20위까지 종목을 분할 매수하는 식입니다. 꼭 20개가 아니라 30개, 40개도 상관없지만 통계적으로 20개 정도가 적당합니다.

이렇게 계량화하는 팩터들은 꽤 다양합니다. 크게 나누면 퀄리티,

가치, 성장, 사이즈, 모멘텀 등으로 나눌 수 있으며, 이런 대분류를 구성하고 있는 다양한 팩터들을 새롭게 조합해서 투자하기도 합니다. 언뜻 굉장히 복잡한 과정을 거치는 것처럼 보이지만 사실상 한번 전략으로 만들어 놓으면 크게 손을 볼 게 없는 방법입니다. 요즘에는 관련 정보가 많아 퀀트 투자를 검색해서 공부한다면 실전 투자에 활용하는 데 그리 오랜 시간이 걸리지 않을 것입니다.

중요한 건 퀀트의 기준이 되는 팩터들이 수익률에 영향을 끼치는가를 판단하는 능력입니다. 이러한 판단을 위해서 퀀트 투자자들은 백테스트를 많이 합니다. 백테스트란 과거의 시장 데이터를 가지고 수익률을 분석하는 것입니다. 과거의 수익률이 미래의 수익률을 보장해 주지는 않지만, 과거 수익을 내는 데 유의미했던 팩터라면 미래에도 유의미할 것으로 예상하는 것입니다. 사실 예상이라기보다는 믿는 것에 가깝다고 생각합니다.

투동자 포트폴리오에서 대체투자로 국내 주식 퀀트를 넣은 이유는 수익률을 높이기 위한 전략입니다. 투자하는 금액이 나날이 커질수록 투동자 포트폴리오의 수익률은 떨어집니다. 만약 매년 2,000만 원씩 투자한다고 가정했을 때 첫해 기대 수익률은 약 11% 정도지만, 5년간 투자한다고 가정하면 약 6.98% 정도가 기대 수익률이 됩니다(DC 계좌 수익률 포함).

수익률이 떨어지는 이유는 세액공제로 얻을 수 있는 금액이 시간이 지날수록 투자 원금 대비 낮아져서입니다. 시간이 흐를수록 연금저축펀드 A, IRP 계좌의 금액은 커지는데, 세액공제 대상액은 매년 900만 원으로 한정적이어서 수익률이 점점 떨어질 수밖에 없습니다. 만약 미래에 금리가 많이 내려가게 된다면 채권과 현금의 수익률이 같이 떨어지면서 목표 수익률을 하회할 여지가 있습니다. 그래서 대체투자를 감행합니다.

물론 금리가 떨어지면 채권으로 가야 할 자금들이 주식이나 대체투자 상품으로 이동해서 수익률이 오를 수도 있습니다. 일반적으로 금리가 인하되고 다시 서서히 오를 때 주식의 가치가 오르는 경향이 있습니다. 하지만 항상 그렇게 움직이는 것만은 아닙니다. 모든 전략이 그렇듯 세상에 완벽하고 절대적인 건 없다는 것을 먼저 인정해야 합니다. 그저 끊임없는 대응과 보완만이 있을 뿐입니다. 투동자 포트폴리오의 대체투자는 이러한 수익률을 보완하기 위한 장치입니다.

그럼 어떻게 개별 주식투자를 해야 할까요? 어느 것 하나를 딱 지정할 수 있다면 좋겠지만, 무의미한 행동입니다. 결국 미래는 아무도 알 수 없기 때문입니다. 그래서 저의 방법을 이야기하고자 합니다. 미래에 주가가 어떻게 될지는 몰라도 기업의 가치가 높다면 주가는 그 가치를 따라갑니다.

물론 그 가치를 언제 따라갈지 모르고 주가가 기업의 가치를 따라가는 과정에서 기업의 가치가 낮아지는 변수가 생긴다면, 결국 주가는 아래에 머물게 됩니다. 하지만 일단 투자의 기준은 기업의 가치가 주가보다 높을 때 매수하는 것입니다.

국내 주식투자를 위한 BED 방식

기업의 가치를 계산하는 방식은 여러 가지가 있습니다. 저는 그중 이완규 작가의 책『동일비중 포트폴리오 전략으로 가치투자하라』에 나온 BED 방식을 선호합니다. 일단 가치평가하기 위한 자료를 구하기도 쉽고 계산법도 간편합니다. 그리고 직접 해본 백테스팅 결과도 약 CAGR 13% 정도(2004~2024년)로 나쁘지 않았습니다.

기업의 적정 주가를 구하는 BED 방식은 다음과 같습니다.

기업의 적정 주가 계산(BED 방식)

$$\frac{EPS}{요구수익률을 이용한 R값}$$

이 공식을 써서 종목의 적정 주가를 구한 후 현재 주가와 비교해 가장 높은 수익률을 낼 수 있는 기업 20개를 골라서 매수하고 1년 후 매도하는 전략입니다. 주당순이익(EPS), 요구수익률, 적정 주가라는 단어가 생소할 테니 간단히 용어에 관해 설명하겠습니다.

분자인 EPS는 '순이익 / 발행 주식 수'로, 1주당 순이익을 계산하는 것입니다. 분모인 '요구수익률'은 시장 참여자들이 기대하는 수익률을 기준으로 합니다. 먼저 BBB- 회사채 5년물 수익률과 오피스텔 수익률의 평균을 사용합니다. 주식시장에 참여하는 사람들은 상대적으로 덜 위험한 투자 자산 수익률보다 높은 수익률을 기대한다고 가정합니다. 'R값'은 이러한 요구수익률 기준에 종목의 배당수익률에 따라 최소 0.2~1%까지 차감한 값입니다. 배당수익률이 1%면 0.2% 차감, 그 위로 배당수익률이 1% 올라갈 때마다 0.2%를 가산해 차감합니다. 배당수익률이 5% 이상이라면 최대 1%까지 차감해 요구수익률 R값을 구하는 것입니다.

기업의 순이익과 시장의 기대수익률을 비교해 상대적으로 저평가된 종목을 매수해서 적정 가치에 도달하면 매도 후 다른 종목을 매수한다는 것이 전략의 핵심입니다. 저는 조금 변형해서 1년 후 모두 매도하고 다시 새로운 20개의 종목을 매수하는 방식을 사용합니다.

사실 퀀트 투자는 이렇게 간단하게 구할 수 있는 영역이 아닙니다. 온갖 공학적인 방법을 다 사용하기 때문에 시중에 나와 있는 퀀트 투자는 진짜 퀀트 투자의 치밀함보다는 약간 가볍게 변형된 방식입니다. 다만 자기만의 규칙이 있고 그 규칙이 주가를 판단하기에 합리적이라는 확신이 있다면 따라 해볼 만한 가치가 있을 것입니다.

가상자산:
CAGR 10% 이상

◆

◆   비트코인이 본격적으로 금융시장으로 들어온 건 2021년입니다. 2021년 캐나다에서 비트코인 현물

ETF Purpose Bitcoin ETF^{BTCC}가 세계 최초로 상장했습니다. 그 이후 가장 파급력이 큰 미국 증권거래위원회^{SEC, Securities and Exchange Commission}에서 2024년 1월 비트코인 ETF의 상장을 승인했습니다. 뒤이어 아시아 최초로 홍콩이 비트코인 ETF 거래를 2024년 4월에 승인했고, 이더리움 ETF도 승인했습니다.

현재 전 세계 12개국에서 비트코인 ETF를 거래할 수 있지만, 한국은 아직 비트코인 ETF 거래가 불가능합니다. 그래서 가상자산을 투자하기 위해 업비트, 빗썸, 코인원 같은 가상자산 거래소의 계좌가 필요합니다. 사실 비트코인이 한국 금융시장의 제도권으로 들어오는 건 시간 문제라고 생각하지만, 변화가 있기 전까지는 가상자산 계좌를 이용해야 합니다

비트코인에 투자하는 이유는 일단 자산의 적은 비중을 활용해 높은 수익률을 기대할 수 있어서입니다. 그리고 투자하지 않았을 때 느끼게 될 포모^{FOMO, Fear Of Missing Out} 증후군의 값이라고 생각하고 있습니다. 비트코인을 투자하지 않은 상태에서 가격이 크게 상승한다면, 혹은 정말로 비트코인이 금을 대체해 버린다면 투자자로서 큰 상실감을 느끼게 될 것입니다.

반면 만약 가상자산이 정말 가치가 없는 물건이고 가치가 0원으로 수렴한다면, 많은 사람의 자산은 공중분해 될 것입니다. 2024년 12월 기준 가상자산 시총은 약 3조 5,900억 달러입니다. 한화로 치면 5,010조 원 정도이고, 총 가상자산 투자자는 전 세계 약 5억 6,000만 명 이상

입니다. 그중 비트코인은 시가총액이 2,680조 원 정도입니다.

한국 증시(코스피, 코스닥, 코넥스) 시가총액인 약 2,352조보다 더 많은 돈이 비트코인에 쏠려 있습니다. 저는 자산의 5% 정도를 비트코인에 투자하는 포트폴리오를 운용하고 있지만, 솔직히 가상자산의 가치가 0원이 되기를 희망합니다. 만약 저렇게 많은 금액이 지구에서 삭제된 다면 제 개인 자산 순위는 비트코인 투자자들과 비교했을 때 높아지기 때문입니다. 내 자산의 5%로 5,000조 규모의 자산을 날린다고 생각해 보세요. 개인 자산의 총량에는 큰 변화가 없겠지만 전 세계 코인 보유자 5억 6,000만 명의 자산이 증발하게 되고 갈 곳을 잃은 투자금들은 제가 투자하고 있는 전통적인 투자 자산으로 유입될 것입니다.

미래가 어떻게 될지는 예측할 수 없지만 올라가면 이익이 생겨서 좋고, 떨어지면 나의 자산 등수가 올라가서 좋을 것이기 때문에 어느 쪽이든 손해는 아니라고 생각합니다. 어차피 투동자 포트폴리오에서는 총 8,000만 원 이상, 연 3,600만 원 이상 투자할 수 있는 사람만 비트코인에 투자할 수 있도록 설계되어 있습니다(ISA 3년 운용 기준). 비트코인 투자는 매년 투자할 수 있는 규모를 만들고 고민해도 늦지 않을 것입니다.

어떤 전략으로 투자할 것인가

이제 드디어 투동자 포트폴리오 전략 챕터의 마지막입니다. 어느 증권사를 선택해서 어떤 계좌를 만들고 어떤 상품에 투자할 것인지 앞서 이야기했습니다. 아무래도 생소한 단어들이 너무 많이 나와서 정신이 없었을 거라고 생각합니다. 지면 관계상 모든 단어를 설명하기는 힘드니, 이해되지 않는 단어들은 따로 공부해 보고 익숙해지기를 바랍니다. 재료는 다 갖춰졌으니, 이제는 투자 전략을 고민해 보겠습니다. 일단 지금까지 이야기한 내용을 하나의 그림으로 정리해 설명하겠습니다.

투동자 포트폴리오 구성

◆

◆ 투자 자산은 주식, 현금, 채권, 대체
투자로 나눕니다. 각각의 자산을 구성하는 1~2개의 종목을 카트에
담는 것처럼 표현했습니다. 이것을 우리가 활용하려는 절세 계좌와

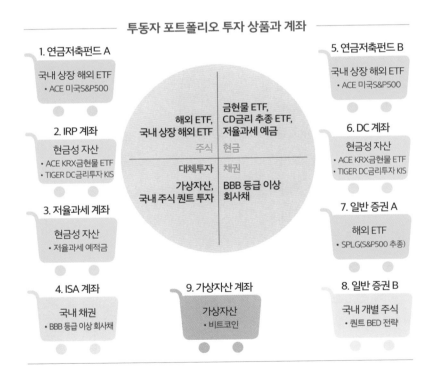

투동자 포트폴리오 투자 상품과 계좌

1. 연금저축펀드 A
국내 상장 해외 ETF
• ACE 미국S&P500

2. IRP 계좌
현금성 자산
• ACE KRX금현물 ETF
• TIGER DC금리투자 KIS

3. 저율과세 계좌
현금성 자산
• 저율과세 예적금

4. ISA 계좌
국내 채권
• BBB 등급 이상 회사채

해외 ETF, 국내 상장 해외 ETF | 금현물 ETF, CD금리 추종 ETF, 저율과세 예금
주식 | 현금
대체투자 | 채권
가상자산, 국내 주식 퀀트 투자 | BBB 등급 이상 회사채

5. 연금저축펀드 B
국내 상장 해외 ETF
• ACE 미국S&P500

6. DC 계좌
현금성 자산
• ACE KRX금현물 ETF
• TIGER DC금리투자 KIS

7. 일반 증권 A
해외 ETF
• SPLG(S&P500 추종)

8. 일반 증권 B
국내 개별 주식
• 퀀트 BED 전략

9. 가상자산 계좌
가상자산
• 비트코인

일반 계좌 총 9개에 분산해서 투자합니다. 자산을 해당 종목에서 투자할 때는 금액 한도가 존재합니다. 표로 나타내면 다음과 같습니다.

계좌별 투자 금액 한도(연 기준)

순번	금융사	계좌	분류	상품명	투자 금액 한도
1	한국투자증권	연금저축펀드 A	주식	ACE 미국S&P500	600만 원
2		IRP 계좌	금	ACE KRX금현물 ETF	210만 원
3			현금	TIGER CD금리투자 KIS	90만 원
4	신협	저율과세 계좌	현금	저율과세 예적금	3,000만 원
5	한국투자증권	ISA 계좌	채권	BBB 등급 이상 회사채	2,000만 원
6	미래에셋증권	연금저축펀드 B	주식	ACE 미국S&P500	900만 원
7	한국투자증권	DC 계좌	금	ACE KRX금현물 ETF	연봉×1/12× 70%
8			현금	TIGER CD금리투자 KIS	연봉×1/12× 30%
9	신한증권	일반 증권 A	주식	SPLG ETF	잔여 투자금× 68%
10	신한증권	일반 증권 B	대체투자	국내 주식 퀀트	잔여 투자금× 16%
11	업비트	가상자산지갑	대체투자	비트코인	잔여 투자금× 16%

* 2024년 12월 기준

계좌별 투자 자산 투자 금액 한도 표에는 지금까지 이야기한 모든 것이 담겨있습니다. 이것을 제가 만든 포트폴리오 계산기 시트에 나타내면 다음과 같습니다.

연봉 4,100만 원, 실수령액 약 300만 원인 직장인이 월급의 약 64%인 192만 원(연 2,304만 원)을 매월 적립식으로 투자하고, DC 계좌로 들어오는 연봉의 12분의 1에 해당하는 퇴직금을 3년간 적립식 투자한다는 시나리오입니다. 그렇게 3년이 지나면 자산을 평가해서 리밸런싱을 실시합니다. 리밸런싱 기간을 3년으로 끊은 이유는 ISA 계좌의 의무 보유 기간 3년을 채우면 비과세가 적용되어서입니다. 연금계좌 이전으로 세액공제를 받을 수 있어 3년마다 새로 가입하는 것이 효율적이라 할 수 있습니다.

물론 상황마다 달라질 수는 있습니다. 이미 많은 목돈을 투자해 오던 특수한 경우 금융소득종합과세 대상에 해당된다면, ISA 계좌를 운영하지 못할 수도 있습니다. 만기 연장을 하더라도 ISA 자격 심사를 통해 직전 3개년 동안 한 번이라도 금융소득종합과세 대상이 된다면 ISA 계좌를 운용할 수 없습니다.

하지만 만약 처음부터 투동자 포트폴리오를 운용한다면 금융소득종합과세는 걱정하지 않아도 됩니다. 가상자산과 일반예금 계좌를 제외하고는 계좌의 운용수익이 모두 금융소득종합과세에 포함되지 않기 때문입니다. 애초에 절세에 초점을 맞춰 만든 전략이기 때문에 세금에서 매우 유리합니다.

포트폴리오 계산기

기준수익률(3년 국채)	3.342%	주식	20,312,541
나의 연봉	41,000,000	금	15,231,828
총 금융자산	91,406,940	현금	38,777,708
기대 CAGR	7.23%	채권	17,084,864
예상 금융수익 (연)	6,607,648	대체투자	0

평가자산 E열 기입

한국투자증권	연금저축펀드 A	주식	ACE 미국 S&P500
	IRP	금	ACE KRX 금 현물
신협		현금	Tiger CD금리투자 KIS
한국투자증권	저율과세계좌	현금	저율과세 예금
미래에셋	ISA	채권	투자등급 회사채(BBB)
	연금저축펀드B	주식	ACE 미국 S&P500
한국투자증권	DC	금	ACE KRX 금 현물
		현금	Tiger CD금리투자 KIS
메리츠 증권	일반증권 A	주식	해외지수 ETF(SPLG)
신한증권	일반증권 B	대체투자	BED 전략(국내주식)
업비트	가상자산지갑	대체투자	비트코인
	수시입출금	현금	파킹통장

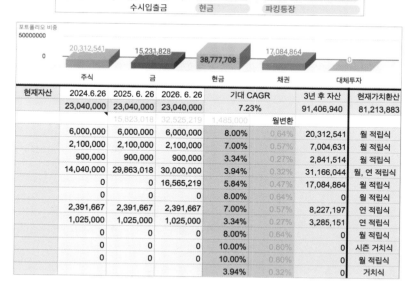

포트폴리오 비중

주식 20,312,541 / 금 15,231,828 / 현금 38,777,708 / 채권 17,084,864 / 대체투자 0

현재자산	2024.6.26	2025. 6. 26	2026. 6. 26	기대 CAGR	월변환	3년 후 자산	현재가치환산	
	23,040,000	23,040,000	23,040,000	7.23%		91,406,940	81,213,883	
		15,823,018	32,525,219	1,485,000				
	6,000,000	6,000,000	6,000,000	8.00%	0.64%	20,312,541		월 적립식
	2,100,000	2,100,000	2,100,000	7.00%	0.57%	7,004,631		월 적립식
	900,000	900,000	900,000	3.34%	0.27%	2,841,514		월 적립식
	14,040,000	29,863,018	30,000,000	3.94%	0.32%	31,166,044		월, 연 적립식
	0	0	16,565,219	5.84%	0.47%	17,084,864		월 적립식
	0	0	0	8.00%	0.64%	0		월 적립식
	2,391,667	2,391,667	2,391,667	7.00%	0.57%	8,227,197		연 적립식
	1,025,000	1,025,000	1,025,000	3.34%	0.27%	3,285,151		연 적립식
	0	0	0	8.00%	0.64%	0		월 적립식
	0	0	0	10.00%	0.80%	0		시즌 거치식
	0	0	0	10.00%	0.80%	0		월 적립식
				3.94%	0.32%	0		거치식

포트폴리오 계산기에 기입한 투자금대로 투자했을 시 투자 자산들이 예상 수익률대로 상승한다면 포트폴리오 비중은 다음과 같습니다. 안전자산과 위험자산에 적절하게 분배된 포트폴리오를 볼 수 있습니다. 안전자산에 꽤 큰 비중이 실려 있음에도 불구하고 세액공제까지 고려했을 때 포트폴리오의 기대 CAGR은 연 7.23%입니다. 우리의 목표 수익률인 6.77%를 충분히 달성하고 남는 수익률입니다. 물론 3년간 칼같이 매년 7.23%의 수익률을 얻을 수는 없을 것입니다. 최악의 경우 예상과 다르게 목표 수익률을 하회하는 수익률을 볼 수도 있습니다. 3년이라는 시간은 기대 수익률을 끌어내기에는 너무 짧습니다.

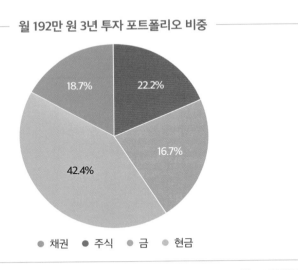

월 192만 원 3년 투자 포트폴리오 비중

22.2%
16.7%
42.4%
18.7%

● 채권 ● 주식 ● 금 ● 현금

* 연봉 4,100만 원 기준

그리고 현재 포트폴리오는 국채 3년물 수익률을 기준으로 주식 8%, 금 7%, 채권 5.84%, 대체투자 10%, 금리형 ETF 3.34%의 수익률 예상값을 토대로 만들었습니다. 추후 금리가 변동되거나 특정 자산이 예상했던 수익률을 달성하지 못한다면 기대 수익률이 제대로 나오지 않을 가능성이 있습니다.

하지만 세액공제액, 채권 이자, 은행 이자 같은 확정 수익이 수익률에 상당 부분 포함되어 있고, 상관관계가 적은 투자 자산들로 구성되어 있기 때문에 장기적으로 끌고 간다면 기대 수익률을 달성할 수 있을 것입니다. 다시 한번 강조하지만 투자 수익률 부분은 누구도 장담할 수 없고, 전략을 구성하는 논리의 타당성을 각자 잘 판단해야 합니다.

투동자 포트폴리오 투자 실행: 적립식 투자 방식

◆

◆   투자 방식은 간단합니다. 일단 ISA 계좌 만기 기간 3년을 기준으로, DC 계좌를 제외한 나머지 계좌에 매월 적립식 투자를 하는 것입니다. 계좌마다 1년간 정해진 투자금의 최댓값이 있고 이 금액을 12개월로 나눠서 투자합니다.

매월 잉여현금 흐름을 만들어 내는 직장인에게는 정액 적립식 투자 방식이 이상적입니다. 매월 발생하는 일정한 잉여현금으로 해당 종목을 매수하기 때문에 종목이 하락해서 낮은 가격일 때는 많은 수량을 확보할 수 있고 가격이 높아져서 고가일 때는 상대적으로 적은 수량을 매수하게 됩니다.

이와 같은 방법은 투자 금액에는 변화가 없고 수량만 변화하게 되니 평균 매입 단가가 안정적이고 시장의 변동성에 상대적으로 덜 영향받습니다. 또한 매월 같은 금액을 기계적으로 매수해 투자 결정에 있어 감정의 동요가 적다는 것도 장점입니다.

투자 금액

투자해야 할 금액을 쉽게 계산하기 위해서 저는 포트폴리오 계산기를 만들었습니다. 제가 1년간 투자할 수 있는 금액을 입력하면 우선순위 자산대로 분배해 투자해야 할 금액을 보여줍니다. 앞서 나온 포트폴리오 계산기를 보면 알 수 있듯이 연 2,304만 원을 투자할 수 있다면, 연금저축펀드 A 600만 원, IRP 300만 원, 저율과세 예금 1,404만 원을 투자하는 것입니다. 각각 매월 50만 원, 25만 원, 117만 원을 투자해야 합니다.

금액이 모자라다면, 그 아래 상품들(ISA, 연금저축펀드 B 등)은 투자할 수 없는 구조입니다. 또한 DC 계좌는 매년 초 특정일에 입금되기 때문에 매월이 아니라 매년 적립식으로 투자하면 됩니다. 해당 시트는 네이버 카페 '투동자 연구소'에서 쉽게 내려받을 수 있습니다.

투자 방법

한 달에 한 번 하는 투자가 번거롭다고 걱정할 수 있습니다. 하지만 연금저축펀드는 자동 매수를 설정할 수 있습니다. 매월 자동 이체와 자동 매수를 설정한다면 번거로움을 줄일 수 있습니다. 2024년 9월부터 퇴직연금(DC, IRP) 계좌에서도 ETF 자동 매수가 가능해졌습니다. 저는 한국투자증권을 사용하지만 일부 증권사에서 안 되는 서비스일 수 있으니 확인한 뒤 활용하면 됩니다. 그리고 가격 변동으로 자투리 돈이 남는 변수도 종종 발생하는데, 그럴 때는 파킹통장, CMA 계좌에 보관하고 있다가 돈이 모이면 적절한 자산을 매수하면 됩니다.

증권 계좌의 ETF 매수, 비트코인은 적립식 자동 매수가 가능해서 편리하지만, 예금, 회사채, 국내 개별 주식 퀀트 트레이딩을 할 경우에는 수작업이 필요합니다. 하지만 빈도가 그리 높은 작업은 아니니 이러한 과정을 귀찮다고 생각하지 말고 관심을 기울이면서 운용하는 것을 추천합니다.

리밸런싱

3년을 투자하고 ISA 계좌 만기일이 되면, 리밸런싱을 할 시간입니다. 연금저축펀드, IRP, DC 계좌에 있는 돈은 출금이 불가능하니 예외로 하고, 나머지 계좌의 돈으로 리밸런싱을 시도합니다. 이때 예상되는 시나리오는 딱 세 가지입니다. 수익률이 낮거나, 높을 수 있고 혹은 예상한 수익을 얻는 경우입니다.

예상한 수익률이 나왔다면 똑같이 투자하면 됩니다. 투동자 포트폴리오의 강점은 자동 리밸런싱을 추구한다는 점입니다. 정해진 금액대로만 투자하면 자동으로 적절한 자산 배분이 가능합니다. 만약 ISA 계좌 만기 후 채권의 비중이 너무 낮게 유지되어서 신경 쓰인다면, ACE 미국30년국채액티브(H) ETF를 IRP, DC 계좌에서 매수하는 방법도 있습니다. 이 상품은 IRP, DC 계좌에서 100% 매수가 가능한 안전자산으로 분류되는 미국 채권 현물 상품입니다.

선택지가 많아지면 혼란을 줄 수 있어 앞에서 언급하지는 않았지만, 금리 인하가 기대되는 상황에서 미 국채 매수는 좋은 방법이 될 수 있습니다. 그러니 기본적으로 투동자 포트폴리오를 유지하되, 더 적절한 상품이 나온다면 바꿀 수 있다는 여지를 두고 생각할 필요가 있습니다.

포트폴리오 계산기 시트에서 '현재 자산 셀'에 현재 투자 중인 평가 자산을 입력하고, 앞으로 3년간 투자할 수 있는 금액을 입력하면 포트폴리오 비중과 기대 CAGR을 확인할 수 있습니다. 지난 3년간 수익률이 낮아도 투자 계좌에 설정된 금액대로 투자한다면, 목표 수익률을 달성할 수 있는 적절한 포트폴리오 비중을 유지할 수 있습니다.

하지만 만약 예상보다 높은 수익률을 얻었다면, 약간의 개입이 필요합니다. 이 부분은 현금 비중을 늘리기 위해 예금 계좌, 파킹통장 계좌를 이용합니다. 만기가 된 ISA 계좌의 금액 중 일부분을 예금 계좌로 옮겨서 포트폴리오 비중과 기대 CAGR의 수익률을 조정하는 것입니다. 기대 수익률이 적당히 7~8% 정도 나오게 맞춘다고 생각하면 됩니다.

이상 투동자 전략으로 투자하는 방법을 설명했습니다. 투자의 우위를 확보할 수 있는 여러 가지 방식을 조합하다 보니, 다소 복잡하고 어렵게 느껴질 수 있습니다. 지금 느끼는 불편함은 낯선 것을 해야 한다는 두려움에서 전해지는 감정이라 생각합니다. 하지만 제가 지금 제시한 전략은 만들어야 하는 계좌와 매수해야 하는 종목, 가용해야 할 자금까지 모두 미리 정해진 투자를 할 수 있게 도와주기 때문에 한 번 세팅해 놓으면 어렵지 않게 투자를 이어 나갈 수 있습니다.

차근차근 단계를 밟아나가다 보면 점차 투동자 전략이 익숙해지고 처음에는 어려워 보였던 부분들이 자연스럽게 풀리기 시작할 것입니다. 모든 투자는 처음이 어렵습니다. 하지만 투자 전략을 하나하나 명확히 설정하고 실행하면 불안감이나 두려움이 극복될 것입니다. 중요한 것은 처음부터 너무 많은 것을 한꺼번에 하려는 것보다, 본질을 이해하고 점진적으로 적응해 나가면서 투자에 대한 자신감을 쌓는 것입니다.

☑ 현명한 투자란 장기적으로 수익이 날 수 있는 확률에 투자하는 것이다.

☑ 직장인에게 어울리는 투자 전략은 '자산 배분 전략'이다.

☑ 투동자 포트폴리오 전략의 자산 구성은 주식, 채권, 금, 현금, 대체투자다.

☑ 포트폴리오 구성 시 증권사, 계좌, 투자 상품, 실행 전략이 중요하다.

☑ 절세 계좌를 최대한 이용해 포트폴리오를 구성하면 수익률은 자연스럽게 올라간다.

☑ 투동자 포트폴리오는 마음 편한 적립식 투자 방식이다.

PART 4

단호한 경영자로
행동하기:
어떻게 경영할 것인가

전략적인
경영자 마인드

부자를 닮는 마음으로, 경영자의 마음으로

사람들은 대부분 부자가 되고 싶어 합니다. 하지만 사람들에게 부자에 관해 물어보면 제대로 답변하지 못합니다. 부자가 되고 싶다면 근본적으로 부자에 대해 알 수 있어야 합니다. 부자가 되는 방법은 생각보다 간단합니다. 많은 돈을 가지고 있으면 됩니다.

그럼 많은 돈을 가지려면 어떻게 해야 할까요? 방법은 세 가지입니다. 만들어 내든가, 어디서 줍든가, 누군가의 돈을 가져와야 합니다. 하지만 개인이 화폐를 찍어낼 수는 없습니다. 돈을 주워서 부자가 되는 것 또한 불가능합니다. 결국 필연적으로 부자가 되려면 누군가의 돈을 가져와야 합니다. 지금 부자가 된 사람들 모두 누군가의 돈을 가져왔습니다.

그렇습니다. 우리가 살고 있는 자본주의 사회에선 돈의 순환으로 누군가는 가난해지고, 누군가는 부자가 됩니다. 다른 사람의 돈을 갖고 와야만 부자가 될 수 있습니다. 그럼 돈을 어떻게 가지고 와야 할지 생각해 봅시다. 뺏을까요? 훔칠까요? 둘 다 감옥에 가기 딱 좋은 방법입니다. 그렇다면 다른 사람이 나에게 돈을 바치게 하는 수밖에 없습니다.

그럼 다른 사람이 나에게 돈을 바치게 하는 방법은 뭘까요? 경영자의 마인드는 이 방법의 고민에서 시작합니다. 사람들이 나에게 돈을 바치게 하는 방법을 깨달은 사람은 부자가 되고 그렇지 못하면 평생 부자가 되기는 힘들 것입니다.

다른 사람들이 나에게 돈을 갖고 오게 하려면, 반드시 내가 먼저 무언가를 줘야 합니다. 주는 대가로 돈을 지불하게 만드는 것입니다. 돈을 많이 갖고 싶다면 세 가지 조건을 충족해야 합니다. 1) 가능한 한 많은 사람에게 2) 가능한 한 가치가 높은 것을 3) 가능한 한 많이 내주어야 합니다. 여기서 평범한 직장인이 부자의 영역, 경제적 자유에 도달하지 못하는 이유가 드러납니다. 대부분의 사람은 많은 돈을 벌고 싶다는 생각만 하고 다른 사람한테 무엇을, 얼마나 줄 수 있는지를 확인하지 않습니다.

지금 당신은 돈을 얻기 위해 타인에게 무엇을 주고 있나요? 직장인이라면 답은 뻔합니다. 회사 사장에게 시간을 주고 있을 것입니다. 보통의 근로 조건이라면 9시에 출근해 18시까지의 시간을 노동력으로 치환하고 있을 것입니다. 곰곰이 생각해 보면 위에서 열거한 많은 돈을 얻을 방법과 완전 정반대의 행동을 하고 있다는 걸 알 수 있습니다.

많은 사람이 아닌 한 명의 사장이 나에게 대가를 치르고 있고, 보통의 월급으로 미루어 보아 가치 높은 노동력을 제공하지 못하며, 노동력으로 치환할 수 있는 시간은 1일 9시간으로 한계가 있습니다. 이렇듯 대부분의 평범한 직장인은 물리적인 한계 때문에 많은 돈을 얻을 수 없습니다.

부자가 되고 싶으면 부자를 닮으라는 말이 있습니다. 사장과 일하는 직원 중 누가 더 부자인가요? 당연히 사장입니다. 그럼 사장은 누구에게 어떤 걸 주고 있나요? 직원들이 시간으로 빚어낸 노동력을 원료로 서비스와 제품을 만들어 여러 고객에게 주고 있을 것입니다. 그렇게 고객들은 사장에게 많은 돈을 갖다 바칩니다. 나의 시간을 잘 활용해 사장은 더 큰 돈을 법니다.

그렇다면 이제부터 어떻게 해야 할까요? 답은 나와 있습니다. 방법을 바꿔야 합니다. 직장인이 아닌 대표가 되어야 합니다. 오늘부터 자신을 CEO라고 여기고 자신의 자원을 활용할 수 있는 대표처럼 행동해야 합니다. 저도 평범한 직장인이지만 시간의 물리적인 한계를 깨닫고 제가 더 줄 수 있는 것을 고민하기 시작했습니다. 많은 사람에게, 높은 가치가 있으며, 물리적 한계 없이 줄 수 있는 것이 필요했습니다. 그건 바로 돈, 돈과 관련한 정보였습니다.

"돈이 필요한 사람들에게 돈을 버는 방법을 알려주고 돈을 받자!" 이것이 평범한 직장인인 제가 생각해 낸 경제적 자유를 얻는 방법이 었습니다. 투자 또한 마찬가지입니다. 가치가 높은 타인의 자산을 매 입한 후 더 높은 가치가 되었을 때 판매합니다. 혹은 현금흐름을 창출 하는 기업에 돈을 빌려주고 성과의 일부분을 공유받습니다.

이러한 마음으로 저는 가정이라는 투자회사의 CEO가 되었습니다. 배우자와 같이 각자의 직장에서 열심히 돈을 벌고, 각자의 노동 비용 을 제외한 뒤 전부 가정이라는 투자회사에 출자했습니다. 그리고 가 정에서는 노동 원가를 적절하게 사용한 후 되도록 많은 잉여현금을 만들어 전부 투자했습니다.

저는 대표로서 경제적 자유를 얻을 수 있는 비전과 구체적인 기간, 목표들을 제시했습니다. 리스크를 줄이면서 확정적 이익을 얻을 수 있는 창의적인 방법을 만들었고 소비, 소득 데이터를 수집하고 분석 하면서 구체적인 실행 방법을 전략적으로 접근했습니다.

경영을 위해 돈의 전반적인 흐름을 장악하려면 도구가 필요합니 다. 그래서 투동자 전략을 실행할 수 있는 도구로 구글 스프레드시트 가계부를 만들었습니다. 지난 6년간 모든 소비와 입출금을 기록하며 가정을 경영했습니다. 그 데이터를 통계적으로 분석해 달성 목표를 매달, 매 분기, 매 반기, 매년 점검하고 미래를 예측하며 대응해 가는 중입니다.

이렇게 전략적으로 경영을 한 결과, 저희 부부는 결혼 5년 6개월

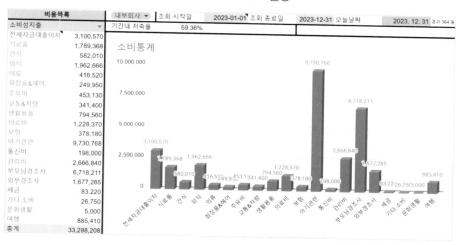

비용목록		내부회사 ▼	조회 시작일	2023-01-01	조회 종료일	2023-12-31	오늘날짜	2023. 12. 31 경과 364 일
소비성지출	▼	기간내 저축율	59.36%					
전세자금대출이자	3,100,570							
식료품	1,789,368							
간식	582,010							
외식	1,962,666							
의류	416,520							
화장품&헤어	249,950							
주유비	453,130							
교통&차량	341,400							
생활용품	794,560							
의료비	1,228,370							
보험	378,180							
아기관련	9,730,768							
통신비	198,000							
관리비	2,666,840							
부모님경조사	6,718,211							
외부경조사	1,677,285							
세금	83,220							
기타 소비	26,750							
문화생활	5,000							
여행	885,410							
총계	33,288,208							

만에 경제적 자유에 성큼 다가설 수 있었습니다. 수도권 34평 아파트를 장만했으며 투자 수익으로 한 달 생활비 정도는 커버할 만한 금융 자산을 보유했습니다. 그리고 사랑스러운 딸을 얻었습니다. 아직 가야 할 길이 남았지만, 과거에 비해 여유로워진 환경 속에서 하루하루 목표를 달성하는 재미로 살아가고 있습니다.

큰 부자들에 비하면 제가 일군 것들은 별 볼 일 없는 작은 것에 불과합니다. 누군가에게 저희의 부를 자랑하고 싶은 마음도 없을뿐더러 자랑할 만큼 이룬 게 크다고 생각하지도 않습니다. 그저 미래를 꿈꾸지 못했던 한 사람으로서 같은 직장인에게 동병상련을 느끼며 평범한 직장인도 경제적 자유가 가능하다는 걸 보여주고 싶을 뿐입니다.

나 자신을 CEO라 생각한 후 제가 해왔던 행동들과 사고방식, 태도들은 사업을 하는 경영인들과 비교했을 때 크게 다를 바 없었습니다. 처음에는 장난처럼 생각했던 대표라는 마음가짐이 이제는 현실이 되었습니다. '부자가 되려면 부자를 닮아라'라는 말을 따라 저는 투동자연구소의 대표가 되었습니다.

저는 기혼자이기 때문에 처음부터 가정을 경영한다는 생각을 가졌지만, 미혼자라면 자신을 경영한다는 생각으로 스스로를 CEO라 생각해 보기를 바랍니다. 돈과 시간이라는 자원을 활용해 어떻게 유리한 환경을 만들 수 있는지는 이미 많은 페이지에 걸쳐 설명했습니다. 설명서를 쥐었으니 이제 남은 건 여러분의 실행력뿐입니다.

자산을 전략적으로 경영하라

가정을 투자회사처럼 키워 나가려면 일정 기간 꾸준한 현금흐름이 발생해야 하고, 되도록 많은 투자금이 필요하며, 가치가 높아질 자산을 운용하는 전략이 필요합니다. 그래서 첫 번째로 안정적 소득, 두 번째로 합리적 소비, 세 번째로 현명한 투자를 강조했습니다. 즉, 직장인, 소비자, 투자자의 마인드와 전략에 관한 이야기입니다.

이 세 가지가 유기적으로 잘 작동하기 위해서는 마지막 파트인 전략적 경영이 필요합니다. 가정과 개인의 자산을 사장처럼 경영한다는 마음가짐으로 우리가 활용할 수 있는 자원들을 면밀히 살피고 전략을 세워서 운용해야 합니다. 미래는 워낙 변수가 많아서 소득, 소비, 투자 영역 중 언제 어디서 문제가 발생할지 모릅니다. 전략적 경영으로 세 가지를 잘 관리하고 있다면 큰 문제로 번지기 전 예방할 수 있고, 문제가 발생한다 하더라도 쉽게 대응할 수 있습니다.

자신만의 계량화된
시스템 설계하기

◆

◆   경영에서 무엇보다 중요한 것은
계량화입니다. 자기만의 시스템을 만들어 놓는 것인데, 계량적으로
시스템을 설계하면 실행하기 한결 쉬워집니다. 시대에 따라 상황이
변하고 수많은 돌발 변수를 마주하면 회사는 자칫 방향을 잃을 수 있
습니다. 하지만 판단을 재촉하는 다양한 상황에서 목적지와 기준이
있다면 큰 힘이 됩니다. 목적지와 기준이 없다면 당황한 나머지 옳지
못한 판단을 할 가능성이 높아집니다.

지금까지 여러 파트에서 이야기해 온 것들은 모두 직장인으로서,
소비자로서, 투자자로서 필요한 행동을 저만의 방식으로 계량화한 전
략입니다. 모든 사람에게 적용할 수 있는 정답이라고 이야기할 수는
없겠지만, 전 제가 만든 전략을 따르며 매년 목표치를 초과 달성하고
있습니다. 이 전략이 다른 사람에게도 통용이 될지는 미지수지만, 확
실한 건 아무런 정보도 없는 바닥에서의 시작보다 훨씬 나을 것입니
다. 성공한 사례를 엿보고 자신의 상황에 맞게 수정하면 지름길이 되

어줄 것입니다.

타인에게 도움이 될 만한 서비스나 상품을 만들면 큰돈을 벌 수 있다는 사실을 모르는 사람은 없습니다. 단지 그러한 일을 할 수 없는 사람이 더 많이 존재할 뿐입니다. 신한은행이 발간한 〈2024 보통사람 금융생활 보고서〉에 따르면 직장인의 17% 정도는 부업을 가진 'N잡러'라고 합니다. 본업 수입만으로는 윤택한 삶을 살 수 없다고 생각하는 지혜로운 사람들이 많아졌습니다. 우려되는 건 반쪽짜리 깨달음이 될 수 있다는 점입니다. 제 기준에서 경영 시스템을 제대로 만들어 놓지 않고 부업으로 수익을 늘리는 것은 밑 빠진 독에 물 붓기와 같습니다.

만약 자신만의 계량화된 시스템이 없다면 부업으로 인해 수입이 늘더라도 소비가 같이 늘어날 가능성이 높습니다. 수입과 소비가 같은 비율로 늘어난다면 경제적 자유는 점점 더 멀어집니다. 두 번째 파트에서 이야기했듯이 경제적 자유를 얻기 위해서는 소비보다 소득이 2.7배 정도 많아야 투자금으로 적합한 잉여현금이 마련되기 때문입니다. 물론 투자를 통해 경제적 자유에 도전하는 사람이 아니라면 평생 열심히 일하면 됩니다.

투동자에게 추천하는 경영의 첫걸음은 자신이 가진 것을 계산하는 것입니다. 스스로 질문하고 답을 내려보세요. 나는 매월 얼마를 몇 년 동안 벌 수 있을까? 그 돈을 가지고 얼마만큼 소비할까? 소비를 얼마까지 줄일 수 있을까? 매달 어느 정도의 잉여현금을 발생시킬 수 있을까? 그 돈을 투자하면 얼마의 이익을 얻을 수 있을까? 미래의 나는 얼마만큼의 돈이 필요할까?

이 모든 걸 정립하고 난 뒤 부업을 통해 소득을 늘릴지, 지금보다 소비를 줄일지, 투자를 더 열심히 할지를 골라야 알맞습니다. 다짜고짜 돈을 더 벌고자 부업 전선에 뛰어드는 건 효율적이지 못합니다. 저의 투자 방식은 가치 있는 자산을 매수/매도하는 것이지만, 누군가는 무인 매장을 차리는 것일 수 있고, 누군가는 온라인 판매를 시작하는 것일 수 있습니다. 무엇이 되었든 완벽한 정답은 없습니다. 모로 가도 서울로만 가면 되지만, 적어도 출발하기 전 서울이 어딘지는 알고 떠나야 시간 낭비를 덜 수 있습니다.

전략적 경영을 위해 저는 직접 만든 '투동자 가계부'를 사용한다고 이야기했습니다. 투동자 가계부 안 여러 가지 시트 중 로드맵을 설계

'로드맵 설계' 시트

노동실수령	자동계산	3,000,000원	888시스템	시뮬레이션 선택	노력+자산보유 ▼
노동원가		600,000원	600,000원		
매출총이익		2,400,000원	2,400,000원	월불입	1,920,000원
노동비용		480,000원	480,000원	현재나이	41세
투자금		1,920,000원	1,920,000원	불입 연수	10년
				인플레이션	3.00%
10년 뒤 필요 생활비		월) 806,350원	연) 9,676,198원	적금 환산 수익률(세전)	8.00%
				예금 환산 수익률(세전)	8.00%
		0원	덜쓰거나	세후(적금->예금전환)	3.67%
솔루션		0원	더벌거나	세후	6.77%
			노력하거나	마지막 금액 현재가치	337,981,160원
			금융자산이있거나		
필요한 금융자산 찾기(클릭)					

할 수 있는 시트가 있습니다. 앞의 시트는 미래의 자금 흐름 계산을 위해 여러 가지 팩터를 기입하는 시트입니다.

소득액, 소비액, 투자금, 인플레이션율, 불입 연수, 수익률, 기대여명까지 기입하면 미래의 자산이 부족할지, 남을지, 0원이 될지 알 수 있습니다. 앞의 예시는 월 300만 원 실수령자가 888 시스템을 실행했을 때의 금액을 적어둔 예시입니다. 계산에 필요한 요소들을 모두 기입하면 시간이 흐르면서 자산의 흐름이 어떻게 변동되는지 다음 그래프로 확인할 수 있습니다.

그래프를 기준으로 예를 들겠습니다. 41세 A 씨의 기대여명은 약 48년입니다. 10년 동안 투동자 전략을 유지한 후 경제적 자유를 얻는다면, 소득 공백 기간은 38년입니다. 이 기간을 다 보내고 나서 남는

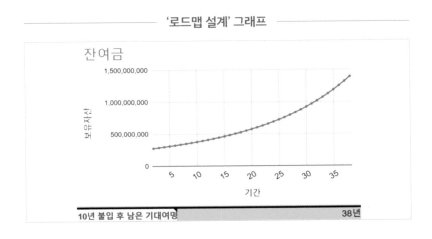

'로드맵 설계' 그래프

자산은 약 14억 원 정도인 걸 확인할 수 있습니다. 이렇게 자산이 우상향하는 그래프를 만드는 것이 투동자 전략의 목표입니다.

기대 수명에 맞춰서 딱 떨어지게 돈을 사용할 수도 있지만, 예기치 못한 장수 리스크가 생길 수도 있습니다. 그래서 우상향하는 자산을 목표로 두고 소득액과 소비액, 투자 수익률, 은퇴 시점을 조정하는 노력이 필요합니다. 미래의 변수를 대비해 안전 마진을 항상 염두에 두는 것입니다.

이러한 로드맵을 설계하는 것은 전략적 경영의 일부분입니다. 지금 자신의 상태가 돈을 더 벌어야 할 단계인지, 소비를 줄여야 할 단계인지, 투자 수익률을 더 높여야 할 단계인지를 파악해야 합니다. 자세한 전략적 경영 방법은 뒤이어 이야기하도록 하겠습니다.

스스로를 과소평가하거나 과신하는 건 금물

성공한 사업가들의 공통된 경영 방식

◆

◆   최근 재미있게 본 〈억만장자 파헤치기Undercover Billionaire〉라는 프로그램이 있습니다. 사업으로 크게 성공한 억만장자를 연고가 없는 곳에 떨어뜨려 놓고 초기 자금 100달러, 픽업트럭 1대, 휴대전화만 주고 90일 안에 100만 달러 가치의 사업을 만들 수 있는지 테스트하는 리얼리티 쇼 프로그램입니다. 방송이다 보니 약간의 연출이 있겠지만, 전 세계에서 손꼽히는 성공한 사업가의 태도와 마인드를 엿볼 수 있었습니다.

시즌 2까지 다 보면 성공한 사업가들은 각기 다른 사업을 하고 있음에도 비슷한 행동을 하고 있다는 것을 알게 됩니다. 낯선 땅에 단돈 100달러를 쥐고 떨어졌을 때 가장 먼저 하는 일은 먹을 것과 잘 곳을 구하는 것입니다. 그러고 나서 기본적인 고정비를 계산해 보고 그 비용을 충당할 방법을 파악합니다. 초기에는 아르바이트하거나 중고차나 고물을 팔며 숙식을 해결할 수 있는 일을 찾습니다. 당장의 끼니와 숙소를 해결할 돈을 시간으로 치환한 노동력으로 교환하는 것입니다. 신기하게도 출연한 사업가 모두 짠 듯이 똑같이 행동합니다.

하지만 시간을 파는 일은 효율이 낮다는 걸 사업가들은 잘 알고 있습니다. 어느 정도 숙식이 해결되면 나머지 돈은 모두 사업에 투자합니다. 다수의 사람을 대상으로, 가치가 높고, 많은 것을 줄 수 있는 사업을 바로 시작합니다. 살짝 결과를 말하자면 출연자들은 모두 부동산 매매나 음식을 파는 사업을 합니다. 각자 비즈니스 모델은 다르지만 사업을 해나가는 순서와 운영 방법은 매우 흡사합니다.

저는 이 프로그램을 보면서 투동자 전략으로 경제적 자유를 달성할 수 있다는 데 더 큰 확신을 갖게 되었습니다. 억만장자들의 구체적인 행동은 저와 달랐지만, 본질적인 방식은 투동자 전략과 별반 다르지 않았기 때문입니다. 투동자 전략 역시 기본적으로 나가는 비용을 최소화하고 나머지 돈은 모두 투자하는 방식입니다. 그리고 목표 금액을 설정하고, 예산을 편성하며, 목표를 달성하기까지 필요한 시간을 계산합니다. 또한 확실한 이익을 얻을 수 있는 비즈니스 모델을 구축하고 전략적으로 접근한다는 것까지 매우 닮았습니다.

투동자 전략은 기업의 운용 방식을 벤치마킹했습니다. 제가 전략을 만들 땐 맞벌이 상태였고 가정의 돈 관리를 사업처럼 생각했기 때문에 소비를 원가와 비용으로 나누고, 잉여현금을 비즈니스 모델인 자산 배분 투자에 활용했습니다. 자금 흐름에서도 기업의 운용 방식을 닮으려 노력했습니다. 차이가 있다면 출연자들은 사업을 통해 직접 투자를 하지만, 투동자 전략은 그러한 사업에 자본을 대는 간접투자를 한다는 점 정도입니다. 전자는 높은 리스크를 짊어지는 대신 높은 이익을 얻을 수 있지만, 후자는 상대적으로 낮은 리스크와 낮은 이익을 얻습니다.

리얼리티 쇼에 출연한 사업가들은 90일 동안 10억 원 가치의 사업을 벌이지만 투동자는 10년에 걸쳐 6억~8억 원 정도를 버는 게 목표입니다. 수익을 비교해 봤을 때 투동자 전략은 매우 작은 비즈니스라고 볼 수 있습니다. 하지만 평범한 직장인에게는 단연코 후자의 방식이 적절합니다.

객관적인 자기 평가와
노력의 중요성

◆

◆   여기서 인정해야 할 점은 모두가 1등이 될 수 없다는 것입니다. 세상에 1등은 단 한 명뿐입니다. 개개

인의 타고난 재능과 기질은 모두 다릅니다. 그리고 타고난 능력과 기질은 노력으로 좁혀질 수 없는 개인차를 만듭니다. 중소벤처기업부 통계에 따르면 국내 창업 기업의 5년 후 폐업률은 66.2%입니다. OECD 평균은 54.6%입니다. 통계청의 〈2022년 기업생멸행정통계〉 보도자료를 보면 소상공인이 많이 창업하는 숙박, 음식점업의 5년 생존율 역시 24.4%밖에 되지 않다는 것을 확인할 수 있습니다. 그리고 소상공인의 연평균 영업이익은 3,100만 원이라는 통계 또한 찾아볼 수 있습니다. 아무리 노력해도 성공한 사업가처럼 될 수 있는 확률은 생각보다 훨씬 낮습니다.

반면 투동자 전략 목표는 개인의 타고난 재능과 기질 모두 상관없이 노력으로 달성할 수 있습니다. 목표 금액이 너무 적다고 생각할 수 있는데, 그건 남과 비교해서 그렇게 느껴지는 것입니다. 투동자 전략의 목표 금액은 살아가는 데 충분하며, 노력으로 얻을 수 있습니다. 10년 만에 은퇴해서 평생 일하지 않고 현재의 생활 수준을 유지하면서 살 수 있는 사람은 인류 역사를 통틀어도 몇 퍼센트 되지 않을 것입니다. 어쩌면 누군가는 꿈도 꾸지 못할 만큼 큰 목표지만 노력이라는 범위 안에서 이룰 수 있는 일이니 시도해 볼만 합니다.

앞서 수학적 계산을 통해 불가능한 수치가 아니라는 것을 확인했습니다. 자신이 사업가로서 재능과 기질을 타고났다면 투동자 전략의 목표를 달성하지 못할 리 없습니다. 기본적인 목표를 먼저 달성한 후에 부에 대해 더 욕심이 생긴다면 티브이 쇼에 출연한 사업가들처럼 자신만의 사업을 시도를 해보는 것이 맞습니다.

20대에 처음 취업해 40대까지 살아오면서 만난 사람들을 떠올려보면, 직장인으로서 꿈이 없거나, 근거 없는 자신감이 넘치거나, 별다른 생각 없이 하루를 살아가는 부류가 많았습니다. 확고한 목표를 향해서 묵묵하게 나아가는 사람이 정말 적었다는 뜻입니다. 이제는 침대에 누워 휴대전화만으로도 성공한 사람들을 너무 쉽게 접할 수 있어서 그런지 성공을 쉽게 생각하는 사람들이 많습니다. 성공을 위해 더 쉬운 요령을 찾는가 하면 "너도 할 수 있어"라는 말을 쉽게 뱉고 부추기는 사람들 역시 많은 시대입니다.

30대 중후반쯤 되면 세상이 절대 호락호락하지 않다는 걸 서서히 알게 됩니다. 자신을 과신하지 말기를 바랍니다. 꿈꾸지 말라는 말이 아니라 자신의 능력을 인정하라는 뜻입니다. 자신의 자금 관리 하나도 제대로 못 하는 사람이 사업을 잘할 리 없지 않을까요? 순서를 뛰어넘어서 성공할 수 있다는 생각을 버리고 투동자 전략부터 완수해 나가는 게 가장 빠른 길이라는 걸 깨닫기를 바랍니다.

지피지기 백전백승, 세금을 정복하라

경영자로서 사업으로 최대 이익을 얻으려면 돈을 잘 버는 것 못지않게 나가는 돈을 막아야 합니다. 그런 의미에서 세금을 제대로 이해하고 있어야 합니다. 특히 투자하는 직장인에게는 절세 전략이 중요합니다. 돈을 지키기 위한 세금 전략을 소개하겠습니다.

금융투자종합과세

◆

◆   2024년 개인 투자자들의 화두는 금융투자종합과세였습니다. 여당에서 본격적으로 폐지를 추진하고

있지만, 의회를 통화할지 여부는 이 책을 쓰고 있는 시점에는 정해지지 않았습니다. 개인적인 바람도 섞여 있지만 시장의 흐름으로 볼 때 2025년 금융투자종합과세는 유예될 것으로 보입니다.

금융투자종합과세는 주식, 채권, 펀드, 파생 상품 등의 투자 수익이 연 5,000만 원을 넘으면 초과 소득에 대해 20~25% 세율을 적용해 과세하는 제도입니다. 개인 투자자 중 연 5,000만 원 이상 수익을 올리는 비중이 1% 정도밖에 안 된다고 하지만, 시간이 지나면서 화폐의 가치가 떨어지고 투동자들의 금융자산이 많아질수록 위협적인 제도가 될 수 있습니다.

저 역시 투자자로서 금융투자종합과세가 도입 안 되었으면 하는 바람이 있지만, 정책 리스크는 투자자의 어쩔 수 없는 숙명입니다. 그래서 상황을 탓하기보다 상황이 벌어지면 빠르게 대응하는 것을 추천합니다. 투동자 포트폴리오는 절세 계좌를 최대한 활용한 포트폴리오를 제시하고 있어 금융투자종합과세도 피해 갈 수 있겠지만, 법이 어떤 식으로 바뀔지 모르니 항상 예의주시하고 있어야 합니다.

금융소득종합과세

◆

◆   우리가 살아가면서 신경 써야 하는 세금의 종류는 다양합니다. 취득세, 소득세, 증여세, 상속세, 부가

세, 종합과세 등 우리의 모든 소득과 소비에는 세금이 항상 뒤따르게 됩니다. 다양한 세금의 존재를 간과하면 힘들게 얻게 된 재화를 많이 내주는 상황이 생깁니다.

특히 금융소득으로 경제적 자유를 준비하는 투동자들이 조심해야 하는 세금은 금융소득종합과세입니다. 금융소득종합과세란 이자, 배당 소득과 같은 금융소득이 1년에 2,000만 원 초과하면 종합소득세 신고를 해야 하고, 2,000만 원 초과분에 추가로 세금을 내는 제도입니다.

투자를 많이 하지 않는 사람들은 연 2,000만 원이라는 금융소득이 높게 느껴질 수 있지만, 몇 년간 투동자 전략을 실행하다 보면 그렇게 높지 않은 금액이라고 생각하게 될 것입니다. 연 7% 정도의 수익률을 얻는다고 가정하면 원금 2억 8,600만 원 정도만 되어도 금융소득으로 2,000만 원을 넘게 됩니다. 사람에 따라 다르겠지만, 맞벌이 부부로서 투동자 전략을 수행하다 보면 3~4년 만에 겪게 되는 일이 될 수 있습니다. 그래서 부부간 계좌를 분리해서 투자하는 걸 추천합니다. 계좌를 분리하면 앞서 제시한 원금이 2배가 되어야 금융소득종합과세 대상이 되기 때문입니다.

물론 절세 계좌를 이용한 투동자 포트폴리오는 금융소득종합과세에 포함 안 되는 소득으로 분류되어 크게 걱정하지 않아도 됩니다. 하지만 이러한 세금의 존재를 미리 알아두고 투자하는 것과 모르고 투자하는 것은 미래에 큰 차이를 만듭니다.

금융소득종합과세 대상자는 연 2,000만 원을 초과한 금융소득을 얻은 사람으로 규정하지만, 2,000만 원이 넘는다고 해서 꼭 세금을 많이 내는 것은 아닙니다. 소득이 없는 사람의 경우 8,000만 원 정도의 이자가 발생해도 일반과세 15.4%를 원천징수 하는 것보다 낮기 때문에 추가로 세금이 발생하지 않습니다.

다만 세금을 추가로 더 내지 않는다고 가볍게 여겨서는 안 됩니다. 금융소득종합과세 대상자는 금융 상품을 이용할 때 많은 핸디캡을 갖게 됩니다. 직전연도 3개년도 안에 금융소득종합과세 대상자였던 사람은 ISA, 비과세종합저축, 세금우대저축 같은 절세 상품을 모두 이용할 수 없습니다.

더불어 건강보험료를 내는 직장인, 지역 가입자라면 2,000만 원 초과분의 8%를 보험료로 더 내야 하고, 건강보험료를 내지 않는 직장 가입자의 피부양자는 지역 가입자로 전환되어 건강보험료가 부과될 수 있습니다. 피부양자가 아닌 지역 가입자 세대원 같은 경우 금융소득 1,000만 원을 넘는 순간 건강보험료가 인상될 수 있습니다. 그러니 금융소득종합과세 대상자가 되지 않게 조심해야 합니다.

이것 말고도 우리가 투자했던 연금저축펀드 계좌, IRP 계좌에서 연금을 개시할 때 매년 받는 금액을 잘 조정해야 할 필요가 있습니다. 연 1,500만 원을 초과하는 사적 연금은 납세자의 다른 소득과 합산해서 종합과세 하거나 16.5%의 분리과세 중 하나를 선택하게 되어 있습니다. 2024년 법이 개정되어서 연 1,200만 원이었던 한도가

1,500만 원으로 오르고, 분리과세 할 수 있게 추가되어서 사용자에게 조금이나마 유리해진 케이스지만, 1년 생활비로는 적은 금액입니다. 연 1,500만 원 이하면 3.3~5.5% 연금소득세만 내면 되는데, 조금 높이려다가 자칫 세금을 3배가량 더 낼 수 있습니다.

　기본적으로 투동자 포트폴리오를 사용하면 투자 관련한 세금과 관련해 크게 걱정할 일이 없겠지만, 알고 피해 가는 것과 모른 채 지나가는 것은 차이가 있어 세금을 다루었습니다. 세금 관련 정책 부분은 미래에 어떻게 바뀔지 모릅니다. 현재의 기준에 맞춰서 계획을 잘 세울 필요가 있습니다. 알면 알수록 돈을 아낄 수 있으니 세금과 되도록 친해지려고 노력하기를 추천합니다.

나와 내 가정을 기업처럼 경영하는 방법

기업의 자금 관리 방법을 벤치마킹하자

　자본주의 사회에서 가장 돈 관리를 잘하는 집단은 어디일까요? 이 물음에 저는 쉽게 대답할 수 있습니다. 바로 기업입니다. 기업의 이익은 일반 가정의 이익보다 훨씬 높은 수준으로 매년 성장해 왔습니다. 그 결과 빈익빈 부익부 현상을 초래했지만, 누군가의 이익 추구를 마냥 욕할 수만은 없습니다. 합법적인 범위 안에서 이루어지는 행위라면 그들을 욕하고 깎아내리기보다, 그들의 행동을 벤치마킹하는 것이 개인의 발전에 더 도움 될 것입니다. 그들은 가장 돈 관리를 잘하는 집단이기 때문입니다.

기업의
자금 관리법

◆

◆   기업은 어떻게 돈 관리를 할까요?
기업의 자금 관리는 기업을 운영하는 데 매우 중요한 요소입니다. 자
금 관리는 기업의 존폐와 직결되기 때문입니다. 기업의 자금 관리법
에 대해 먼저 간단하게 서술하겠습니다.

예산 편성 및 조달 계획

기업은 가장 먼저 예산을 편성해 예상 수입과 지출을 계획합니다.
이를 통해 미래의 자금 흐름을 예측하고 필요한 자금을 미리미리 준
비해 둡니다. 그다음 자금 조달 계획을 짭니다. 영업활동을 통한 이익
을 통해 내부에서 자금을 조달할 것인지, 대출, 투자 유치, 채권, 주식
발행 등을 통해 외부 자금을 조달할 것인지 실익을 따져서 판단하고
집행합니다.

자금 운용 계획

자금 조달 계획을 세웠다면 어떻게 운용할지 결정합니다. 현금으
로 사용할 자금이 부족하지 않으면서도 많이 남지 않게 흐름을 관리
합니다. 여기서 포인트는 '많이 남지 않게' 운영한다는 것입니다. 현
금이 많이 남아버리면 그만큼 ROA(총자산수익률)가 줄어들기 때문입

니다. 기업은 돈으로 이익을 얻는다 해도 과언이 아닌데, 뚜렷한 이유 없이 현금을 많이 쌓아둔다면 수익률에 악영향을 끼칠 것입니다.

잉여 자금 투자

운용 결정이 끝났다면 현금으로 사용할 자금 외에 남는 자금은 투자에 씁니다. 이것도 미래에 필요한 자금을 예측해 단기 금융 상품에 투자할지, 장기 금융 상품에 투자할지를 결정합니다. 단기는 당좌 예금, RP, MMF 등의 상품에 투자하고, 장기는 주식, 채권, 부동산 등의 상품에 투자합니다.

자금 집행

모든 계획을 마무리하고 자금을 집행하는 단계입니다. 원가로 재료비, 인건비, 경비 등을 사용하고 비용으로 판매비, 관리비, 연구 개발비, 이자 비용, 금융 수수료, 세금 등에 사용합니다. 이 과정에서 자금의 흐름이 원활히 돌아가도록 리스크 관리를 합니다. 금리와 환율 변동에 대응하기 위해 노력하고 기업의 신용도를 신경 쓰며, 돌발적인 사고 대비로 보험에도 가입해 자금 운용의 안정성을 확보합니다.

재무제표 작성 및 평가

그다음 마지막으로 재무를 기록하고 분석, 보고합니다. 주기적으로 재무제표(손익계산서, 재무상태표, 현금흐름표, 자본변동표)를 작성해, 재무

상태를 크로스 체크하고 통계적으로 추출한 데이터를 토대로 미래를 대비합니다. 과거의 기록에서 개선점을 찾고 더 나은 방향을 위한 수정과 평가를 반복합니다.

기업이 돈을 관리하는 방법에 대해서 알고 나니 꽤 익숙하면서도 무언가 정리되는 느낌이 들지 않나요? 지금까지 제가 이야기한 투동자 전략과 매우 흡사한 방식입니다. 아니, 바꿔 말해서 투동자 전략은 기업의 자금 운용 방식과 매우 흡사합니다. '가정도 기업처럼 자금을 운용한다면 기업처럼 높은 수익률을 올릴 수 있지 않을까?' 하는 기대로 만든 전략이기 때문입니다.

호화로운 삶을 위한 소비가 아닌, 일반적인 삶을 영위하는 데 필요한 소비에는 그리 큰돈이 필요하지 않습니다. 미래의 인플레이션을 고려한다고 가정해도 잉여현금을 이용해 투자한다면 수명이 다할 때까지 쓸 수 있는 충분한 현금흐름을 만들 수 있습니다. 그 과정에서 기업의 자금 운용 방식은 평범한 직장인이 경제적 자유를 얻을 수 있는 큰 힌트가 될 수 있습니다.

가정의 재무제표 가계부 작성하기

앞서 기업의 자금 관리법을 살펴봤습니다. 이 중 투동자가 꼭 배워야 하는 기술은 재무제표 작성입니다. 손익계산서, 재무상태표, 현금흐름표, 자본변동표 등 재무제표를 이용해서 기업은 과거의 성과와 비교하고, 미래의 목표를 달성하기 위한 행동을 계획합니다. 투자를 전략적으로 경영하기 위해 기업의 재무제표를 가정의 자금 운용 방식과 매칭할 방법에 대해 정말 오래 고민했습니다.

사실 자신을 CEO로 임명하고 가정을 기업이라 생각해도 가정은 가정이고 기업은 기업입니다. 그래서 완벽하게 기업의 재무제표를 가정에 대입하기엔 약간 무리가 있습니다. 개념 자체를 아예 새롭게 세워야 합니다.

저는 저라는 직장인을 외부 회사(직장), 내부 회사(가정) 2개의 회사를 운영하는 사람이라고 생각하기로 했습니다. 여기서 원가와 비용을 외부 회사, 내부 회사 각각 지정해야만 완벽하게 기업의 경영과 매칭할 수 있을 것입니다. 하지만 그렇게 되면 직장인의 입장에서 돈 관리가 너무 복잡해질 수밖에 없습니다. 그래서 외부 회사는 노동 비용으로, 내부 회사는 노동 원가로 단일화한 것입니다. 완벽하게 기업의 자금 운용 방식과 매칭되지는 않지만, 이렇게 나눠서 관리해도 전혀 불편함이 없었기 때문에 고유한 투동자만의 관리 전략 방식을 고수하게 되었습니다.

외부 회사 = 노동 비용

내부 회사 = 노동 원가

가계부를 쓰게 되었고, 6년여간 발전시켜 온 끝에 가정의 경영을 도와줄 '투동자 가계부'라는 강력한 도구를 만들게 되었습니다. 이제 소개하는 가계부 시트는 투자하는 노동자인 제가 오랜 시간 연구해 시행착오를 거치며 만든 것으로, 현재 유튜브 멤버십 회원들을 대상으로 유료로 제공하고 있습니다.

투동자 가계부에는 1~10번의 시트가 존재합니다. 가정의 재무제표 역할을 해줄 가계부를 저는 어떤 식으로 사용하고 있는지 시트를 보여주면서 간단히 설명하겠습니다. 다만, 지면상 전체를 다 보여주지 못한 시트도 있습니다. 투동자 연구소만의 노하우가 담긴 전략적인 경영 방법을 엿보고 노하우를 참고해서 자기만의 가계부를 만들기를 바랍니다.

시트 1:
복식부기 형식으로 소득과 소비 기록

첫 번째로 '가계부 입력' 시트는 가정의 소비와 소득을 기록하는 시트입니다. 기본적으로 투동자 가계부는 자금을 가상의 계좌 6개에서 관리합니다. 고정비, 생활비, 부모님 경조사, 외부 경조사(여행 포함), 비상금, 투자 예비 계좌로 나눕니다. 물론 투자된 돈을 제외하고는 모두 파킹통장에 두지만 6개의 가상의 계좌에 있다고 여기며 관리하는 것입니다. 이렇게 관리하면 실제로 여

─────── '가계부 입력' 시트 ───────

거래일 [정렬]	소득/소비 장소	소득/소비 내용 ➕	금액	소득분류	소비분류	소비방법	소비계좌
2023-01-01(일)	이마트	장보기(드레싱, 비피더스)	13,340	▼	식료품 ▼	포인트 ▼	생활비계좌 ▼
2023-01-01(일)	빅마트	장보기(양파,양상추,두부)	11,880	▼	식료품 ▼	상품권 ▼	생활비계좌 ▼
2023-01-01(일)	연희김밥	연희김밥,참치김밥	7,000	▼	외식 ▼	지역화폐 ▼	지역화폐 ▼
2023-01-03(화)	울곡고	배우자 결핵검사비 환급	40,000	기타소득 ▼	▼	▼	▼
2023-01-03(화)	**북스	광고료	193,400	부수입 ▼	▼	▼	▼
2023-01-04(수)	세탁소	드라이크리닝	50,000	▼	의류 ▼	현금 ▼	생활비계좌 ▼
2023-01-04(수)	배우자	1월 유류비지원	60,000	▼	주유비 ▼	현금 ▼	생활비계좌 ▼
2023-01-04(수)	차병원	산후조리원 예약금	500,000	▼	의료비 ▼	현금 ▼	비상금계좌 ▼
2023-01-04(수)	국민은행	전세자금대출 이자	252,240	▼	전세자금대출이자 ▼	현금 ▼	고정비계좌 ▼

러 개의 계좌를 만들고 관리하는 번거로움을 제거할 수 있습니다.

지면상 항목을 임의로 생략한 시트를 첨부했지만, 기입할 때는 날짜와 소득 내용, 소비 장소/내용, 금액, 소득 분류, 소비 방법, 소비 계좌, 계정 등으로 세분화해 돈이 빠지는 계좌와 들어가는 계좌를 나누어 관리합니다. 이렇게 복식부기 형식의 가계부를 사용하면 예산을 세운 금액에서 실시간으로 소비한 금액이 차감되어 현재 남은 예산을 확인할 수 있고 자연스럽게 예산에 맞춰 소비할 수 있습니다.

시트 2:
당기 순이익 파악을 위한 손익계산서

◆

◆   두 번째로 '손익계산서' 시트입니다. 이 시트는 기업의 손익계산서와 같은 구조로 되어 있습니다. 매출액은 연봉, 매출 원가는 노동 원가, 판매&관리비는 노동 비용, 금융 수익/비용과 기타 수익/비용은 실제 비용과 수익을 기록하며, 법인세 차감은 월급을 받을 때 내는 4대 보험료, 소득세와 매칭한 구조입니다.

이런 방식으로 매칭하면 기업과 같이 가정의 당기순이익이 얼마인지 쉽게 파악할 수 있습니다. 당기 순이익이란 기업이 일정 기간 벌어들인 최종 이익을 의미합니다. 맞벌이라면 배우자의 노동 비용을 제

연봉 3300만원 황소장 가정의 손익계산서

황소장						
매출액	주수입	연봉 ▼		33,000,000	2,750,000	100%
매출원가	노동생산원가 [자동계산]	주거비		0		
		생활비		1,577,275		
		통신비(인터넷)		16,500		
		관리비		222,237	2,582,344	93.90%
		경조비		699,625		
		재산세		6,935		
		기타비		59,772		
매출총이익					167,657	6.10%
판매비, 관리비	노동판매비용	교통비		0		
		점심비		30,000		
16500		통신(핸드폰)		30,500		
		꾸밈비		0	240,000	8.73%
		진목비		0		
		보험비		57,740		
		용돈비		121,760		
영업이익					-72,344	-2.63%
금융수익/비용	전세자금대출이자	비용 ▼		258,381		
		▼				
기타수익/비용	배우자	수익 ▼		847,060		
	사이드잡 1	수익 ▼		1,000,000	3,488,679	
	사이드잡 2	수익 ▼		800,000		
	부모급여+아동수당	수익 ▼		1,100,000		
세전이익					3,416,336	52.58%
법인세자감	월 공제액	공제대상가족수(본인포함) 2 ▼	20세이하 가족수 0 ▼	비과세액		
		국민연금		123,750		
		건강보험		97,488		
		장기요양		12,488		
		고용보험		24,750	299,346	10.89%
		소득세		37,160		
		지방소득세		3,710		
당기순이익					3,116,990	50.29%

외한 소득을 기타 수익으로 넣어서 계산합니다. 배우자도 손익계산서
를 쓸 수 있는 공간을 마련해 놓았는데, 배우자의 소득 중 노동 비용

을 제외하고 나머지를 기타 수익으로 분류하는 게 관리하기 편해서 지금은 이 방식으로 사용 중입니다.

시트 3:
경제적 자유를 향한 로드맵 설계

◆

◆   세 번째 '로드맵 설계' 시트는 기업의 재무제표와 매칭되는 시트는 아닙니다. 본인의 소득과 소비, 투자 수익률, 나이, 기대여명, 인플레이션율 등을 고려해 경제적 자유를 얻을 수 있는 기간을 시뮬레이션하고 구체적인 계획을 설계하는 시트입니다. 두 번째 손익계산서 시트와 연동되어 있어 손익계산서 금액을 끌어와 자동으로 현재 상태를 진단합니다.

만약 상황이 좋지 않다면 구성 요소들을 조정하고 현재 상황에 맞춰 미래를 계획할 수 있습니다. 예를 들어 '만약 노동 원가 혹은 노동 비용을 10만 원 줄인다면?' '불입 연수를 5년 더 늘린다면?' 식의 변수 요소를 조정해 우상향하는 자산을 만들 수 있게 시뮬레이션해 보는 것입니다.

그래프가 우상향하지 못하는 상황이더라도 자신이 할 수 있는 범위 내에서 이러한 변수들을 조금씩 조정하다 보면 긍정적인 방향으로 새로운 목표를 세울 수도, 목표를 실현하도록 만들 수 있습니다.

'로드맵 설계' 시트

노동실수령 [자동계산]	5,697,578원	888시스템	
노동원가	2,554,298원	1,139,516원	
매출총이익	3,143,280원	4,558,062원	
노동비용	240,000원	911,612원	
투자금	2,903,280원	3,646,450원	

시뮬레이션 선택	노력+자산보유 ▼	
월불입	2,903,280원
현재나이	41세
불입 연수	3년
인플레이션	3.00%
적금 환산 수익률(세전)	8.00%
예금 환산 수익률(세전)	8.00%
세후(적금->예금전환)	3.67%
세후	6.77%
마지막 금액 현재가치	909,871,715원

3년 뒤 필요 생활비 월) 2,791,150원 연) 33,493,805원

솔루션	1,041,674원	덜쓰거나
	3,758,329원	더벌거나
		노력하거나
	400,000,000원	금융자산이있거나

필요한 금융자산 찾기(클릭)

'로드맵 설계' 시트 그래프

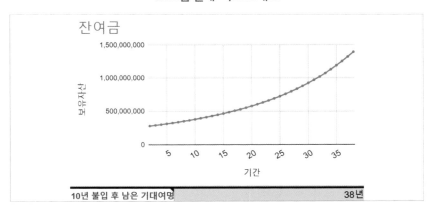

잔여금

10년 불입 후 남은 기대여명 38년

시트 4:
한 달 예산 계획

◆

◆　　　　　　　　　　네 번째 '현금흐름' 시트는 한 달 소비 예산을 세우는 시트입니다. 외부 회사의 수입과 지출을 예산으로 세우고, 나머지는 출자해 내부 회사의 운영비로 사용합니다. 내부 회사의 운영비는 노동 원가를 제외하고 투자 자산을 매수하는 데 사용됩니다. 여기에 기록된 돈은 한 달 예산이기 때문에 다음 시트인 '보유 자산' 시트와 연동되어 있습니다. '보유 자산' 시트에 기록된 자산은 첫 번째 '가계부 입력' 시트에 기록된 모든 항목과 반응해 실시간으로 예산의 증감이 반영됩니다.

　투동자 가계부가 복식부기 형식을 띠고 있지만 완벽한 복식부기 가계부는 아닙니다. 완벽한 복식부기 가계부를 작성하기 위해서는 1원의 오차도 없는 정밀함이 요구됩니다. 자잘한 몇십 원 단위까지 직장인이 신경 쓰며 돈 관리를 한다면 분명 일처럼 느껴지고 스트레스를 받을 것입니다. 그래서 투동자 가계부는 반복식부기 형식을 띱니다. 기본적인 흐름은 복식부기 형식이지만, 월말 결산을 할 때는 금액을 따로 수정할 수 있고 현재 잔고가 얼마인지 수동으로 기입할 수 있습니다. 월말에 잔고가 틀어지는 상황을 수기로 고치기 위해 채택한 방식입니다.

　현금흐름 시트는 매월 1일이 되면 가장 먼저 기록해야 하는 시트

입니다. 예산을 세워서 소비하다 보면 소비 절제가 저절로 가능해집
니다.

—————————— '현금흐름' 시트 ——————————

계정	세부목록	1월 금액	2월 금액	3월 금액	4월 금액	5월 금액	6월 금액
본인 ▼	월급	2,450,000	2,450,000	2,450,000	2,450,000	2,450,000	2,450,000
본인 ▼	부업	800,000	950,000	600,000	600,000	600,000	600,000
본인 ▼	교통비	0	0	0	0	0	0
본인 ▼	점심값	30,000	30,000	30,000	30,000	30,000	30,000
본인 ▼	실손보험료	29,340	29,340	29,340	29,340	29,340	29,340
본인 ▼	암보험료	28,400	28,400	28,400	28,400	28,400	28,400
본인 ▼	핸드폰	30,500	30,500	30,500	30,500	30,500	30,500
본인 ▼	용돈	121,760	121,760	121,760	121,760	121,760	121,760
배우자 ▼	월급	1,564,140	1,654,140	1,654,140	1,204,140	1,204,140	1,204,140
배우자 ▼	교통비	0	0	0	0	0	0
배우자 ▼	점심값	0	0	0	0	0	0
배우자 ▼	실손보험료	81,540	81,540	81,540	81,540	81,540	81,540
배우자 ▼	암보험료	21,960	21,960	21,960	21,960	21,960	21,960
배우자 ▼	핸드폰	31,350	31,350	31,350	31,350	31,350	31,350
배우자 ▼	주택청약	100,000	100,000	100,000	100,000	100,000	100,000
배우자 ▼	용돈	269,290	269,290	269,290	269,290	269,290	269,290
내부회사 ▼	전세이자	240,000	240,000	240,000	240,000	244,000	244,000
내부회사 ▼	관리비	210,000	210,000	210,000	210,000	250,000	250,000
내부회사 ▼	통신비	30,000	30,000	30,000	30,000	30,000	30,000
내부회사 ▼	생활비	520,000	520,000	430,000	430,000	550,000	550,000
내부회사 ▼	차량유지비	80,000	80,000	80,000	80,000	80,000	80,000
내부회사 ▼	부모님경조사	350,000	350,000	350,000	350,000	350,000	350,000
내부회사 ▼	지인경조사	170,000	170,000	150,000	150,000	150,000	150,000
내부회사 ▼	재산세	40,000	40,000	40,000	40,000	40,000	40,000
		3,010,000	3,160,000	2,810,000	2,810,000	2,810,000	2,810,000
		1,060,000	1,150,000	1,150,000	700,000	700,000	700,000
		4,070,000	4,310,000	3,960,000	3,510,000	3,510,000	3,510,000

시트 5:
보유 자산 기록

◆

◆   다섯 번째 '보유 자산' 시트는 기업
의 재무상태표와 비슷한 구조를 가집니다. 보유하고 있는 자산을 유
동자산, 비유동자산, 유동부채, 비유동부채로 나눠서 기록하게 됩니
다. 유동과 비유동을 나누는 기준은 1년이라는 시간이라고 생각하면
이해하기 쉽습니다.

1년 안에 현금화할 수 있는 단기 자산은 유동자산, 현금화하는 데
1년 이상 소요되는 자산은 비유동자산으로 나눕니다. 유동자산에는
금융 상품 등이 비유동자산에는 부동산 등이 있습니다. 부채도 마찬
가지로 1년 안에 변제일이 도래하는 부채는 유동부채, 1년 이후 변제
일이 도래하는 부채는 비유동부채로 나눕니다. 유동부채는 카드 대금
이, 비유동부채는 전세자금대출, 주택담보대출 등이 대표적입니다.

시트에는 내부 회사의 보유 자산 목록을 삽입했지만, 본인과 배우
자의 항목도 아래 행에 기록하게 되어 있습니다(시트 내용 중 일부만 넣었
습니다). 저는 자산을 본인, 배우자, 내부 회사(공동 회사) 총 3개의 계정
으로 관리합니다.

계정을 나누는 이유는 개인의 사유 재산을 인정하기 위해서입니
다. 버는 족족 공동 회사에 돈을 출자한다면 개인의 노력으로 돈을 버
는 재미가 반감합니다. 그래서 계정을 3개로 분리해서 사유 재산을

	1월	2월	3월	4월	5월	6월	7월	8월	9월
고정비계좌	-35,050	-67,180	-78,090	-116,840	-68,920	-51,030	7,710	97,550	143,520
생활비계좌	-18,170	-30,040	-120,113	-272,630	-57,700	-753,160	-711,148	-521,850	-159,822
부모님계좌	-100,000	-250,000	0	362,000	889,550	3,239,550	3,283,459	1,639,039	604,239
여행계좌	130,000	-305,110	-712,310	-501,510	640,990	1,081,990	1,231,990	1,255,290	1,155,490
비상금계좌	0	130,000	236,000	276,000	376,000	90,620	-1,072,189	820,339	826,945
투자예비계좌	3,077,442	10,214,411	13,414,440	5,423,124	9,553,974	11,398,254	13,042,259	13,513,740	12,445,953
현금	0	470,000	770,000	770,000	70,000	0	0	0	0
상품권	0	0	0	0	0	0	0	0	0
포인트	0	0	0	0	0	0	0	0	0
지역화폐	23,366	128,866	176,266	143,716	104,816	199,216	500,216	2,000	165,016
저축계좌	101,870,000	97,270,000	100,770,000	100,770,000	100,770,000	101,270,000	101,770,000	103,270,000	103,770,000
투자계좌	33,338,263	33,573,696	33,112,385	42,740,146	42,740,146	43,438,662	43,511,503	42,804,224	43,068,310
부동산	43,746,000	43,746,000	43,746,000	43,746,000	43,746,000	43,746,000	43,746,000	43,746,000	47,750,000
기타계좌	0	0	0	0	0	0	0	0	0
내부회사자산합계	182,031,851	184,880,643	191,314,578	193,340,006	198,764,856	203,660,102	205,309,800	206,626,332	209,769,650

인정하는 시스템을 운영하고 있습니다. 사유 재산이 너무 많아지면 서로 합의해 같은 금액을 공동 회사로 출자하기도 합니다.

앞서 반복식부기 형태라고 설명했는데 네 번째 '현금흐름' 시트에서 세운 예산이 이 시트로 넘어오게 되고, 첫 번째 '가계부 입력' 시트에서 소비, 소득을 입력하면 이 시트에 자동으로 반영됩니다. 하지만 개인 자산은 수기로 넣어야 해서 반복식부기 형태라고 할 수 있습니다.

만약 예산을 초과해 사용하게 되면 시트의 생활비 계좌처럼 마이너스로 나타납니다. 다음 달이 되면 그달에 세운 예산 금액으로 리셋되는데, 마이너스 된 금액은 자산 합계에 반영되기 때문에 평가 금액을 판단하는 데 문제가 되지는 않습니다.

시트 6:
총수입 및 항목별 소비 금액 통계

◆

◆　　　　　　　　　　　　　여섯 번째 '수입 지출' 시트는 첫
번째 '가계부 입력' 시트에 기록된 자료들을 소비 항목으로 분류해 보
여주는 시트입니다. 이 시트에서는 노동 원가 일곱 가지 항목(주거, 생
활, 통신, 관리, 경조, 세금, 기타)의 월평균 사용 금액을 한눈에 확인할 수
있습니다.

　노동 원가의 일곱 가지 항목을 평가해 보면 목표 소비 금액을 세
울 필요가 있습니다. 매월 같은 금액으로 소비할 수 없기 때문에 소
비 항목들의 평균 금액을 산출해야 하고, 그 과정에서 소득 금액의
20% 범위로 맞추기 위해 목표를 세웁니다.

　앞서 이야기했던 것처럼 888 시스템을 지키기 위해 노동 원가를
소득의 20%로 맞추도록 노력하는 것입니다. 그러한 금액을 계산하기
위해 월평균 금액을 이용해 목표 소비액을 설정합니다. 그리고 수입
지출 시트는 여러 시트의 데이터베이스 역할을 하는 시트여서 모두
자동으로 작성됩니다.

— '수입 지출' 시트 —

H&P 의 2023년 내부회사 순익계산서

2023년		1월	2월	3월	4월	5월	6월	7월	8월	9월	10월	11월	12월	연간종소득	월평균소득	비중
소득	본인	3,010,000	3,160,000	2,810,000	2,810,000	2,810,000	2,810,000	2,810,000	2,810,000	2,810,000	2,810,000	2,810,000	2,819,190	34,279,190	2,856,599	78.4%
	배우자	1,060,000	1,150,000	1,150,000	700,000	700,000	700,000	1,667,820	1,667,820	1,686,110	647,860	712,920	712,920	12,555,450	1,046,288	28.7%
	이월생활비	-	18,170	30,040	120,113	272,630	57,700	753,160	711,148	521,850	159,822	319,302	129,760	3,093,695	257,808	7.1%
	소득합계	4,070,000	4,291,830	3,929,960	3,389,887	3,237,370	3,452,300	3,724,660	3,766,672	3,974,260	3,298,038	3,203,618	3,402,350	43,740,945	3,645,079	100.0%

2023년		1월	2월	3월	4월	5월	6월	7월	8월	9월	10월	11월	12월	연간합계	월평균	비중
지출	렌세자금대출이자	252,240	252,240	227,830	252,240	244,100	276,370	244,100	252,240	257,790	277,390	286,640	277,390	3,100,570	258,381	9.3%
소비성	식료품	86,150	114,640	169,793	169,720	117,600	223,260	36,350	164,950	219,282	192,833	128,700	166,090	1,789,368	149,114	5.4%
	간식	56,700	22,100	98,610	61,400	131,700	66,600	-	16,900	18,900	65,300	12,980	30,820	582,010	48,501	1.7%
	외식	209,700	264,800	183,100	230,000	206,520	150,580	-	164,780	146,200	167,549	125,910	113,527	1,962,666	163,556	5.9%
	의류	226,620	39,000	-	121,900	-	29,000	-	-	-	14,000	-	-	416,520	34,710	1.3%
	과정&몸&케어	10,000	24,000	12,000	28,000	17,000	65,140	30,980	14,000	14,000	14,000	-	51,810	249,950	20,829	0.8%
	주유비	-	60,000	52,120	80,320	53,050	-	-	29,270	30,630	29,170	27,590	-	453,130	37,761	1.4%
	교통&주차	4,500	3,000	-	78,500	8,500	17,600	-	13,000	153,450	2,500	24,200	36,150	341,400	28,450	1.0%
	생활용품	63,400	-	12,170	98,580	109,300	220,300	14,820	95,470	32,200	84,130	56,190	8,000	794,560	66,213	2.4%
	의료비	500,000	9,000	25,200	24,760	76,230	479,630	82,480	16,870	4,100	2,600	7,500	-	1,228,370	102,364	3.7%
	보험						378,180							378,180	31,515	1.1%
	아기관련					418,700	40,650	6,232,938	748,210	853,470	368,480	625,990	442,330	9,730,768	810,897	29.2%
	통신비	16,500	16,500	16,500	16,500	16,500	16,500	16,500	16,500	16,500	16,500	16,500	16,500	198,000	16,500	0.6%
	관리비	246,310	243,390	246,580	250,010	215,480	213,240	204,660	165,420	190,940	231,740	224,850	234,220	2,666,840	222,237	8.0%
	부모님경조사	600,000	500,000	129,800	88,000	1,022,450	-	330,091	2,194,420	796,400	237,000	300,000	520,050	6,718,211	559,851	20.2%
	외부경조사	80,000	320,000	200,000	16,100	47,500	-	22,490	126,700	250,500	381,995	200,000	32,000	1,677,285	139,774	5.0%
	세금	70,420	-	-	-	-	-	-	-	12,800	-	-	-	83,220	6,935	0.2%
	기타소비	5,000	-	-	-	-	-	1,090	4,990	4,990	4,990	700	4,990	26,750	2,229	0.1%
	문화생활	-	-	-	-	-	5,000	-	-	-	-	-	-	5,000	417	0.0%
	여행	-	325,110	397,200	163,100	-	-	-	-	-	-	-	-	885,410	73,784	2.7%
	소비성지출 합계	2,487,540	2,183,780	1,770,903	1,679,130	2,684,630	2,182,050	7,216,499	4,023,720	3,002,152	2,076,177	2,037,750	1,933,877	33,288,208	2,774,017	100%

시트 7:
수입, 지출 항목 검색 및 통계

◆

◆   일곱 번째 '검색&통계' 시트는 기업의 현금흐름표와 유사합니다. 영업이익, 당기순이익 같은 항목이 나눠 있지는 않지만, 수입과 지출 통계를 확인할 수 있어서 계산이 가능합니다. 무엇보다 시작일과 종료일을 설정할 수 있기 때문에 가계부를 쓰면서 가장 많이 들여다보는 시트입니다. 이런 통계 시트를 자주 보면 어디에서 소비 문제가 발생하고 있는지 쉽게 알아차릴 수 있습니다.

—————————— '검색&통계' 시트 ——————————

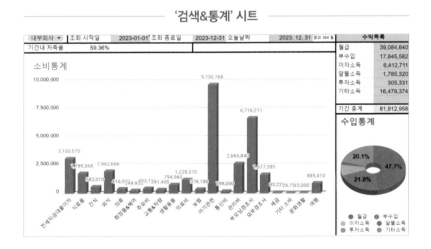

내부회사	외식	1,962,666원	94회

외식

구분	날짜	회사	내역	금액
1월	2023-01-01(일)	연희김밥	연희김밥 참치김밥	7,000
	2023-01-04(수)	빅스타피자	프리미엄피자 4가:	24,700
	2023-01-05(목)	화정김밥	일반김밥 참치김밥	12,500
	2023-01-07(토)	양자강	간짜장, 팁우육(중	40,000
	2023-01-08(일)	스타필드	삼백집 - 돌솥비빔'	10,000
	2023-01-11(수)	BHC	치킨무료(양반촌트	1,000
	2023-01-14(토)	당숙	두대패개 불기트	10,900
	2023-01-14(토)	회신애옥갈비찜	돼지갈비 2인분 세	35,000
	2023-01-15(일)	원산칼국수	원산칼국수 3개 with	27,000
	2023-01-27(금)	빅스타피자	쿼터피자	24,700
	2023-01-28(토)	당숙	안동 멈무 불기트	16,900
2월	2023-02-01(수)	BHC	치킨 무료사용 + 쿠	1,000
	2023-02-02(목)	레치라라멘	마오훈상웨이, 마궁	32,000
	2023-02-02(목)	레치라라멘	마라탕	7,600
	2023-02-05(일)	맥도날드	빅맥세트, BTD세트	13,600
	2023-02-06(월)	토끼스왕	6번세트 (저즈2+돌	13,000
	2023-02-09(목)	스시노칸노	회전 조발	42,100
	2023-02-10(금)	홍성각	짱반짜장 + 팁우육	30,000
	2023-02-12(일)	이케아	이케아 점심	27,700
	2023-02-15(수)	BHC	치킨 무료 + 추가쿠	4,000
	2023-02-17(금)	루우루우	평일 디너 2명	49,800
	2023-02-19(일)	보림삼계탕	보림삼계탕 2개	30,000
	2023-02-21(화)	화정김밥	롤김, 김밥, 참치김	14,000
3월	2023-03-02(목)	BHC	치킨 무료 사용 + ²	2,000
	2023-03-07(화)	첨이맛볼다귀	볼다귀 중	37,000

세부검색

내역	구분	날짜	금액	
기념이 첫방울 2개	구매	2023-06-23(금)	1,000	10,900원
손토보 초대 2세트	구매	2023-06-27(화)	32,000	22,800원
바디피트 중향 16?	구매	2023-06-27(화)	7,600	7,500원
예건 찟 병 150ml 2	구매	2023-07-09(일)	13,600	29,750원
와우엠버스가일 4?	구매	2023-07-10(월)	13,000	0원
빅스푹쿠이 2개, 키	구매	2023-07-10(월)	42,100	18,000원
예건 찟 병 150m 2	구매	2023-07-13(목)	30,000	29,750원
순수엔제제로 중형	구매	2023-07-15(토)	27,700	14,820원
인강피부연구소 이	구매	2023-07-24(월)	4,000	23,840원
쿠팡프레쉬 하듯 3	구매	2023-07-26(수)	49,800	7,390원
앱솔루트 양자 2FL	구매	2023-07-27(목)	30,000	222,660원
볼자제로 오렌지맛	구매	2023-07-30(일)	14,000	11,360원
오티비 자수 반팔 (	구매	2023-07-31(월)	2,000	9,630원
하기스 기저귀 네C	구매	2023-07-31(월)	37,000	128,910원
		합계 85회	합계 2,550,514원	

월별 사용금액

	월합계	분기합계
1월	209,700	657,600원
2월	264,800	
3월	183,100	
4월	230,000	587,100원
5월	206,520	
6월	150,580	
7월	0	310,980원
8월	164,780	
9월	146,200	
10월	167,549	406,986원
11월	125,910	
12월	113,527	

	회사소비금액	본인소비금액	배우자소비금액
1월	2,487,540	197,380	0
2월	2,193,780	42,513	0
3월	1,782,823	147,336	0
4월	1,426,890	90,700	0
5월	2,684,630	221,050	0
6월	2,194,050	382,780	0
7월	5,060,688	1,191,970	0
8월	4,758,130	236,780	0
9월	3,002,152	1,266,588	0
10월	2,076,177	201,480	0
11월	1,782,750	487,930	0
12월	2,028,877	201,991	0
합계	31,478,487	4,668,498	0

시트 하단부에서는 지출의 상세 내역을 조회할 수 있습니다. 소비 항목별로 총 몇 번의 소비를 했는지, 월별, 분기별 얼마만큼 돈을 사용했는지 확인하는 것입니다. 주기적으로 전월, 전분기와 소비의 빈도 및 금액을 비교해 평균 이상의 소비가 이루어지는 것을 예방합니다.

시트 8: 가족 구성원의 총자산 확인

여덟 번째 '리포트' 시트는 내부 회사, 본인, 배우자의 총자산과 가정의 총자산을 보여주는 시트입니다. 월별, 분기별로 당기순이익이 얼마나 발생했는지 확인할 수 있습니다. 저는 가계를 운영하면서 매년 5,000만~6,000만 원 정도의 순이익을 목표로 운용하고 있습니다. 지금까지는 이 정도 수준이 적당했지만, 자산이 많아질수록 자산 비율을 고려해 목표치를 새로 잡아야 할 것입니다.

가계부를 쓴 첫해를 제외하고, 투동자 전략을 실행한 후부터는 목표 금액을 채우지 못한 해는 없었습니다. 본업은 연봉 7,000만 원이 안 되는 맞벌이 부부지만 알뜰살뜰 관리하다 보면 충분히 가능한 일입니다.

주업으로 버는 수익 외에 블로그, 유튜브 및 개인적인 부업의 수익

2023년	1월	2월	3월	4월	5월	6월	7월	8월	9월	10월	11월	12월
내부회사총자본	182,031,851	184,880,643	191,314,578	193,340,006	198,764,856	203,660,102	205,309,800	206,626,332	209,769,650	213,632,152	216,459,249	219,877,404
본인 총자본	154,697,944	154,937,951	156,042,357	156,573,032	157,367,052	158,230,628	158,221,551	158,268,526	160,122,876	160,023,976	159,895,597	162,986,701
배우자 총자본	23,293,667	23,675,576	24,074,763	24,728,738	24,890,004	24,475,527	24,603,035	24,440,411	25,095,777	24,981,497	25,046,880	30,652,296
가정의 총자본	360,023,462	363,494,170	371,431,698	374,641,776	381,021,912	386,366,257	388,134,386	389,335,269	394,988,303	398,637,625	401,401,726	413,516,401
증감	10,438,878	3,470,708	7,937,528	3,210,078	6,380,136	5,344,345	1,768,129	1,200,883	5,653,034	3,649,322	2,764,101	12,114,675
월급비용	197,380	42,513	147,336	90,700	221,050	382,780	1,191,970	236,780	1,266,588	201,480	487,930	201,991
월급원가	2,487,540	2,193,780	1,782,823	1,426,890	2,684,630	2,194,050	5,060,688	4,758,130	3,002,152	2,076,177	1,782,750	2,028,877
FIRE 필요자금	903,674,625	903,674,625	903,674,625	903,674,625	903,674,625	903,674,625	903,674,625	903,674,625	903,674,625	903,674,625	903,674,625	903,674,625
FIRE 달성률	39.84%	40.22%	41.10%	41.46%	42.16%	42.76%	42.95%	43.08%	43.71%	44.11%	44.42%	45.76%
분기 잉여금			21,847,114			14,934,559			8,622,046			18,528,098

자산현황

범례: ■ 내부회사총자본 ■ 본인 총자본 ■ 배우자 총자본 ■ 가정의 총자본

(Y축: ₩0, ₩100,000,000, ₩200,000,000, ₩300,000,000, ₩400,000,000, ₩500,000,000 / X축 날짜: 1월 ~ 12월)

도 약간의 보탬이 됩니다. 부업 수입이 점점 늘어나고 자산 소득이 늘어나면서 목표치를 채우기 수월해지는 것을 느낍니다. 확실한 건 본격적으로 가계부를 쓰고 돈 관리를 했던 경험이 부업의 동기가 되었다는 점입니다.

변수에 대해서 항상 이야기하지만 저희 가정도 작년에 변수가 생겼습니다. 아이가 태어나면서 소비 금액이 급격하게 늘어나기 시작한 것입니다. 더불어 배우자는 2023년 초부터 육아휴직 중이고, 저도 2024년 초부터 육아휴직 중이어서 노동 수입이 많이 줄었습니다.

그렇지만 항상 리포트를 체크하고 있기 때문에 파이어 달성률을 보면서 증가율이 떨어지지 않도록 다양한 고민을 하고 있습니다. 결국 부업의 수익을 올리려 노력했고 다행히도 전체 연 수익은 순조로운 상태입니다. 열심히 관리하면 매해 목표 금액을 채울 수 있지 않을까 기대하고 있습니다.

이 모든 게 꾸준하게 경영한 결과입니다. 부부가 동시에 육아휴직을 1년 넘게 사용하는 가정은 금전적 어려움 때문에 그리 많지 않으리라 생각합니다. 하지만 저희 부부는 어렵지 않았습니다. 여러 데이터를 통해서 미래의 현금흐름을 계산해 보고 육아휴직에 들어가도 괜찮다고 판단했기 때문에 큰 무리 없이 실행에 옮길 수 있었습니다. 데이터를 확보하고 분석해야 하는 이유입니다.

시트 9:
투자 현황 기록

◆

◆   아홉 번째 '포트폴리오' 시트는 투동자 포트폴리오 투자법에서 이야기한 대로 투자를 위한 시트입니다. 보유하고 있는 투자 자산을 기록해 평단가, 수량, 연수익률과 현금흐름, 포트폴리오 비중 등을 확인할 수 있습니다.

올해 입주를 위한 아파트 매수와 오피스텔 매수를 계획하며 혹시 모를 대출 대란을 대비해 좀 더 유동적으로 운용하고 있습니다. 앞에서 제시한 포트폴리오와 완벽하게 일치하지는 않았지만 대체로 투동자 포트폴리오 방식대로 운용하려고 하는 중입니다.

투동자 포트폴리오는 다양한 계좌와 금융사를 이용하기 때문에 채권이나 예금의 만기일을 적어두지 않는다면 현금흐름을 파악하기 힘듭니다. 하지만 포트폴리오 자산 기록은 현금흐름을 파악하는 데 도움이 됩니다. 또한 이런 것들을 적는 이유가 따로 있는데, 경험상 투자 유지가 쉽지 않아서입니다. 투자 자산 가격이 요동칠 때는 "며칠 더 기다렸다 사면 이익을 보지 않을까?" 하는 마음에 타이밍을 놓치곤 합니다. 그러한 심리를 이겨내기 위해 '특정한 날에 꼭 매수하고, 기록한다'라는 원칙을 지키기 위해 기록이 중요합니다.

'포트폴리오' 시트

계좌	종목/상품명	평균단가	수량	총 매수금액	매수일	만기일	이자율/배당율	연이자금액	자산분류(소)
1. 연금저축펀드 A	ACE 미국S&P500	18,737원	172주	3,222,840			1.500%	48,343	주식
1. 연금저축펀드 A	KODEX 미국 S&P500TR	19,820원	1주	19,820			1.500%	297	주식
1. 연금저축펀드 A	TIGER CD금리투자KIS(합성)	54,875원	488주	26,779,000			3.000%	803,370	채권ETF
3. 저율과세저축	SHI 열수 정기적금	15,770,000원	1주	15,770,000	2022. 07. 18	2025. 07. 18	6.600%	1,040,820	적금
3. 저율과세저축	쑥팔 정기적금	17,500,000원	1주	17,500,000	2023. 12. 27	2024. 12. 27	6.000%	1,050,000	적금
4. ISA	롯데건설 148-2	10,050원	492주	4,941,585	2024. 08. 14	2026. 07. 24	5.800%	286,612	직접채권
4. ISA	롯데카드 신종자본증권1	10,151원	344주	3,493,974	2024. 08. 15	2054. 05. 14	5.990%	209,289	직접채권
4. ISA	엠캐피탈336-2	10,069원	493주	4,963,010	2024. 08. 16	2025. 03. 14	6.050%	300,262	직접채권
4. ISA	푸본현대생명보험27(후)	10,390원	204주	2,116,443	2024. 09. 25	2034. 05. 31	7.000%	148,151	직접채권
4. ISA	한국토지신탁45-2	10,117원	453주	4,581,989	2024. 09. 26	2027. 08. 27	6.270%	287,291	직접채권
4. ISA	RP	221,200원	1주	221,200				0	직접채권
5. 연금저축펀드 B	KOSEF 국고채 3년	112,896원	91주	10,273,550			1.000%	102,736	채권ETF
5. 연금저축펀드 B	예수금	200,612원	1주	200,612			3.200%	6,420	CMA
5. 연금저축펀드 B	TIGER CD금리투자KIS(합성)	54,880원	450주	24,696,000			3.000%	740,880	채권ETF
6. 퇴직연금(DC)	예금은저축은행예금	13,360,574원	1주	13,360,574	2022. 11. 09	2025. 11. 09	6.500%	868,437	예금
6. 퇴직연금(DC)	한국투자 ACE 미국30년국채	8,430원	701주	5,909,430	2024. 06. 05		4.000%	236,377	채권ETF
6. 퇴직연금(DC)	현금성대기자산	126,127원	1주	126,127				0	파킹
7. 일반증권계좌	RP	22,217,448원	1주	22,217,448			3.400%	755,393	직접채권

시트 10:
미래 현금흐름 계산

◆

◆   마지막 '미래 현금흐름 계산기' 시

트는, 세 번째 언급한 '로드맵 설계' 시트보다 좀 더 세부적으로 미래

의 현금흐름을 계산할 수 있는 시트입니다. 직장인이 투동자 전략에

맞춰서 경제적 자유를 목표로 달리다 보면 다양한 변수를 마주하게

될 것입니다.

상황에 따라 중간에 직업이 변동되는 경우도 발생할 수 있습니다.

혹은 바리스타 파이어답게 주업에서는 은퇴하고 소일거리 삼아 적

은 수입이지만 의미 있는 일을 하기 위해 자의로 직업 변동을 할 수

있습니다. 그때 변동된 수입까지 적용해서 기대여명까지 자금의 흐

름을 예측하고 계획을 세우기 위해 미래 현금흐름 계산기를 이용합

니다.

다음 페이지의 그래프는 제가 3년 정도 더 지금의 일을 하고 현재

하고 있는 부업을 70세까지 유지했을 때를 가정한 약 54년간의 현금

흐름을 보여줍니다. 부업은 제가 하고 싶은 일이기 때문에 업무로 느

껴지지 않습니다. 그래서 오랜 기간 유지할 수 있으리라 예상합니다.

계획대로 된다면 사망 시 보유 자산은 117억 원, 현재 자산의 가치로

24억 원 정도입니다. 금액에 부동산은 포함하지 않았으며 순수 금융

자산만 포함했습니다. 이 수치들은 현재를 기준으로 한 예상일 뿐이

미래 현금 흐름 계산기

현재 나이 +1	실수령액(월)	월급 비용(의복회사비용)	월급 원가(내부회사비용)	1년 소비금	월 적립 가능 금액
42세	6,000,000원	610,000원	2,256,510원	34,398,120원	3,133,490원

목돈 투자 수익률 금융 자산	예민 퇴직연금 지급(DC)	월급 상승 비율	적립 투자 수익률(세전)
8.00%	330,000,000	25,000,000	2.00%	8.00%

인플레이션	직업 변동 나이	변동 수입 상승비율	변동 수입 합계	변동 퇴직연금	완전 퇴직 나이
3.00%	45세	3,000,000원	1.00%	0원	70세

생애 목돈 투자수익 생애 적립 투자수익	생애 소비 합계액	예상 사망 나이	국민연금 지급 나이+1
12,662,468,311원	646,926원	3,098,934,388	2,218,084,390	95세	66세

본인 실수령액 6,000,000 월 순이익 52.22%

노동을 판매(하기)위해 들어가는 비용

	노동을 생산(하기)위해 들어가는 원가	미적용 금액	미래용 금액
교통		600,010		600,010
생활	30,350	800,000		
통신(핸드폰)		16,500	16,500	
주거		280,000		
관리	0	510,000		390,000
진료		50,000		
세금	29,340			
보험	120,310	0		
기타				
합계	180,000	2,256,510		

결과

사망시 보유자산	사망시 자산의 현재가치
11,782,265,239	2,459,551,303

미래현금흐름

저축 가능금액 3,133,490   배우자 실수령 0

기간한정 유무

	적용 여부	적용 나이	월급비용(배우자)
금액	600,010	72세	노동을 판매하기위해 들어가는 비용
	300,000	72세	교통	
			정상	
	390,000	72세	통신(핸드폰)	31,350
			구매	
			진료	
			보험	68,300
			동	330,350
합계			합계	430,000

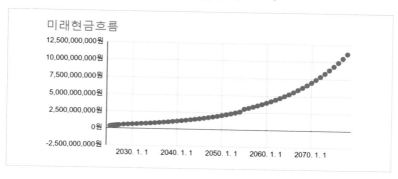

며 삶을 살아가면서 계속 변경될 것입니다. 하지만 이 수치를 통해 본인의 능력을 판단하고 긍정적인 미래 현금흐름 결과를 자주 목격한다면, 미래는 불안감이 아닌 기대감으로 채워질 것입니다.

지금까지 제가 사용하고 있는 투동자 가계부를 간단히 설명했습니다. 가정의 재무제표라고 불러도 될 만큼 디테일하게 만들기 위해 수년간 큰 노력을 기울였습니다. 아직도 부족한 점이 많은 가계부라고 생각해 사용하면서 부족한 점을 보완하고 개선하려 노력 중입니다.

제가 사용하는 방식으로 가계부를 작성한다면 정말 기업의 자금을 운용하는 것 같다는 기분이 들 것입니다. 예산을 세우고, 집행하고, 계획하고, 투자하다 보면, 어느새 소비의 균형이 잡히고 자산이 늘어난 그래프를 보며 흐뭇한 미소를 짓고 있는 자신을 마주하게 될 것입니다. 저는 저에게 어울리는 방법을 찾았지만 여러분은 꼭 투동자 가계부를 사용할 필요는 없습니다. 시중에는 자산 관리를 도와줄 많은 가계부 프로그램이 있습니다. 어떤 도구를 이용하든 잘 관리할 수만 있으면 그만입니다.

다만 도구는 다를지라도 본질적인 관리 방식은 비슷해야 한다는 걸 강조하고 싶습니다. 기업은 쓸데없는 행동을 최대한 배제하며 성장해 왔습니다. 회계의 역사는 르네상스 시대를 넘어 고대 바빌로니아와 이집트 문명까지 거슬러 올라가야 할 정도로 깊은 역사가 있습니다. 그때부터 상인들이 사용해 왔던 회계 방식은 온갖 지혜들이 집합되고 많은 발전을 거쳐 지금의 모습이 되었습니다. 회계가 경영하는 데 도움 되지 않는 의미 없는 행위였다면, 이렇게 오랜 시간 발전을 거듭하지 못했을 것입니다.

마지막 파트인 전략적 경영의 본질은 기업 회계의 중요성을 깨닫고 가정을 경영하는 경영자로 거듭나는 것입니다. 모두 가정을 경영하는 경영자라고 스스로를 인식하고 그 위치에 걸맞은 행동을 해나가기를 바랍니다.

돈 관리의 주체는 누가 되어야 할까?

결혼 후 돈 관리를 누가 하면 효과적일지에 대해서 고민하는 가정이 많습니다. 여자가 살림을 상대적으로 많이 하면 돈을 관리하면서 남편 용돈을 주기도 하고, 맞벌이 부부인 경우 각자 스스로 돈을 관리하고 일정 부분의 생활비를 갹출하기도 합니다.

가정의 돈 관리에 정답은 없지만 가장 효과적인 방법은 두 사람 중돈에 대해 이해도가 더 높은 한 사람이 대표로 관리하는 것입니다. 한사람이 자산 관리를 도맡고 배우자에게 주기적으로 재무 사항을 알려주고, 의논하는 형식이 가장 이상적이라고 생각합니다. 경제권을한 명이 쥐고서 흔들라는 말이 아니라, 관리 책임자 정(正)과 부(副)가있는 것처럼 으뜸과 버금으로 운영하면 좋다는 의미입니다.

일단 본인과 배우자 중 돈에 눈이 밝은 사람이 돈 관리의 책임자를 맡아야 합니다. 책임자가 된 순간부터는 가정 경영의 책임자로서 반드시 해야 할 일이 생깁니다. 가계부도 써야 하고, 투자 계획 및 실행도 해야 합니다. 그리고 월, 분기, 반기, 연마다 재무제표를 만들어 가정의 목표 대비 성과 달성률에 대해 배우자에게 이야기해 주어야 합니다. 알맞은 목표도 세워야 하고요.

경제권을 누가 갖느냐가 중요한 게 아니라, 둘 중 이러한 업무를 수행할 각오와 능력이 있는 사람이 누구인가가 중요합니다. 만약 둘 다 이러한 능력이 없다면 한 명이 발 벗고 나서서 재무를 관리할 능력을 키워야 합니다. 그럼 자연스럽게 그 사람이 관리 책임자가 될 것입니다.

용돈 때문에 배우자와 갈등을 빚는 가정을 심심치 않게 볼 수 있습니다. 제대로 된 재무 관리를 못 해서 일어나는 일입니다. 애초에 돈 관리 방식이 잘못되었기 때문에 야기되는 문제이기도 합니다. 용돈은 노동 비용 항목입니다. 이러한 노동 비용은 서로에게 이해를 구해야합니다. 배우자의 실수령액이 본인보다 적더라도 노동 비용은 높을 수 있음을 이해하고, 만약 이 부분을 줄이거나 늘리고 싶다면 서로 간의 합의가 필요합니다. 노동 원가 역시 마찬가지입니다.

우리가 경제적 자유를 빠르게 얻기 위해서 절약하고 투자금을 가능한 한 많이 확보하려는 노력은 칭찬받아 마땅하지만 결코 개인의 만족과 행복을 무시해서는 안 됩니다. 공동의 목표를 세우고 그 목표를 이루기 위해 희생할 수 있는 부분들을 가려내는 노력이 필요합니다. 이 부분은 한쪽이 강제한다고 해결되는 부분이 아닙니다.

저희 가정 역시 이러한 방식으로 관리하고 있습니다. 제가 대표로 관리를 하고 한 달에 한 번씩 자산 상황에 대해 배우자에게 브리핑하는 식입니다. 물론 그 과정에서 생기는 고민과 조율해야 할 사항은 의논하면서 타협점을 찾습니다. 책임자라고 자기주장만 해서도 안 되고, 본인이 책임자가 아니라는 이유로 가정 경영을 등한시해서도 안 됩니다. 한 명이 주도적으로 끌고 가되 배우자 역시 자연스럽게 목표에 동참할 수 있는 환경을 만드는 것이 현명합니다.

☑ 돈은 순환한다. 다른 사람이 나에게 돈을 바치게 하는 방법을 생각해야 한다.

☑ 더 많은 돈을 벌고 싶으면 CEO처럼 행동해야 한다.

☑ 실행력을 높이기 위해 전략의 계량화가 필요하다.

☑ 투동자 전략은 기업의 자금 운용 방식을 벤치마킹한 방식이다.

☑ 세금은 투자자에게 큰 리스크가 될 수 있으니 정책 변화를 유심히 살펴야 한다.

☑ 기업의 재무제표를 닮은 가계부를 사용해 자신과 가정의 돈을 기업처럼 운영해야 한다.

확신과 희망으로 성실히
경제적 자유로 향하는 당신에게

저는 아직 경제적 자유를 얻지 못했습니다. 아직 얻지 못했음에도 불구하고 유튜브 채널 '투동자 연구소'를 운영했던 이유는 경제적 자유에 관해 좀 더 생생한 이야기를 전달하고 싶어서였습니다. 만약 경제적 자유를 달성한 후 그 성공을 이야기한다면 이제 시작하려는 사람과 목표를 이룬 저라는 사람의 간극이 너무 클 것 같았습니다. 어쩌면 과거를 미화하고 여느 성공한 사람들처럼 두루뭉술하게 뜬구름 잡는 이야기를 할지도 모른다는 생각도 했습니다. 성공한 이후에는 치열할 필요가 없을 테니 말이죠.

치열하게 경험 중이고 어느 정도 성과를 이룬 지금이 필요한 정보와 느끼는 감정을 전달하기에 적기라고 생각했습니다. 10년의 목표를 세웠고 6년이 흘러 이제 4년이 남았습니다. 경기 중반을 넘긴 시점에서 정보를 전달한다면, 정보를 받아들이는 데 더 큰 도움이 되리라 생각했습니다. 그렇게 개설한 유튜브 채널을 생각보다 많은 분이 좋아해 주어서 이렇게 출판까지 할 수 있었습니다.

출판 의뢰를 받았을 때 고민에 빠졌습니다. "내가 경제적 자유에 관한 책을 써도 될까?"라는 질문이 머릿속을 맴돌았습니다. 작가라는 이름이 주는 무게는 유튜버와는 달랐습니다. 한국에는 정말 돈 많은 사람들이 무수합니다. 저의 자산은 8억 원이 조금 넘습니다. 순자산 약 5억 원, 부동산 부채가 약 3억 원가량 됩니다. 이런 생각이 들었습니다. '자산 10억 원이 채 안 되는 사람이 경제적 자유를 이야기하는 게 맞는 걸까?' 주춤할 수밖에 없었습니다.

생각을 고쳐먹고 책을 쓰게 된 이유가 있었습니다. 중소기업에 다니는 직장인의 경험입니다. 운에 좌우되는 로또, 밈코인, 파생 투자와 같은 위험 수익이 아닌, 장기 목표를 가지고 차근차근 자산을 쌓아올린 제 경험이 평범한 사람들에게 실질적인 도움이 되리라 생각했기 때문입니다. 운에 기대지 않고, 노력만으로 자산가가 될 수 있다는 사실이 누군가에게 희망을 줄 수 있지 않을까 하는 기대감으로 집필을 결심했습니다.

현재 경제적 자유와 관련해 저의 선택지는 두 가지입니다. 만약 지금과 같이 아이 한 명을 키우면서 살아간다면, 저는 퇴직하고 배우자는 육아휴직 후 직장에 복귀해서 3년 정도만 더 일을 하면 됩니다. 그리고 저는 지금 하고 있는 부업인 유튜브 채널과 교육 사업에 더 신경 쓰면 됩니다. 그렇게 하면 몇 년 안에 경제적 자유를 달성할 수 있습니다.

그런데 만약 둘째 아이가 태어난다면 저희 부부는 함께 직장에 3년 정도, 혹은 저 혼자 5년 정도 더 일을 해야 완벽한 경제적 자유가 가능해집니다. 미래는 어느 정도 정해져 있고 저희는 선택만 하면 됩니다. 이렇듯 열심히 돈 관리를 하면 스스로의 미래를 선택할 수 있습니다. 돈의 흐름을 장악해야 한다고 계속 강조하는 것은 미래를 계산할 수 있기 때문입니다.

명심보감에는 "대부(大富)는 유천(有天)하고 소부(小富)는 유근(有根)한다"라는 말이 있습니다. 큰 부자는 하늘이 내리고, 작은 부자는 근면함이 만든다는 뜻입니다. 평범한 직장인은 근면한 사람이 될 수 있습니다. 매일 아침 같은 시간에 일어나 출퇴근 시간 지옥철에 몸을 싣고 일터로 나가 9시간 이상 일을 하는 것만 봐도 근면은 확실합니다. 하지만 근면한 생활을 30년 넘게 해도 대부분 은퇴 시점이 되면 돈 걱정을 합니다. 아니, 은퇴 시점뿐일까요? 대부분의 사람은 매일 돈 걱정을 합니다. 이 모든 게 자본주의와 돈의 원리에 대해 일찌감치 배우지 못했기 때문입니다.

제목에 이끌려 이 책을 집어 들었고 여러분이 평범한 직장인이라면 그것 자체만으로도 작은 부자가 될 준비는 마쳤습니다. 소부는 유근하니까요. 이제 저를 지나 여러분이 특별한 경험을 할 차례입니다.

평범한 직장인처럼 매일 성실하게 일하는 사람이 대우받고, 그런 사람들이 자연스럽게 부자가 되며, 그걸 본받아서 또 열심히 일하는 사람이 생겨나는 게 이상적인 세상이라 생각합니다. 삶에 여유가 생겨서 연애도 하고, 결혼도 하고, 걱정 없이 아이도 낳는 세상이 오기를 바랍니다. 뉴스는 매일 흉흉하고, 금수저니 은수저니 하는 수저 타령에 절어 있는 현실에서 저의 경험이 많은 평범한 직장인에게, 그리고 아이를 둔 부모에게, 혹은 신혼의 단꿈에 젖어 있는 신혼부부에게 희망이 되었으면 좋겠습니다.

마지막으로 경제적 자유 시스템 6년 차를 보내는 중인 직장인의 기분을 가감 없이 말해보려 합니다. 지금까지 제 가정의 자산이 성장한 결과로 봤을 때, 그리고 앞으로 자산의 성장을 예측했을 때, 경제적 자유를 얻을 수 있는 확률은 99.99%라고 생각합니다. 이러한 안도감이 삶에 얼마나 큰 영향을 주는지는 직접 경험해 보지 않으면 결코 모를 겁니다.

일단 길거리에 있는 비싼 외제 차를 보면 예전에는 사고 싶었는데 지금은 전혀 그렇지 않습니다. 왜 그런지 곰곰이 생각해 보니 당장 살 수 있는 돈이 있기 때문입니다. 더 이상 그런 것으로 뽐낼 필요가 없어졌습니다. 명품 옷도 필요 없어졌습니다. 남들에게 "나 이만큼 잘나간다"고 증명할 필요도 없어졌다는 뜻입니다.

오히려 좀 더 의미 있는 일에 더 관심이 생겼습니다. 이렇게 미약하지만 보통 사람들에게 힘이 될 수 있는 책을 쓰거나, 수익률이 좋은 투자처를 발굴하는 것에 더 큰 재미를 느낍니다. 그리고 금융 문맹인들의 개안을 도와주는 영상을 제작하는 것 또한 저에겐 보람찬 일입니다. 지금보다 더 삶에 여유가 생긴다면 친한 대표님과 함께 봉사활동을 하기로 약속했습니다. 과거에 비하면 마음이 온화해지고 관대해졌음을 느낍니다.

마음이 고요하니 짜증 낼 필요도 없고 스트레스를 받는 빈도도 줄었습니다. 자연스럽게 몸은 더 건강해집니다. 가진 사람이 더 오래 사는 이유를 알 것만 같습니다. 아침에 눈을 뜨면 막 돌을 넘긴 딸아이가 침대 위로 올라오려고 애씁니다. 침대 위로 올려주면 제 배 위에 앉아 미소를 짓습니다. 저와 눈을 맞추고 이마를 맞대기도 합니다. 아이의 재롱을 보며 사랑하는 배우자와 웃음으로 아침을 시작합니다. 출근했다면 인생에서 놓칠 뻔했던 소중한 순간들을 여유롭게 느낄 수 있음에 감사할 뿐입니다.

10억 원 정도의 자산을 가진 사람이 모두 이런 기분을 느끼지는 못하리라 생각합니다. 누군가는 더 가지고 싶은데 못 가져서 삶이 불행하다고 생각할 수 있습니다. 그래서 옛 선인들이 결과보다는 과정이 중요하다는 말을 남긴 것 같습니다. 이 책은 철저하게 돈에 관해서 이야기하고 있지만, 삶에서 중요한 건 얼마나 가졌나보다는 가진 것에 얼마나 만족할 수 있는가에 관한 이야기와 연결됩니다. 물론 가진 것이 적으면 만족할 수 없는 게 인생이기도 합니다. 그래서 미래를 계산했을 때 불안하지 않을 만큼의 자산을 얻을 수 있는 환경을 만들어야 합니다. 그 일이 가능해지면 미래의 나로부터 감정을 레버리지로 끌어올 수 있습니다.

로드맵 설계에서 계산해 봤을 때, 이대로만 산다면 제가 눈을 감을 때 대략 100억 원 정도를 남길 것으로 계산됩니다. 3년 후 은퇴하고 부업만 했을 때의 이야기입니다. 만약 중간에 크리에이터로서 좋은 성과가 나온다면, 제가 남기고 갈 자산은 그 이상을 상회하게 될 것입니다. 물론 현재 가치로 24억 원 정도지만 말입니다.

이렇듯 미래에 대한 확신과 희망이 있다면 미래의 감정을 레버리지로 끌어올 수 있습니다. 이미 경제적 자유를 얻은 작은 자산가가 되어 있을 저의 마음을 미리 당겨올 수 있다는 말입니다. 마치 그만큼의 부를 소유한 사람처럼 행동하고 사고할 수 있습니다. 평범한 직장인도 저와 같은 기분을 제발 느껴볼 수 있기를 희망합니다. 지금까지 성실하게 일해온, 내일도 성실하게 일할 직장인들의 마음에 여유가 찾아오기를 간절히 바라며 글을 마무리합니다.

이 책을 보며 평범한 직장인도 경제적 자유를 이룰 수 있다는 희망이 생겼기를 바라며 여러분의 경제적 자유를 향한 도전을 응원하겠습니다. 감사합니다.

부자가 되는 중입니다

초판 1쇄 발행 2025년 2월 26일

지은이 투동자 연구소(황준성)
브랜드 경이로움
출판 총괄 안대현
책임편집 정은솔
편집 김효주, 심보경, 이제호
마케팅 김윤성
표지디자인 유어텍스트
본문디자인 강수진

발행인 김의현
발행처 (주)사이다경제
출판등록 제2021-000224호(2021년 7월 8일)
주소 서울특별시 강남구 테헤란로33길 13-3, 7층(역삼동)
홈페이지 cidermics.com
이메일 gyeongiloumbooks@gmail.com(출간 문의)
전화 02-2088-1804 **팩스** 02-2088-5813
종이 다올페이퍼 **인쇄** 재영피앤비

ISBN 979-11-94508-08-3 (03320)